湛江市社科联委托项目
岭南师范学院粤西濒危文化研究协同创新中心

湛江海洋文化丛书
丛书主编：王钦峰　余伟民

湛江海岛文化

梁政海◎编著

中国海洋大学出版社
·青岛·

图书在版编目（CIP）数据

湛江海岛文化 / 梁政海编著. — 青岛 : 中国海洋大学出版社, 2019.2

(湛江海洋文化丛书)

ISBN 978-7-5670-2270-6

Ⅰ. ①湛… Ⅱ. ①梁… Ⅲ. ①岛－文化－湛江 Ⅳ. ①K928.44

中国版本图书馆 CIP 数据核字(2019)第 120788 号

出版发行 中国海洋大学出版社
社　　址 青岛市香港东路 23 号
邮政编码 266071
出 版 人 杨立敏
网　　址 http://pub.ouc.edu.cn
电子信箱 1922305382@qq.com
订购电话 0532-82032573（传真）
责任编辑 曾科文　陈　琦　　**电　话** 0898-31563611
印　　制 海口景达鑫彩色印刷有限公司
版　　次 2019 年 2 月第 1 版
印　　次 2019 年 2 月第 1 次印刷
成品尺寸 170 mm × 240 mm
印　　张 17.75
字　　数 265 千
印　　数 1—1500
定　　价 50.00 元

发现印装质量问题，请致电 0898-66518560 调换。

湛江海岛文化概略（代序）

拙著《雷州文化概论》有一章节——“海岛文化资源的开发利用”专述湛江地区的海岛概况。今有湛江民间学者梁政海先生撰述《湛江海岛文化》，特来索序。现以此文代序，是为记。

海岛属于海洋国土的一个组成部分，有其独特的区位优势、自然特点与资源，还是联系陆地的桥梁，开发海洋的基地，通向海外的门户。按广东海区划分，雷州半岛属湛江—茂名海区，是这一海区的主体。

据 20 世纪 80 年代广东海岸带调查，湛江—茂名海区有海岛 116 个，占全省 742 个海岛的 15.63%，仅次于珠江口和汕头海区，但海岛面积有 589.4 平方千米，占全省海岛面积的 37%，居首位。本海区 116 个海岛分属电白（12 个）、吴川（4 个）、湛江市区（37 个）、廉江（1 个）、海康（15 个）、徐闻（39 个）、遂溪（8 个）。所以，雷州半岛几乎囊括这一海区岛屿的绝大多数。通常按岛屿面积大小分为六级，其中本区 0.01—1 平方千米二级岛屿有 64 个，占总数的 55.2%；1—5 平方千米的有 30 个，占总数的 25.9%；5—10 平方千米的有 3 个，占总数的 2.6%；10—50 平方千米和 50 平方千米以上的各有 2 个，各占总数的 1.7%。可见小岛仍是本海区数量的主体，但大型岛屿却在面积上占有优势。10 平方千米以上的 4 个海岛，总面积达 497 平方千米，占全海区岛屿总面积的 84%，这对海岛区域开发十分有利。它们是湛江市东海岛、南三岛、硇洲岛以及徐闻新寮岛。其他较大海岛还有吴川高沙涌；湛江市下利剑沙、特呈岛、调顺岛、东头山岛、南屏岛、岭头沙、新埠沙、羊咩沙、羊尾沙；海康尖担沙、钩仔沙、调元沙、白岭沙；徐闻后海岛、冬松岛、公港岛、土港岛、金鸡岛、六极岛、雷打沙、白母沙、白茅沙、虾姑沙、尖担沙、鱼棚沙、红眉沙、东跟沙、东眼龙沙、罗斗沙、牛墩沙等。这些岛屿中，凡以“沙”或“洲”字结尾者，都为沙洲或干出沙，成陆时间既晚，海拔也很低，受潮水影响大，附近海区水深较浅，从数米到 10 米，形成大面积滩涂，提高了海岛在开发海洋中的地位。

海岛资源包括海岛渔业、盐业、土地、淡水、港湾、旅游、矿产、能源，其中最突出的是渔业、港湾和旅游资源。但对大多数海岛而言，土地和淡水资源是开发的主导因素。雷州半岛地表水比其他海区要少，与其为岭南干旱地区有关，但地下水资源丰富。因其地启为新生代沉降断陷，第三系和第四系沉积物深厚，并夹有多层火山岩，且多含水层的多层结构，湛江南三岛、东海岛、硇洲岛以及徐闻新寮岛都有良好的地下水可供开采，为人类活动提供先决条件。例如南三岛湛江组地层承压水单井或井群出水量每天达 4328 立方米，估算该岛地下水天然资源总量为每天 20.4 万立方米，可开采资源量为每天 10.4 万立方米（占 51%左右）。其他海岛也有类似开采状况。

雷州半岛沿海岛屿的滨海平原分布最为集中。这类平地由于有丘陵作为屏障，水源条件比较好，土层深厚肥沃，是最重要的农业用地。它们用于大面积植树造林，形成海岛沿岸的“绿色长城”，使得雷州海岛的植树造林堪为广东造林绿化的成功范例。这些海岛为大片大片的木麻黄林所覆盖，蔚为大观。雷州半岛海岛又是广东台地最多、面积最大的土地类型。东海岛、南三岛、硇洲岛即有纵横数百平方千米的这种土地，除了一部分土地开辟为水田耕种农作物之外，不少旱地被开发为果园。台地又是上好建设用地，岛上村落和各种基础设施多选址于台地上。

实际上，雷州半岛这些海岛，都经过一定程度的开发，文化景观至为瞩目，堪为广东海岛文化的典范。如作为广东第一大岛之东海岛，古称椹川岛，后“广州湾”易名湛江，即源于此，1952 年曾与硇洲岛等成立雷东县，县治在岛上东山墟。现岛上设东简、东山、民安三镇，辖 226 个自然村，常住人口 12 万人。1961 年建成东北大堤，本岛与大陆相连。大堤长 6.8 千米，面宽 8 米，两侧筑有防波堤，堤用巨石砌成，可通汽车，工程浩大，雄伟壮观。站立堤上，可观赏湛江海湾诸般风光，这已成为东海岛一景。郭沫若曾为之题诗曰：“红日苍波春浩荡，利民福国颂无疆。”又本岛飞龙滩，长 4000 米以上，宽 100—110 米；沙洁水清，碧浪逗人。1988 年建成飞龙滩浴场及相应设施，目前每年接待游客 2 万—3 万人次，是湛江海上旅游较好景点。

南三岛，昔称南三都，习称今名，原为海盗巢穴。东西长 18 千米，面积 123.4 平方千米，人口 5.9 万人。设南三镇，辖 127 个自然村。新中国成立初，在邻近 10 个小岛修筑 14 条海堤，全长 40 千米，将小岛连成一个大岛，巍峨壮观。围垦面积达 3.3 万亩，主产水稻、番薯、花生、蔬菜，水产养殖业也蒸蒸蔚起。环岛造林 15 千米，宽 2—3 千米，俨然海上翡翠。1961 年著名作家冰心抵港采风，写有《湛江十日》散文，发表于 1963 年 4 月 19 日《人民日报》。其中有一段关于南三岛的文字：“沿着一条平坦的大道，经过好几个鱼池、盐田、稻田和错落的新盖民居……一进入这片木麻黄树的深林，骤然感到凉透心脾。在清新的空气中，抬头相顾，真是‘人面皆绿’。”冰心笔底下的南三岛，像个世外桃源，更给这个海岛增添了无穷的文化品位和诱人魅力。2004 年 5 月 31 日《湛江晚报》重载这篇散文，在湛江再度掀起争读热潮。1962 年剧作家田汉偕夫人到南三岛参观防护林带，也欣然赋诗留念：

不许风潮犯稻粱，沿滩百里木麻黄。
北涯南滘岛连岛，东陌西阡秧接秧。
曾说白沙遮日月，今看绿水泛鸳鸯。
归来已是湛江夜，灯塔回眸万丈光。

1980 年开辟海滨浴场，滩长约 1000 米，可供海水浴、沙浴、日光浴，以及跑马、烧烤等活动，每年接待游客 6 万—7 万人次，为湛江海岛热点浴场之一。

硇洲岛，南海罕有火山岛，面积 56 平方千米，原名碙洲，后改今名。光绪《高州府志·建志五》载：“宋景炎三年（1278年）端宗崩于硇洲，陆秀夫、张世杰等复立帝昺为帝，是日黄龙见海上，改元祥兴，升硇洲为翔龙县。”自此硇洲名闻一时，也留下宋皇井、宋皇村、宋皇坑、翔龙书院、三忠庙等历史文化遗址。据康熙《吴川县志·艺文志》载，明高州知府吴国伦对硇洲这场兴亡之事有《硇洲吊古》两首诗，诗云：

其　一

一旅南巡瘴海边，孤舟丛樾击楼船。
从容卷土天难定，急难防元地屡迁。
丹凤未传行所在，黄龙虚兆改初年。
当时血战潮痕在，长使英雄泪黯然。

其　二

海门鲸鱼吸硇洲，诸将当年扈跸游。
赤岸至今迷御辇，苍梧何处望珠丘。
行朝草树三千舍，故国腥臊百二州。
争死崖山无寸补，独余肝胆壮东流。

硇洲岛还有天后宫、天竺庵等民间信仰和宗教建筑，香火颇盛。1899年法国在岛上建灯塔，为世界最大三个灯塔之一，至今仍在使用。

特呈岛，“特呈”为古越语，“特”为“区域”之意，“呈”同汉语“情”字之意。宋代以前已经荒弃，后来渐渐有人定居。面积3.6平方千米，地势平坦。该岛古代为海盗巢穴，传说冼夫人曾经带兵上岛驱逐海盗，民感其恩德，今岛上有7条村建“冼太庙”和“会宫庙”，为纪念冼夫人的庙宇。每年农历十一月年例和元宵，这几条村都隆重举行祭祀冼夫人活动，规模宏大，延续时间长，为全国所罕见。另也有天后宫，奉祀航海女神妈祖。明永乐五年（1407年），翰林学士解缙回京奏事，取途雷州，登上特呈岛，写下七言诗《题特呈山温通阁》（见雍正《吴川县志·艺文》），诗云：

峰濯沧溟应门魁，波澜绕翠浪头排。
火烟光起盐田熟，海月初升渔艇回。
风送潮声平落去，雨将山色特呈来。

地灵福气生天外，自有高人出世才。

无独有偶，2003 年，时任中共中央总书记、国家主席胡锦涛莅岛视察，留下一笔宝贵精神财富，似应了解缙预言“自有高人出世才”。特呈岛明媚海景，也撩起电影艺术家们火一般的创作热情。1957 年上海海燕电影制片厂即选择特呈岛作为《海魂》拍摄场地。著名电影艺术家赵丹和王丹凤分别扮演国民党“鼓浪号”水兵陈春宫、酒家侍女温梦媛。陈春宫不满温梦媛备受欺凌，催生了起义之心，其中有两人在特呈岛海边诀别情景。温梦媛踏着洁白如银的细沙，让蔚蓝的大海，埋葬了她的青春和美貌，而陈春宫在万分痛苦和悲愤中，毅然参加了“鼓浪号”起义。这部影片 1958 年公演后，好评如潮，1959 年参加“国际劳动人民电影节”，获“为世界和平斗争”二等奖。特呈岛为有这样一段电影艺术情缘而进入千百万电影迷梦中，也在其文化史上留下浓重一笔。岛上还有近百棵参天古榕和断续分布的热带灌木丛，以及上千亩红树林，常引来海鸥翔集。特呈岛现正做海水养殖旅游开发，且大见成效，正被建设为一个名副其实的生态文化海岛。

徐闻县新寮岛，面积 46.1 平方千米，地形平坦，最高点仅 17.1 米。明以前无固定居民，明末渔民上岛搭茅寮而居，是以名岛。地表全为白色海沙覆盖，适宜旱作。历代流传新寮有两宝，千里香番薯和红茨花生，以质优驰名。周围海域盛产对虾、鲳鱼、马鲛、花蟹、沙虫，为捕捞基地。20 世纪 50 年代，曾将三个小岛围垦成一个岛，大面积红树林受到破坏，岛上生态环境遭到重创，经济不景。岛上荆榛遍地，仙人掌丛生，一派荒野景象。但以位处南海之滨，与盛行季风方向几乎正交，风力资源十分丰富。近年积极开发这种自然资源，高耸风车所在皆是，沿海岸线南北铺展，蔚为海滨一景，正建设为广东风力发电基地。强大电力正使岛上社会经济面貌焕然一新，也是依靠现代科技文明使海岛脱贫致富的一个发展方向。

司徒尚纪

2015 年 9 月 15 日

目 录

一、东海岛文化

1. 东海岛概况

东海岛并不在东海，而是地处南海之滨的广东省湛江市，从该市霞山区闸市出发，往东南方向驱车经过一条长 6.8 千米的东北大堤，行约 23 千米，即可到达岛中心点——东山镇。再往东走 20 千米，就到达东海岛省级旅游度假区——龙海天。岛屿名列中国第五大岛（名列台湾、海南岛、崇明岛、舟山群岛之后）、广东第一大岛之位，仍湛江市最大的岛屿。岛屿具体位置是北纬 20°54′—21°08′，东经 11°09′11" —110° 33′22"，面积 289.49 平方千米（不含其他附属小岛），最长约 32 千米，最宽约 11 千米，海岸线长 126 千米，形似马鞍状。岛夹在湛江港与雷州湾之间，沿岛有水深 26—40 米的深水岸线 6.5 千米。其与南三岛、硇洲岛等诸岛形成了湛江湾天然屏障，构成了湛江港的门户。东海岛属岛屿低平原，为亚热带海岛，地势东高西低，平坦、开阔，东部属玄武岩台地，西为海积平原。

东海岛位置极佳，交通便利。其东临南海，西邻通明港，南临硇洲港、雷州湾，北濒湛江港，处于我国与太平洋、印度洋沿岸国家和地区及欧洲海陆联系的枢纽位置，距中国香港 221 海里，离新加坡 1334 海里，到东南亚各国、非洲、欧洲及大洋洲航程较短。它同时又是我国西南金三角经济区的进出口咽喉，在亚太经济圈中具有极为重要的地缘经济战略地位。

东海岛古称椹川岛，又称东瀛洲岛，也称东海洲。传说秦汉时期岛内就有汉人与黎、壮、瑶等少数民族居住。两晋南北朝以后，大批汉人南迁，部分入驻东海岛，有些与原住民通婚。

据地方志载，东海古称阽远，政府往往不能稽查、巡查，海域经常有海盗出没。传统上东海岛属遂溪县管辖。清雍正十年（1732 年），巡检司从铁杷县（旧址在现在麻章旧县村）迁到东海岛，后又将雷州守备合并并移驻东山圩，改名东山水师营，政制设有守备 1 名、千总 1 名、把总 2 名、兵 249 名；置有哨船 10 艘。1898 年法国租借广州湾 20 平方千米，1899 年扩大法租借地，达 100 倍，2130 平方千米（含海域），租借地域包括东海岛在内的地盘，租期 99 年。1945 年抗日战争胜利后，广州湾回归祖国，易名湛江市，东海岛归湛江市管辖。1952 年，东海岛与硇洲岛等成立东海县，12 月改名雷东县，县人民政府驻东山圩。1958 年撤销雷东县后，并回湛江市。

东海岛东山圩，宋朝绍兴时曾是椹川（遂溪县旧称）巡检司旧址；明洪武和正统年间，中央政府曾在东山圩建成城池，设置椹川巡检司；清雍正年间，将雷州守备合并移置于东山水师营。

雍正十一年（1733 年），朝廷准广东总督鄂弥达奏请，移广东遂溪县椹川巡检司驻东海地方，白鸽寨把总驻东山汛。乾隆二十一年（1756 年）随着生盐池漏晒盐方法传入高雷地区，东海岛也开始兴建使用晒盐法的盐场。乾隆三十五年（1770 年），东海岛北山举人王锡扁上书诉说盐丁被敲诈之苦，雷州府撤销东海盐场课司大使，盐民生产积极性大为提高，本地盐业又逐步兴旺。18 世纪，七色帮海盗首领郑文显（又名郑一）迁居东海岛，拥有红船 600—1000 艘，活动于广东与越南海域。郑文显死后，移交权力到其遗孀郑一嫂（石秀姑）的手上。后期朝廷招安，郑一嫂与养子张保仔率领 1.6 万名部众向朝廷投降，被清政府授予千总。光绪二十五年（1899 年）2 月 3 日，法国向清政府提出广州湾说帖和地图，要求“北至三水门头，东至黄坡，西至旧县村，南至大海，将硇洲、东海岛两岛全划界内”。光绪二十六年（1900 年）7 月 5 日，法国总统发布《委任东法总督担任广州湾行政之教令》，规定于广州湾设置最高行政官吏总公使、副总公使，集行政、司法、立法于一身，直接受法国安南总督管辖，把广州湾租借地纳入法属印度支那的一部分，在广州湾租界内，初期划分为“二城”——东营（麻斜）、西营（今霞山，初称白雅特城，以法侵略军首次登陆的军舰“白雅特”号命名），“四区”：赤坎、坡头、东海、硇洲区。民国五年（1916 年），东海岛东简至那河公路建成通车，是为东海岛第一条公路竣工。民国十六年（1927 年），遂溪县乐民农民领袖之一黄广洲与其母黄凌氏带领起义队伍坚持在东海岛等地活动。民国二十年（1931 年）9 月 30 日，黄凌氏率领一部分队伍在东海岛调那村遭到法国殖民军偷袭，全部壮烈牺牲。1947 年 7 月，“牛牯湾税站”正式成立，负责征收税工作，为中共粤桂边区的税务工作做出了重大贡献。后来，为纪念中共粤桂边区牛牯湾税站成立 68 周年，牛牯湾税站纪念碑于 2015 年建成。

1949 年东海岛和湛江市获得解放；1954 年 2 月雷东县调山乡渔民在龙头海捕获 1 条 2000 斤重黑鲸鱼；1954 年 3 月雷东县群众开始营造沿海防护林带。1957 年，雷东县人民参加徐闻大水桥水利工程。1958 年 3 月 2 日，湛江市调东县和雷东县巴东乡合办的五里盐场主堤完工，堤长 3.5 千米，盐场面积 8835 亩，是湛江专区大型盐场之一。1958 年 4 月，湛江堵海工程总指挥部成立，市委书记黄明德任总指挥。1958 年湛江盐场开始兴建，该场位于东海岛西湾等地海滩上，总面积 14000 公顷，年产盐 200 万吨，是我国第二大盐场。1958 年 9 月 12 日，连接东海岛和大陆的湛江堵海东北大堤动工兴建，驻湛陆海空三军和市民共 7000 多人参加工程建设。1958 年 10 月 1 日，湛江市和湛江专区各县全面实现人民公社化，市郊和雷东县建立红光、东海、硇洲、南三等公社。1958 年 10 月 26 日，雷东县红星水库建成，库容量 525 万立方米，灌溉面积 1.7 万亩。1960 年 2 月 2 日，中共中央书记处总书记邓小平，中共中央政治局委员彭真、柯庆施，中共中央书记处书记刘澜涛、杨尚昆及候补书记胡乔木，中共中央候补委员徐冰、孔原等到湛江视察。邓小平还为湛江堵海工程和雷州青年运河题字。1961 年 3 月上旬，国务院副总理邓子恢到湛江视察，先后视察了湛江堵海工程。1962 年 1 月 15 日，中共中央政治局委员、国务院副总理贺龙在驻湛 55 军军长陈明仁等陪同下视察了湛江堵海工程。1962 年 4 月，著名剧作家田汉到湛江参观，写有访湛江堵海工程等诗多首。1963 年 1 月 22 日，中共中央副主席、全国人大常委会委员长朱德到湛江视察，在驻湛第 55 军军长陈明仁、湛江专署专员莫怀等的陪同下，视察了湛江堵海大堤等地。1963 年 8 月 12 日，越南民主共和国驻广州总领事武文到湛江堵海工程等地参观。1971 年东海岛东南码头动工兴建，年底投入使用。1976 年 3 月湛江堵海合门堤（西湾岛接东海岛）始建，7 月竣工。该堤长 810 米，堤面宽 8 米，黄海标高 7 米，为西南大堤的副堤。1976 年 12 月，湛江堵海围垦工程西南大堤动工，这是由东北大堤、西南大堤和合门副堤组成的堵海围垦工程的最后一个战役。该堤由东海岛民安公社的西湾岛直跨太平公社的海岚村，全长 7150 米（跨海部分 3214 米，滩长 3936 米），堤面宽 8 米，已投资 1757 万元，于 1980 年 5 月停建，整个堵海围垦工程未能形成生产力。1987 年 3 月 6 日，市郊区东山镇调文村渔民在调文浅海捕获 1 条长约 6 米、重 800 多千克的海牛。1987 年 4 月 20 日，市郊区东山镇东南码头至硇洲岛的海底电缆配套工程硇洲输配电第一期工程竣工通电。1988 年 5 月，市郊东海岛“飞龙滩”浴场开业迎客。

1992 年 7 月，广东省政府批准设立东海岛经济开发试验区，是我国最大的经济开发试验区，辖东海岛、硇洲岛、东头山岛和南屏岛四岛，设东山、民安、东简、硇洲四镇。东海岛本岛含东山、民安、东简三镇，人口 16 万。岛内有蔚律港和东山港两大渔港，蔚律港是深水良港，具有建设年吞吐量 1.5 亿吨以上国际大港的优越条件。

东海岛原来孤立于大陆之外，1961 年建成东北大堤，与雷州半岛大陆连接起来。1971 年建成东南码头，汽车轮渡可通硇洲岛。全区建成了横贯全岛 28 千米的中线公路，配套和完善了交通、通信和能源等基础设施。1994 年建成东海岛省级旅游度假区，1995 年以来接待了中外的游客 300 多万人次。风景名胜龙海天位于东海岛东岸，面向浩瀚的南海，是新月形的海湾，有绵绵延长 28 千米、宽 150—300 米的沙滩，号称全国第一长滩、世界第二长海滩——2006 年 5 月被上海大世界基尼斯总部认证为“中国第一长滩”。沙细洁白，轻柔的海浪舒卷着松风海韵；红日跃出南海海面的景象，更是美丽动人。“东海旭日”被评为湛江八景之一。

东海岛环海岸线植有5万多亩郁葱的防风林，曾被誉为“南海绿色长城”。这里林带环绕、珊瑚成片，还有3万多亩的红树林。岛东端有海拔111米的龙水岭，为天然的航海陆标，也是全岛的最高点。建成的东海岛跨海大桥，改变了全岛没有大桥的局面。即将建设东海岛至雷州跨海大桥，东海岛至南三岛海底隧道。2014年下半年建设东海岛铁路及铁路桥，为东海岛经济循环试验区的三大航母工业企业的宝钢湛江基地、中科炼化一体化、造纸工业等重化项目服务。

东海岛岛民传统以出海打鱼及种植番薯、木薯、甘蔗、花生等农作物为主。在打鱼的同时，亦养殖龙虾、对虾、鲍鱼、灶蟹、牡蛎及部分珍贵鱼类。农耕也种植北运蔬菜，水果方面种植木菠萝、杨桃、香蕉、香瓜、芒果等。

“东方一绝”——东海人龙舞是国家级非物质遗产保护项目。在“2007年中国湛江东海岛人龙·沙滩旅游文化节”开幕式上，由188名表演者共同创作的76米长的“东海岛人龙舞”被载入“上海大世界基尼斯之最”纪录。“东海嫁”民歌是东海岛的民间艺术传统，被列为市级非物质遗产保护项目。2014年，东海岛被评为“广东十大美丽海岛”之一。

现东海岛经济开发试验区是目前中国最大经济开发试验区。当年郭沫若曾为湛江堵海工程题诗曰：“十三华里大堤长，毅力拦腰斩海王。开拓盐田万公顷，争取粮食亿斯箱。取材但用泥浆石，并举还看土结洋。红日苍被春浩荡，利民福国颂无疆。”历史上朱德、邓小平、彭真、郭沫若、贺龙、邓子恢、江泽民、朱镕基、邹家华、陈慕华、丁关根、宋平、宋健、谢非、张万年等党和国家领导人更是先后到东海岛、东海大堤视察和指导工作。江泽民总书记为东海岛题词。朱镕基总理赞东海岛：“这是一个宝岛。”

2. 东海岛自然景观

东海岛古称椹川岛，地处祖国大陆南端沿海开放城市——湛江市区

南部海域。政区地名称东简镇，镇政府驻东简圩，自然地名称东海岛。位于北纬 20°54'—21°08'，东经 11°09'11"—110°33'22"。面积 289.49 平方千米，在全国排在台湾、海南、崇明（上海）、舟山（浙江）之后，是中国第五大岛、湛江市第一大岛，也是广东省第一大岛。它东临浩瀚的南海，西邻通明港，南临硇洲港、雷州湾，北濒湛江港，是湛江港进出口的唯一航道，海岸线长 126 千米，沿岛有水深 26—40 米的深水岸线 6.5 千米。东海岛与南三岛相望，构成湛江港的门户。东海岛交通位置便利，距离国际航运中心香港 221 海里，离新加坡 1334 海里，到东南亚各国、非洲、欧洲及大洋洲航程较短，处于我国与太平洋、印度洋沿岸国家、地区及欧洲海陆联系的枢纽位置。历史上东海岛一直是湛江地区沟通外界社会的主要海上途径，民国时期，不少民众正是于此启程下南洋。东海岛有丰富的海港资源，蔚律港和北山港为岛内最大渔港。蔚律港附近 6.5 千米岸线，水深 26—40 米，其中 40 米深水航道 650 米。港面 1.5 平方千米，涨潮水深 10—15 米，码头可进出 80—90 吨船只。深水岸线有待开发，可进出 30 万吨船只。北山港在东海岛南岸中部，港长 500 米，宽 26 米，高潮水深 3 米。

东海岛地势东高西低，东为玄武岩台地，西为海积平原，整体感觉是平坦、开阔，地形似蝴蝶。东海岛原来孤立于大陆之外，1961 年建成东北大堤，与雷州半岛大陆连接起来。东海岛环海岸线植有 5 万多亩郁葱的防风林，曾被誉为“南海绿色长城”。这里林带环绕、珊瑚成片，还有 3 万多亩的红树林。岛东端有海拔 111 米的龙水岭，为天然的航海陆标，也是全岛的最高点。

3 万多亩的红树林是东海岛著名自然景观之一。其位于民安镇东南面滩涂，红树林连片，几十厘米到 1 米多高的红树，一棵紧挨一棵，密密匝匝，围城般扎根于滩涂上，根系发达，枝繁叶茂，是沿岸的保护神，1996 年 1 号台风来袭，就靠这片红树林保护了龙西大堤，附近村民免受灾殃。1998 年，在这里设立了红树林保护站。红树林是当地的“聚宝盆”，红树林根须多，能净化被污染的海水，鲜虾蟹鳖、鳝仔、蛾虫等在这里繁殖生息。经济困难时期，岛屿居民到红树林滩涂捉鱼摸虾，渡过难关。红树林的确是一道亮丽的风景线和民众的生命补给线。

此外，民安革命老区的红树林还成为革命活动的地方。1947 年初，中共南路党组织在东海武装暴动，武装部队在这一带红树林里与敌人激战了两天两夜，留下了很多可歌可泣的英雄事迹。

除了红树林，防护林也是东海岛一大美丽景观。东南沿海逶迤长达 26 千米、宽 1—3 千米的防护林带，总面积 5 万亩，林木葱茏，绿荫掩映着洁白沙滩，晚霞将金光洒照林间。夏天，三五成群的村童海妞用竹耙耜耙着飘满林间沙地上的“松木髯”，装满竹筐后，两人抬着或单人挑着返回炊烟袅绕的村子。夕阳、绿林、金沙滩、银浪将东海岛防护林带构成一幅层次分明的多彩的风景线。

东海岛东南沿海沙滩，昔日浮沙纵深 6—7 千米，覆盖地面，寸草不生，海风刮起漫天尘埃，走在其间，被漫天飞舞的沙粒吹入眼帘，令人难堪，赤足被滚热的沙地烫得步履维艰。大风刮起的沙尘吞没大片耕地和村野，当地百姓饱受风沙、台风和暴潮的灾害。1954 年至 1961 年，海岛人民艰苦奋斗近 10 年，在沿海一带，遍种木麻黄树木，既抗风围沙，又耐碱、耐旱，抗台风能力特别强，种苗又能自育自繁。由于沿海民众逐年种植，林带面积不断扩大，白茫茫的海滩岸带沙漠上种出了一片片绿洲，被誉为南海的“绿色长城”。“文革”时期，无政府主义泛滥，乱砍滥伐林木现象严重，大片防护林带被人为毁坏。1986 年，当地党政部门积极带领和组织群众，发起再次营造沿海防林，把绿化海岛作为大事来抓，逐级抓落实，采取国营集体、联合体、个体林一齐上的办法，以多层次、多形式、多渠道的形式筹集资金，营造了沿海防护林带，栽植率和绿化率都达到 97%以上。如今，这片浓郁的防护林带，每年挡住流沙 5 万立方米，保护沿海 31 条村庄、1 万多亩耕地，增加村民的收入，改变了生态环境，使东南沿海荒滩变成了旅游胜地。

1994 年 6 月，为了合理地利用海洋资源，湛江人民在岛的东岸开发、建设省级旅游度假区——东海岛龙海天。它面向浩瀚的南海，呈新月形的海湾，有绵延 28 千米、宽 150—300 米的海沙滩，是中国第一长滩，仅次于澳大利亚黄金海岸，位居世界第二，沙滩沙细洁白，轻柔的海浪舒卷着松风海韵。东海岛看日出是湛江著名八景之一“东海旭日”的景观，郁郁葱葱的 5 万多亩沿海防护林带，被誉为“南海绿色长城”。

龙海天已开发2千米长的海水浴场，还有世界少有的海边温泉资源，让这里的旅游景点增色不少。在中国最长的沙滩，可以跑马，亦可以在海边驾摩托艇冲浪，还可以潜海观鱼，或在海滩观看渔民拉大网，听渔歌唱晚，在晨曦观日出，或在海边拾贝壳，并在度假区内烧烤，甚至观看有"东方一绝"之称的东海岛人龙舞。度假区已建成一批度假酒店、别墅，已形成一定的规模和接待能力。旅游区之西侧最高的山是海拔111米的龙水岭，它是天然的陆上航海标示，山上风景优美而神奇。龙海天龙水岭是湛江市56座火山锥之一，为面向南海的山峰，据考是远古时期火山爆发而形成的地理特征，形似一条巨龙，高昂的龙头朝向天穹，呈冲天之势。岭上分布着形似石人、石鼓、石锣的岩石，在其上叩之发出"当当""咣咣"的声音，1898年后法国人在山上建灯塔，便炸毁岩石，现已不存在。山顶上还有一座"高山公"庙，为古人在一巨石上凿成。相传，古时这座山十分险峻高大，阻碍高山神飞赴南海参加观世音设的蟠桃宴，惹恼了高山神，他一脚将此山踢低了半截，落入南海。高山公庙前10米处有个山洞，洞口直径1米，深不可测。当你站在龙水岭顶，东海岛的自然风光尽收眼底，南海帆影巨轮跃现眼前。龙水岭位置相当重要，也是湛江港船巨轮进出的咽喉之地。龙水岭地下洞被辟为娱乐场所，冠名"地下龙宫"。

东海岛的东南面，还有一个旅游景点：1988年建成的飞龙滩，位于东南码头东侧，与硇洲岛对峙，西经新村海滩，至白沙岭为终点，全长2.5千米，宽（潮干涸时）160多米，沙滩呈伞状倾斜，斜度20—30度，是湛江沿海难得的天然沙滩，沙洁细白、碧浪逗人。

1958年以后，为解决土地不足的制约，改善沿海、岛屿落后的生产条件，在"大跃进"的旗帜下，湛江沿海地区的围海造田进入高潮。湛江堵海工程是一宗围垦24万亩的大型围海工程。在位于湛江市区西南13千米处，计划建设两条跨海大堤，一条副堤，在开垦堤内海田的同时，沟通东海岛与大陆的联系，促进工农业生产的发展。1958年4月，连接东海岛和大陆的东北大堤动工兴建。大堤全长6.82千米，其中跨海部分4.68千米。为保证工程的顺利进行，湛江市成立了堵海工程指挥部，市委第一书记任总指挥，雷东县和湛江市新区组织了1.5万多人上场施工，共投入410万个劳动日，完成土石方322万立方米，历时3年建成。

在经济条件困难、技术力量薄弱、机械设备缺乏、运输工具简陋的情况下，仅靠水帆船、平板车，在浩瀚的大海上堵海筑堤，其困难程度可想而知。湛江人民以坚韧不拔的意志、艰苦奋斗的精神和坚定不移要把大堤建成的决心，以人力去筑堤，一担担、一车车垒石填土，即使大堤被台风暴雨袭击筑了崩塌、崩了又筑，一而再再而三，也毫不气馁，硬是逼迫龙王让路。驻湛三军指战员与湛江人民并肩战斗，为堵海工程贡献了37万多个劳动日，完成土方近15万立方。湛江堵海筑堤，得到党中央、中南局和广东省委的关怀和支持。1960年2月，周恩来总理视察湛江，听取了堵海工程的汇报，并对建设规模等作了具体指示。邓小平在湛江视察时，亲临堵海工地，大为感慨工程的艰巨。同行的上海市委书记柯庆施为湛江人民自力更生、土法上马的精神所感动，回上海后给湛江赠送了一批输送泥土的机械。

东海岛丰富的海洋资源及群众勤奋的劳动成果，赢得了多方肯定。党和国家领导人朱德、董必武、陈毅、贺龙、彭真、王震、刘澜涛、杨尚昆、胡乔木、王任重，广东省领导陶铸、陈郁以及苏联、美国、日本、波兰等国际友人皆前来视察、参观访问。

3. 东海岛历史与人文景观

东海岛古称椹川岛，又名东海洲、东瀛洲，原属遂溪县辖地。在历史上行政隶属于交州、广州、合州、南合州、东合州、雷州府管辖。明至清初，朝廷为防倭寇及海盗，消极地实行长时期的海禁政策，规定“片板不予下海”，并下令海滨居民“徙迁内地五十里”。东海岛列为禁地之内。清康熙年间，朝廷审时度势，为解民困，开禁沿海港埠，于二十三年（1684年）开禁东海岛，但渔船出海仍禁带军器，商船不许私往南洋贸易，违者正法。清光绪二十五年（1899年）划入法国租借地广州湾范围。民国三十四年（1945年）为湛江市辖地。新中国成立后，1950年成立东海区公所；1952年11月3日经中央人民政府政务院批准，成立东海县，为渔民县，12 月改名为雷东县；1953 年 2 月经广东省人民政府批准，将吴川县（今吴川市）第九区的南三岛划归雷东县管辖。雷东县隶属粤西行政公署，辖南三岛、硇洲岛、东头山岛、特呈岛。1956 年 2 月 6 日，中共粤西区委员会改为中共广东省湛江地方委员会，粤西行政公署改为湛江专员公署，辖雷东县。1958 年 10 月撤销雷东县，东海岛归属湛江市郊区。1992 年 7 月 17 日，广东省人民政府批准设立东海岛经济开发试验区，管理东海岛、硇洲岛、东头山岛和南屏岛，总人口 20.21 万人，是我国面积最大的经济开发试验区。2009 年 10 月，湛江经济技术开发区和东海岛经济开发试验区合并为新的湛江经济技术开发区，全区由东海岛、硇洲岛、东头山岛、南屏岛四个海岛组成，海岸线总长 192.48 千米。

东海岛的传说

传说在宋恭帝向蒙古人投降被蒙古人掳走之后，为了支撑南宋的半壁江山，文天祥、张世杰等忠臣又拥戴益王赵昰继位做皇帝。可是，蒙古铁骑很快又杀了回来，危难之际，忽然飞来一只大蝴蝶，声称要救驾。你道这蝴蝶是从哪里来的？原来是从吴道子画的《美女扑蝶图》上飞下来的。吴道子人称画圣，他画的画是很有灵气的，只因当年宋徽宗赵佶也是好画之人，他见这只蝴蝶画得传神，心生怜爱之意，便用御笔在“扑蝶”的“扑”字之上加上了一个小小的“免”字，成了“美女免扑蝶”。蝴蝶铭感皇恩，一直未能报答，今见赵家有难，使现身来救驾。赵昰等人见形势危急，便顾不了许多，纷纷爬上蝴蝶的背脊逃命。蝴蝶振翅一飞，冲出重围，为了逃离蒙古铁骑的追赶，它拼命地飞呀飞，越过千山万水，也不知飞了多长时间。飞到一处海湾，已经筋疲力尽，再也飞不动了，便一头栽到大海里，化成一个海岛。再说小皇帝赵昰，他睁开眼睛，见四面是海水，心里纳闷，不知是什么地方，但心里又想，刚才从临安城逃出来，如今见到大海，莫不就是临安城东面的东海？于是便脱口说出：“哈哈，我们逃到东海岛了！”由于皇帝开了金口，从此就将错就错，把这里叫作“东海岛”。

后来，蒙古兵又追赶到这里来，赵昰慌忙逃到对面的硇洲岛，并病死在那里，由他 8 岁的弟弟赵昺继位做南宋的最后一任皇帝，那就是后话了。

宋恭帝（当时还不满 6 周岁）被蒙古人掳走，文天祥拥立宋端宗赵昰，赵昰逃亡到硇洲岛，赵昰死后 8 岁的赵昺在硇洲岛登基，做了不到两年的倒霉皇帝，这些都是千真万确的史实。

东海岛也的确像一只蝴蝶，是不是从古画上飞出来的，只是民间故事。至于东海岛的名称，明清时代叫作“椹川”，法国强租广州湾后，把这里划为“东海区”，此名沿用至今，就叫作“东海岛”。

龙水岭的传说

龙水岭是航船进出湛江港的咽喉之地，是天然的“绿标”。其地下有被遗弃的军事工程，洞穿山腰，机关巧设，诡不可记。现拟开发为多功能的娱乐场所——“地下龙宫”。龙水岭海拔不高，相形于平均自然标高约 20 米的东海岛有“登龙水岭而小东海”之感。站立山顶，东海岛的自然风光尽收眼底。向西注目，田畴千里，翠绿点缀，云蒸霞蔚；面东远眺，瀚海无涯，一碧万顷，渔帆点点，片云天远；近看，白浪层层，银沙如练；侧耳倾听，林海飒飒，涛声阵阵。龙水岭的得名没有文字可考，但在民间却流传着种种传说。一说龙水岭原是当地龙家祖先选葬的风水宝地，后遭朝廷的破坏而堆土成山。另一说很久很久以前，王母娘娘下凡，不慎遗失香珠一颗在香港。龙王派遣十条小龙看守香珠，其中一条白龙贪恋东海岛的美丽风光，擅离职守，飞到东海岛游玩，乐而忘返并定居于此……这些美丽的传说都给龙水岭增添了几许神奇的色彩。传说寄托着人们美好的愿望，而眼前的龙水岭确像一条龙头昂起的巨龙。

龙水岭位于东海岛东部。它是由山峰、坡谷、丘陵、沙滩、绿林构成的天然旅游胜地。龙水岭是旅游区自然景观最为神奇的地方。据考证，此岭是远古时代火山爆发而形成的。它海拔 110 米，常年绿树成荫，风景如画。

岭南才子陈乔森

陈乔森（1833—1905），原名桂林，字一山，号逸山、颐山。署名所作书画，大多使用“木公”或“擎雷山农”。他原籍遂溪县之东海，一度迁往硇洲，同治初年才搬到雷州府城——海康县城，并定居于东门之外。他可谓是东海岛比较著名的历史名人。

在童年时代，陈乔森家徒四壁，生活十分穷苦，既没钱进学，还得四处奔走捡拾猪粪为家庭分忧。每当路过塾馆，总伫立窗外谛听老师讲学。有一次，塾师考问，学生彼此面面相觑，无以为答。塾师戒尺一拍，经不起吓唬的学生竟然“妈呀”地啼哭起来，陈乔森忍俊不禁，“噗哧”一声笑了。塾师初以为学生，厉声吆喝，可当他抬头一看，笑声来自窗外，先是一怔，继而怒斥其非，陈乔森这才如梦初醒，大赔不是。塾师听他侃侃而谈，已感意外，待到多方问驳，竟对答如流，还把刚才所教背得一字不差，解得一词不错。塾师惊叹之余，走出门外，又端详，又抚摸，然后拉他入室，紧握双手，询三问四，硬是要他入塾读书。他说家穷，塾师答应不收他的束脩；他说他妈不一定同意，塾师便亲到陈家去劝说他的妈妈，大有伯乐找到好马如何也舍不得放手之概。由于乔森天资聪颖，一心向学，没几年，郡试秀才便一举中第。老塾师一接到捷报，竟然兴高采烈地把清茶当醇酒一盅盅地大喝起来。

道光末年，陈乔森从东海跑到雷州府城看望他那在府衙当差的爸爸——一说在雷城肩挑烟丝沿街叫卖。由于家道贫穷，他虽然是一名秀才了，却衣着十分朴素：身上穿的是老母亲手自纺织的东海葛布，而脚下踏的还是椰棕编成的雷州网屐。

可是，出乎意料，这个村气十足的秀才，竟为名震一时的拔贡生何凌云所赏识，不仅待以上宾，还逢人说项，在府县的缙绅名流中大力推荐：“东海陈桂林乃雷州后起之秀！”

咸丰六年（1856年），提学使殷寿彭按试雷州，发现陈乔森写的《拟潘安仁秋兴赋》一如双鹄并飞，已赞叹不已。待到七夕招饮，陈乔森即席试以《拟柳子厚乞巧文》，洋洋数千言，下笔立即，“罕见奇才”

就又誉满雷州了。过了三年，殷学使旧地重游，再次视学雷阳，便选拔他与试“拔贡”。也就在这一年，他到广州参加秋闱考试，又春风得意，中举人，“才子”之名在五羊城的文人墨士中就无人不晓了。

咸丰十一年（1861 年），在省城参加乡试前后，陈乔森都利用空隙时间到书肆看书。有一天，店老板见他东翻西找，一本也不交易，便很不客气地责他：“你是买书还是翻书？”乔森答以要买的书找不到，只好随便看看。店老板问他要买什么书，乔森把书名说了；店老板问他为谁而买，他答以为自己；店老板问他何方人氏，他答以家在雷州。店老板一听，竟嘻嘻哈哈地大笑起来。陈乔森气得无名怒火三千丈，但他还是彬彬有礼地反问：“难道雷州人就不配看这么一本书？”店老板居然直言不讳地说道：“是的，是的……”陈乔森强捺内心气愤，再次反问：“那你认为我不是来看书的？”店老板满不在乎地答道：“是的，是的……”

陈乔森见状，忍无可忍了，他二话不说，把手上的书递了过去：“这本书我看过了，你可以随便试试！”店老板想不到陈乔森会来这一招，起初有点意外，后来，他冷静了一下，拿起书来翻翻，一连提了好些问题，可是，陈乔森的回答却使他大为吃惊，为其惊人的记忆力而目瞪口呆，不知所措。

陈乔森一不做，二不休，指着刚才翻过的那些书说：“架上那些书我都看过了，你可以拿任何一本来再试试吧！”店老板骑虎难下，但他也有这个想法，手上那本也许刚看过，所以道得出来，这以前翻过的，也许并未认真阅读。于是，他初则随手拿来一本，再则有意挑选几本，然而陈乔森面对店老板的诸多刁难，依然像倒水入缸，一泻而下，有的简直像在朗诵原文。店老板越问越窘，做梦也没有想到这个年轻人不过这本翻翻那本掀掀，就把全书领会得如此深透。他想到了这里，这才记起自己怠慢贵客，有眼不识泰山，于是打躬作揖，忙把乔森请到后堂，赔礼道歉，以表敬意。

这以后，广州书肆中人都知道雷州有个了不起的陈乔森。每当他光临书肆，书肆老板敬如上宾，乔森也由于有了这个方便，阅读了更多的书，别人难得一见的珍本也有机会看到。这就为他后来的殚见洽闻打下

了非常有利的基础。

陈乔森的《秋兴》《乞巧》两赋面世之后，在文士聚集的五羊城赢得了“雷州才子”之称，在文人荟萃的京华更享有无比盛名。他所寓的雷阳会馆，来访之人络绎不绝。他最早深交的是与之同年的德清许振祎。

咸丰十一年（1861年），陈乔森到北京参与会试时，他与许振祎一见如故，一谈倾心，都有相见恨晚之感。会试一罢，相互交换应试诗文。乔森听罢振祎朗读自己所作诗文，点头称赞，认为是科必中；可是，许振祎对陈乔森的闱墨呢，说了一声“好”之后，便默不作声，而摇其头。乔森在介绍自己文章时，还以为下笔潇洒，掷地有声，即使名不高中，也不至于榜上无名。然而，许振祎刚才的神情，使他感到十分意外。

后来，许振祎指出，乔森写的虽是上乘之作，而当今试官大多墨守成规，以八股为重，凡属不羁之士，超越之思，往往被认为不合时宜。会试揭晓了，许振祎金榜题名，不出所料，而乔森呢，名落孙山，应了许振祎所言。

许振祎之外，相知较深的是海南潘存。

潘存字孺初，文昌县（今文昌市）人，同治年中举人，历官户部额外主事。他的诗有一定分量，在一次乡试归来而路过海康（今雷州市）的将军驿——雷琼道上的古驿，所写的四首《题壁》诗曾传诵一时。字不过百余，却把一个举子在秋闱不售的无限感慨尽情刻画，让人看到他辛酸满腹，处境难堪，有力地鞭挞了封建时代的科举制度。

陈乔森南返雷州多年，潘存还在京当官。两地相思，端靠诗札往返，乔森曾作《寄潘孺初》诸诗。后来，潘存解组还乡，与乔森一水相隔，诗歌唱酬就更密了。孺初生子于满月，乔森为作《孺初得子弥月志喜》，不但为老友高兴，且有“屡提文褓拟朱陈”之意，真可以说彼此情深管鲍而义重雷陈了。

潘存极其珍重乔森的诗作。凡乔森见赠，固妥为保存，即搜集所得也认真誊抄，久而汇成一册，乃题其名为《海客诗偶存》。

有一年，潘存从海南北上，到乔森别墅做客，乔森便以膏蟹相待，酒逢知己，又是佳肴，乔森特地写作“纯羹偶忆芦花水，姜醋新添蒜子泥”的《同潘孺初食蟹》之诗，其兴之所至可以概见。

潘存在海康的消息为天宁寺的住持知道了，马上携纸备墨请其为古刹题诗。潘存感其盛情，为书一联云：“佛语何如菩萨语？我诗不及逸山诗。”潘存的诗有一定名气，人称“海南才子”，可他敬仰乔森诗章，这一内心深忱正好流露于这一楹联的字里行间。这联悬挂天宁古寺，一时传为佳话，可惜民国初年给丢了。

在广东同乡中，与陈乔森有刎颈之交的，除了潘存，一个是归善邓承修，另一个则是嘉应黄遵宪。遵宪是光绪间举人，著有《人境庐诗草》。他那《岁暮怀人》诗中便有怀念“陈乙山户部”之作：“珠江月上海初潮，酒侣诗朋次第邀。唱到招郎吊秋喜，桃花间竹最销魂。”邓承修，字铁香，是清朝末年对内政敢于谏诤而对外侮力主抗击的名翰林之一。他还是被人称为“清流”派领袖人物的“四谏”之一——与何佩纶、宝廷、陈宝琛齐名。

陈乔森一生的唯一京官职称——户部主事，就得力于邓承修、潘孺初和杨守敬这些知心朋友的鼎力相助。承修与乔森的交情如何，从乔森的《梦铁香》诗可以窥见一斑。光绪间，许振祎到广东做巡抚，函邀乔森到穗相聚，出示南下时《舟中忆潘邓》之作，这时，潘存和邓承修已作古，陈乔森“感均存殁而幸余无恙”，乃“和其韵”而“痛邓潘”，写了一首长诗，既追忆他与潘邓的交情，也称述许振祎对故友的怀念：“荣瘁与生死，悲歌无乐腔。”就在这个时候，他有机会看到“亡友铁香令子忠国”，对铁香的铁骨铮铮就弥增思忆了：“铁骨铮铮众听惊，兼之文字作金声。千官缄口输忠悃，万马腾蹄压敌情。”

至于省外挚友，如周杏农、李慈铭等书画中人，为数也不在少。这里需要一提的有两个：一个是南皮张之洞。之洞字香涛，是“之子南皮秀”，也是“京华群欲亲”的知名人物。他在翰林主持风雅期间，便同陈乔森交上朋友。乔森认为之洞是一个“深心鉴古事，无意异今人，落落却难合，温温能自真”的好友，所以《忆香涛》诗中流露了“何时至尔侧，一洗别来尘”的深情厚谊。

张之洞经营别墅，欲得一脱俗令名。有一天，高朋满座，所拟皆不惬意，正当宾主尴尬之时，忽报“雷州举人陈乔森驾到”，在张之洞的

一声“快请”而举座愕然之际，衣着朴素而相貌魁伟的陈乔森，就手持折扇拱手而来了。南皮揖其入座，并直言相求。乔森听了，不假思索便马上提出：“依弟之见，就以老兄尊讳为名，题曰‘张公之洞’，何如?”之洞听了，始则惊诧，继而大喜：“逸山兄，亏你想得出来啊!”这时之洞喜形于色，而在座之人也异口同声，共致钦仰之诚：逸山兄才子之称，真个名不虚传!

另一个外省挚友，则是湖北举人杨守敬。

守敬字惺吾，宜都人，是清末民初的著名历史地理学家。他与陈乔森相识于樊城，交深而谊笃。当他接到乔森病死的讣告时，悲不自胜，但他这时既已年逾古稀，又云山万里，不可能远到雷州为故友奔丧，而他手足情深，决定手书百联，以其所得全部捐助丧事。

这一消息一传至雷州，百联立即“名花有主”。因为大家都深知杨举人的书法艺术早就蜚声中外，欲得尺缣寸帛，殊非易易。这次能得一联，且署上名款，谁不争先恐后，视为幸事！何况所费不赀，又可为一山先生丧葬效力，一举而数得，岂可错过这一良机!

杨守敬还应乔森临终之请，为其撰写墓志铭，对乔森的生平及贡献，作了恰如其分的叙述。此外特别感人的是他给乔森写的那副情见乎词的挽联：“五百年名世挺生，君固不死；八千里知交零落，我独何堪!”是的，陈乔森才学超卓，他的作品，他的声名，影响深远；而数十年间，潘存、邓承修早已作古，如今乔森又与世长辞，“落月屋梁，往来于梦魂中无一存者”，杨守敬怎能不从生人世沧桑、知交零落之痛!“何堪”二字，落得多么深切，多么准确!

尽管守敬、承修以及潘存这些知交盛情相助，使陈乔森得到一官半职，不至于“长安居大不易”，可是，岁月蹉跎而壮志未酬，他哪能心无髀肉复生之感呢！他想自己名场潦倒，学优则仕的道路夭折了；纳粟捐官，所谓户部主事也已株守多年，却了无寸进，看来，自己与宦海缘浅，只有告别京都，促装南下，从老朋友那里找寻出路了。

在“长剑低垂客子孤，振衣飘然归故庐”的时候，他应“针芥尤合”的老相识彭玉麟之邀，赶到他的衙门去。一以畅叙离情，二以摸索门径，是否还有用武之地。在浦须坞见不到，在安庆就“皖江旌节驻，扫榻独相留”，得到了特别款待。彭玉麟为陈乔森画梅，陈乔森也为彭玉麟这幅梅画题上了“静思下笔叹妙绝，非能知画能知梅”的诗句。

彭玉麟特别敬重这位老相知的才华，为他无路请缨而扼腕。他不但尽可能让乔森“客子减羁愁”，还特地把他推荐给举足轻重而炙手可热的曾国藩。在《曾文正公全集》的日记部分也曾留下了“雷州举人陈乔森来见”这么一行。不过，曾国藩在南京接见了陈乔森，谈诗说赋，酒逢知己，钦其识见超卓，目之为奇男子；可一与论兵呢，陈乔森却相对默然，话不投机了。因此，在曾国藩的麾下，陈乔森没有找到一席之地。

打这以后，陈乔森深深地认识到“公卿推荐事终虚”，这条路也“行不得也哥哥”[①]。于是，决然南归，结束了他“橐笔游燕都，走齐梁吴越楚豫”的汗漫之游，而终老于雷阳书院的讲席。后来许振祎官运亨通，在巡抚广东时，曾请他帷幄运筹，匡所不逮，可是，诗酒往还，犹似当年，而欲为国事奔劳之志仍难如愿。他觉得寄人篱下，终非久计，在相聚一段时间之后，就重返雷州，重主雷阳书院，为桑梓栽桃育李，以度他晚年岁月。

雷阳书院创建于明代，三百多年来，人才辈出，到光绪十二年（1886 年）张之洞总督两广，便把它与广州的广雅、粤秀、越华、羊城以及肇庆的端溪等书院列为广东六大书院。

陈乔森重主雷阳书院，地方人士都认为得人。他主掌雷阳讲席时，既不遵循嘉庆四年（1799 年）知府五泰“入孝”“出弟”，株守“先王之道”；也不墨守咸丰五年（1855 年）郡守郭椿寿“致用本穷经”那老一套。他不仅提出“士气云蒸，伫听雷声从地起”，且以苏轼“西湖平”而“状元生”的计语为依据，对学生寄予殷切期望：“文澜海涌，行看湖水一时平”。

光绪二十七年（1901 年），裁书院，设学堂，雷州知府陈武纯把雷阳书院改为雷州中学堂，总教习还是陈乔森肩其重任。旧学，他渊源有自，应付裕如；新学，他头脑清新，也能驾驭得了。这可以从他为学堂

①鹧鸪叫声的拟意，表示行路艰难。

而撰写的新楹联看到："雷厉风行，春夏秋冬官，有猷有为，都非异学；阳开阴阖，东西南北圣，此心此理，俨若同堂。"

据说，他主持书院三十余年，不像他的前辈那样一成不变。学生有所问，一般性的随问随答；义理较深而复杂的，则着重启发生徒自己下功夫。该读哪些书，哪些章节，让学生自己寻求。他的记忆力强，学生按他所说章节去找，有准无差。他经常这样说，学生做学问，老师是包办不了的。

他所教过的学生数以千计，对学生的知识水平，了如指掌。他常常根据学生接受能力及追求学问的态度因材施教。因此，在莘莘学子中，先进与后进两皆受益，各有成就，正所谓同入宝山，都不空手。

更值得一提的是他的知人善任。他在书院数十年，一开始，协助他从事教学的多是他的前辈或侪辈；可光绪中期以后，老辈凋零，这就全靠他手自栽培的新生力量了。然而，在这些人物初出茅庐之时，往往得不到在院学生的信任。当年重"功名"而论"辈次"，想要破旧立新，谈何容易！但陈乔森以理服人，特别以实践去说服人。光绪末年，他把从广雅书院回来的宋鑫先安排在院当职员，然后进一步提到教席上来的故事便是一显例。

宋鑫（1870—1928），字庚三，海康县人。他十五秀才而二十明经，在雷阳书院是高才生，陈乔森高度评价他的诗文，曾笑谓侪辈："吾得一佳士矣！"后宋鑫到广州的广雅书院深造，课艺常名列前茅，又得院领导张冶秋的赏识。可是，他曾六蹈省闱而缘悭乡荐，功名就只有"明经"而已。当学生知道院领导决定擢用宋鑫任课时，议论纷纷，但他们辩理又说服不了陈乔森，只好"逆来顺受"。后来，学生听了课，被宋鑫的学识征服了，这就更加钦佩陈乔森目光如炬，知人善任。

从同治到光绪，陈乔森在雷阳三十余年，书院越办越出色，学生青出蓝而胜于蓝，举人进士辈出，陈乔森没有辜负三雷人士的期望。

陈乔森多才多艺，书画艺术久为行家乐道。他山水仿道济，颇有粗头乱服、苍莽自喜之致，而他身处天南海甸，蟹之形态尤了然于胸，发而为画，自然落笔不同，所以有人说他"生平尤工芦蟹"。当然，他的画是多方面的，不仅擅长芦蟹、山水，还经常画人物、花鸟乃至猫蝶嬉戏、龙腾致雨之类。他曾精心绘画了好几幅墨龙分赠郑关数姓亲戚。这些龙活灵活现，深得当年丹青中人的好评，而画的持有者也珍藏笥筐，不轻易出以示人。

他的人物画有高僧、仙人，有钓叟、醉翁，也有高士、美女。有好几幅的画中人如老农、比丘，往往就是他自己。他为宋鑫作的《擎雷山人拄杖图》以及《梅花树下老比丘小照》，山人是他，老比丘也是他。至于花鸟画也有的是。鸟以仙鹤、梅鹤、双鹤、鹤立于石、仙人骑鹤为题材，而花则梅兰菊竹之外，牡丹、吊钟以至石榴之类都收入画中。

此外，组字以为画，他也有过。那是他主讲雷阳时画的《魁斗帝君小像》，由“正心修身，克己复礼”八字组成，至今还保存完好。

同治十年（1871 年）的重阳佳节，他在北京逗留期间，曾与周寿昌、李慈铭、张之洞等九人宴集慈仁寺的毗卢阁，他还为这次盛会写作一幅画留念。李慈铭请他画过《湖塘村居图》，称赞他“画技细致，用墨尤佳”。后来又请他画《玉河秋泛图》。这些事都已收入《中国美术家辞典》之中了。20 世纪 30 年代间，在广州的一次书画展览会上，乔森的画也得到人们的甚好评价。所以新中国成立前出版的《七十二年来广东名人录》有他的传略；新中国成立后出版的《中国书法家辞典》及《中国美术家辞典》等书也有他的小传，都着重介绍他的书画艺术成就。

他书法褚遂良，刚劲有致，求字的人户限为穿。登门索联的，固书之以联；入室求字的，也以楹联了事。如果说作画多芦蟹，那么，写字就多楹联了。例如雷城天成米酒店的老板索联，他立即手书“天地为炉，铸出几多贤圣；成周发粟，济活无数生灵”。嘉岭街晋昌刻字店的主人求字，他也马上给写：“晋代士夫多翰墨；昌时河洛出图书。”有求必应，这类楹联之多，自在意中。

至于至爱亲朋之非联不可的，也为数可观。光绪间，雷州中学堂老师宋鑫新居落成，其学生制作一木制楹联作贺礼，曰：“古有咏杏尚书赋梅宰相；今见丹崖百尺青壁千寻”，即为陈乔森撰作而手自书写的。当然有些联是为大众作的，雷城北百丈桥茶亭那副联：“行走良劳，歇歇才去；喉吻极渴，茶茶快来！”以大众语言，写大众心事，明白如话，老妪皆解，这跟他平日待人接物不分彼此大有关系。

乔森喜谈谐，而尤善于通过事物表象去抒发他胸中积愤。他为遂溪县城隍庙写过这样一联："那班差役都是鬼；这个衙门不要钱。"不知底细的人也许以为这联题在城隍庙，那是就庙论庙的了，其实不然。熟悉当年情况的就知道这庙靠近遂溪县衙，乔森以"那""这"区分"远""近"，明白"那班差役"为谁，这联褒谁贬谁，就明若观火了。

集句以为联，在陈乔森的众多楹联中并非偶见。他为雷城关帝庙便撰过这么一联："汉家宫阙疑天上；武帝旌旗在眼中。"他家邻近一庙演戏，群众请他书联，他把《三字经》中四句集为一联："寓褒贬，别善恶；载治乱，知兴衰。"区区十二字，却把舞台演出作了高度概括，既现成，又集中，这比"聊将旧事为新事；且以今人作古人"无关痛痒之作要高明得多，难怪当年爱好集句为联的人称赞不已。

陈乔森为人胸怀坦荡，所作楹联大多豪气纵横，措辞不凡，他为老家遂良书院题过这么一联："千秋盛业直破天荒，看椹水豪山是如何气象；一邑文风即关圣治，有吏才经术始不负科名。"有些联却又反映了他的博学洽闻。光绪八年（1882 年），雷城三元塔东的白马庙修葺一新，他应调会坊群众之请题联其门云："法绍西山，能非晋真人嫡派弟子；功存南渡，难忘宋高庙少年将军。"把白马庙的两般传说纳入一联，这与乾嘉间陈昌齐为下河里白马庙题的联"徽称昉自方山庙；灵迹昭于盘古郎"就截然不同。

看来，联虽小道，因人不同。陈乔森撰作的一些联虽多应酬索字之作，却也反映了他的为学为人以及他的内心世界，这跟他的诗画作品的内涵差不了多少。

以名儒硕学见称的陈乔森，数十年文字生涯中不知写作了多少名篇巨著。光绪间，他所作《游庐山》诗六首，张之洞誉之为"自欧苏以后，无此佳作"，然而陈乔森却随作随弃，并不珍存其稿。每当他的知心门生宋鑫提出他的诗文结集问题时，他总是一笑了之："千秋万岁名，寂寞身后事。"

他逝世之后，宋鑫就着手搜集和编校他的诗文了，但以民初地方多事而屡做屡辍。1917 年，宋鑫避兵题桥村，才把下关村杨少彭手抄、海南潘仔《海客诗偶存》以及乔森晚年作画与应酬之作汇为诗四卷而文一卷，颜曰《海客诗文杂存》，并交由黄景星创办的道南印务局印行。然而，这个杂存所编入的，仅占陈乔森生平作品的十分之一二。

总的来说，陈乔森博闻强记，文学造诣深，又能书善画，可谓多才多艺。但他名场失意，宦海无缘，漫游归来，淹滞教席三十余年，虽桃李盈门，成就不凡，而夙志未酬，徒以诗画自娱，花木自乐。他善谈谐，似谦又似傲，似誉又似嘲。乍听其言，不可想象；细味其意，旨趣豁然。这当中，凝集了辛酸，也掺杂了愤慨。封建时代文人雅士那股学优不仕而怀才不遇的思想感情不仅反映于他的艺术作品之中，也流露于他日常生活的话里言间。

清代广东最大的海盗部落

广东的西部地理环境水陆相接，位于高雷廉琼之交的雷州半岛，古称天南重地，海洋围绕。西面毗邻越南（古为安南），东北面连珠三角港、澳、台，南部为琼崖属海南岛，湛江行政区域凭1560多千米海疆，港汊湾道纵横交错，周边靠陆岸聚众多大小岛屿，形势险要。清朝时期，珠江出海口外的香港岛、大屿山、老万山、雷州半岛的硇洲岛与东海岛、田洲、涠洲岛，曾经是国内著名的海盗盘踞巢穴。中国第五大岛的东海岛，曾是广东最大海盗首领郑七、郑一的海盗部落据点，是清代广东最大的海盗部落。

古代民众提及东海岛，当骂“东海贼”，即贬指海盗部落群，东海岛是郑一、郑七为首的海盗盘踞基地。当时的广东海盗七帮，其中规模最大、力量最强的是红旗帮，帮主是郑一、郑七。郑一（郑文显）出生于海盗世家，其堂兄为郑连煌（即巨盗郑七）。

美国学者穆黛安认为刺激中国粤洋海盗活动转型的因素，为越南西山政权的兴起。从18世纪80年代开始，西山政权招募中国海盗为其海军，并且授予官阶，海盗从原本只是求生存的临时生计变成职业的活动，并且也为那些贫穷的当地人冒险发财提供机会。西山之乱也为乾嘉之际粤洋海盗带来崛起的契机。当时越南（即安南）黎氏王朝衰微，阮文吕、阮文岳、阮文惠三兄弟在其生活所在地西山邑起兵叛乱，在

1773年击败广南王阮福淳占领了归仁，乾隆帝命两广总督孙士毅等率军干涉，遭惨败。阮文惠立国后（清廷准其改名为阮光平）向清廷上书邀封，乾隆帝颁布上谕称："朕顺天而行，有废有兴，悉归大公至正……用是特颁恩纶，封称为安南王。"

但是西山政权的建立并没有为越南带来和平，相反，阮福淳儿子阮福映在西贡、暹罗积极从事复国运动，沿途都有华侨帮助他，让他能与西山政权展开十几年的斗争。阮光平受封为王后，并没有太大的喜悦，因为他必须面对效忠于已倒台的黎氏王朝与阮福映的军队的袭击，庞大的军事开支让财政艰困。阮光平父子由于连年战争，财力贫乏，便鼓励海盗四出剽掠，逐渐酿成清嘉庆年代东南沿海的区患。西山政权因财政转而招募中国海盗来补充国库的情形，实为广东海寇之始。西山政权为招募海盗受封官爵，其中郑七为总兵官大司马，乌石二为靖海将军。

嘉庆元年（1796年），乌石二（原名麦有金）等人在海康县乌石港率渔民起义，反清廷。这支海上义军拥众数千，船数百，长期活动于西起北部湾、北至阳江沿海地带，并与郑一、郭学显、张保等组成"五色帮"，在粤闽浙三省沿海抗击清廷官兵。

莫观扶为总兵官，东海王、陈添保为统善艚道各支大总督、保才侯，梁文庚为总兵官，樊文才为指挥，郑七之子郑维丰为金玉侯，梁贵兴为合德侯，郑流唐为都督，谭阿招为平波王，这些是西山政权给予广东海盗的高官之位。除此之外，还提供了精良的武器，这些强大的武器装备，让后来脱离西山政权的广东海盗，能够在与清帝国水师对阵时取得有利的地位。嘉庆十二年（1807年）十月两广总督吴熊光奏："舟船夺获盗船十只内，起获五千斤大炮二位，二千斤大炮一位，一千斤至一二百斤铁炮五十余位，并火药三千余斤。"嘉庆皇帝感到十分惊讶且不可思议："起获炮械、火药如此之多，则其余各船以此类推，不可胜计。"两个月后，吴熊光复奏："前次钱梦虎追捕匪船，起获五千斤大炮……系盗首乌石二等从前在安南得来。"由此可见广东海盗与西山政权兴衰息息相关。

嘉庆七年（1802年）阮福映攻入河内，掳获光缵皇帝，阮福映受清廷册封为王，为嘉隆皇帝，随后他开始着手清剿境内的广东海盗，海盗受到严重创伤，广东海盗的活动一度沉寂。由于失去西山政权庇护的优良环境，海盗们也无法回归原来的陆上生活，再加上嘉隆帝的扫荡，粤洋海盗的头目郑七、莫观扶、樊文才和梁文庚，不是被嘉隆帝的水军逮捕押送北京城受审，就是在海上阵亡。所以他们只能靠自己的努力求取发展。在西山政权覆灭后，广东海盗回到中国，开始为了财富地盘相互攻击，但是他们慢慢发现，互相残杀的结果，只会让自己更加衰弱，他们意识到最佳的生存局面唯有结盟，因此广东海盗们开始组织联盟。嘉庆十年（1805 年），七名海盗头目一同签署了一份合约，七名海盗头目分别是：郑文显（郑一）、乌石二、郭婆带、郑流唐、吴知青、李相清及梁保，并立了条约条款。

广东海盗联盟的组织中，签订合约的旗帮主共有七位，其中红旗帮排为首位，海盗联盟中组织最为庞大的为郑文显（郑一）所领导的红旗帮。

郑一的曾祖父是明郑军官建由福建海澄后居台湾再移广东新安，其父郑连昌是香港一带的海盗首领，郑文显（郑一）自从当了海盗首领之后，迁居广州湾东海村。18 世纪后期，郑文显与其堂兄郑连煌（郑七，郑连福之子），曾经为西山政权效力，纵横广东与越南海域。其时，他们的同党海盗首领陈添保（廉州人）被西山阮氏任命为“总兵，保德侯”，雷州府遂溪人莫观扶被委任总兵封“东海王”。海康县乌石村人麦有金（乌石二）被封为“宁海副将军”。乌石二手下头目杨片客、陈亚广为遂溪人，龙运登为海康人。东海村人吴知青也曾在西山军队服役，被称为“东海八”“东海伯”“东海霸”，后来成为海盗联盟中的黄旗帮主。

七位旗帮主之一的郑流唐因为在一次海盗的内斗中，半边脸毁容，遂带领部众向清廷投降，实际上海盗联盟组织中只有六个旗帮。各帮用颜色来划分。郑文显是红旗帮帮主，拥有红船 600—1000 艘，人员 2—4 万，其下主要首领有郑一嫂（郑文显妻子）、张保仔、香山二、郑国华、萧步鳌。麦有金（乌石二）是蓝旗帮帮主，拥有蓝船 160 艘以上，人员约 1 万，其下主要首领有乌石大、乌石三、杨片容、周添、郑耀章。郭婆带是黑旗帮帮主，拥有黑船 100 余艘，人约 1 万，其下主要首

领为郭就善、王亚三、张日高。梁保是白旗帮帮主，拥白船 50 余艘，人数不明。吴知青是黄旗帮帮主，人数不明，旗下主要首领为李宗潮、游国勤、林阿发。李相清是绿旗帮帮主，人数不明，旗下主要首领为冯联贵。郑流唐是七帮主之一，帮众人数不明，投降时随带 388 人。

郑文显曾与乌石二共同加入西山政权的海军，在西山政权覆灭后，返回广东，与乌石二联合行动，势力迅速扩大，最后更促成广东海盗联盟的成立。他与乌石二等曾在广州湾海面击败广东水师，到了嘉庆十二年（1807 年）冬，郑文显身故，一说他是遭遇台风因而落海溺死，另一说则是在与西山政权剩余势力的战斗中，遭炮击身亡。红旗帮跟海盗联盟的主要首领在郑文显死后，权力转移到其遗孀郑一嫂的手上。

郑文显妻子郑石氏，原名石秀姑，原为广东名妓，1801 年被海盗郑文显劫持，并被娶为妻子。后来，她成为当时最强权的女海盗船长。最巅峰时期，郑石氏曾掌控一支拥有数百艘船的海盗舰队。在海盗领袖郑文显死后，郑石氏和养子张保仔（为郑文显收养，原为新会昼家仔）接管郑一属下的红旗帮，人数大约在 2 万至 4 万人之间。郑石氏较为年轻，她和名义上的养子张保仔保持了事实上的情人关系，二人“名为主仆，暗为夫妻”，他们以香港多处外洋小岛为基地，拥有安南西山政权提供的优良装备。时下其装备远远优于政府武装和缙绅组织的地方武装。

嘉庆以来，珠江口一带长期有六帮海盗，联合更使他们力量相当强大。他们相互之间建立盟约，划定海域，向商、渔、盐、米各船勒索“保护费”，其名目有“号税”“港规”和“洋税”不等，“凡商船出洋者勒税番银四百元，同船倍之，乃免劫”，就连政府的远盐官船，都要购买“盗船免劫票”。从海盗乌石二的供词中可见证：海盗行劫，无所不为，无恶不作。

嘉庆八年（1803 年）乌石二等占据广州湾，总兵黄标围攻战败，气愤而死。嘉庆九年到十年（1804—1805）广东水师提督一职三易其人，皆因剿匪不力。嘉庆十三年（1808 年）十月，乌石二联合船队 70 余艘突入南渡河，攻打雷州城，不克十余日后撤离。

海盗张保仔是红旗帮第二代首领，原籍广东新会人，年幼时随父母出海捕鱼，后被海盗郑文显（郑一）掳掠，并作为养子，15 岁加入郑文显带领的海盗团伙，长大后跟随郑文显练得一身好武功。郑文显死后，海盗们推举郑一嫂为首领，而郑文显妻子郑一嫂却爱上张保仔，最后张保仔做了船长。早期郑一嫂、张保仔率领的红旗帮在粤西海面抢劫越货，后扩展到珠江口，甚至称霸珠三角地区。

由于张保仔处事有度，因而深得众人拥戴，而且其红旗帮甚少打劫中国船，更不骚扰百姓，得到很多穷人的支持，队伍迅速发展壮大，最强盛时期拥有大船 800 艘、小船 1000 多艘，聚众达 10 万人。最初，张保仔的红旗帮由东海岛转移到台山上川岛为根据地，劫夺了许多清廷的进宝船和过往的外国商船，截获了大量的金银财宝，张保仔将这些财宝分为三份：天、地、人各一份，天一份用于资助当地贫民；地一份挖地为牢隐藏起来，以应急需；人一份颁奖有功帮众。这些金银财宝张保仔花不光用不完，其根据地上川岛理所当然成了主要藏宝区。张保仔的藏宝地点都记在手抄本上，但手抄本失传已久，连副本也只是口头流传。

相传公湾的“倒吊人头”、背子迳“鬼子上桅”（即迎客石）、浪湾的“七星拱月”、七盘山的“石手指”、乌猪洲的“半边月”石刻、扯旗山的“金井”、竹旗山的“银顶”等地方都有张保仔的藏宝，这些海盗藏宝洞还未被发现和挖掘，大海盗张保仔的藏宝数量至今还是一个谜。

后来张保仔率领红旗帮以香港岛为根据地开荒生产，标榜自己为“郑成功第二”。还常与海外华侨往来，使当时荒凉的香港兴旺起来，居民达 20 多万。香港地区至今还有不少张保仔活动的遗迹，“东营盘”“西营盘”都是张保仔红旗帮的营寨所在地，扯旗山有条张保仔古道，鸭洲有张保仔古炮台，五鼓岭有张保仔瞭望台，马湾天后庙有张保仔外寨，长洲及赤柱舂坎角有张保仔洞等遗址与传说。

张保仔率领的红旗帮活动范围覆盖珠三角及南海海面一带，迅速发展壮大的红旗帮海盗有一次在南海与葡萄牙海盗船队发生冲突，击沉 18 艘军船，全歼葡萄牙船队。他们发现船上的财物全是袭击掳掠中国客船上的，当时就引起张保仔极大的愤慨，激发民族感情。于是，他集结海盗大队，纵横海上，经常袭击侵犯我国领海的葡、西、荷、英等国舰船，俘虏外国海军高级军官数十人。自此，殖民者唯有从张保仔甚少出没的海域进行经商，他们很难打赢张保仔，而且红旗帮神出鬼没，两船队战斗，多为肉搏战，船一靠拢，中国海盗的大刀就派上用场，殖民者无奈，最后以经商困难为由，勒令清廷消灭张保仔。

在粤西沿海的海盗集团中，有一个头目叫郭婆带，是黑旗帮帮主，拥有海盗船100多艘。此人在嘉庆十四年（1890年）十二月向两广总督张百龄请降，获得官封把督（正七品武职）。此时，红旗帮的郑一嫂厌倦了那种浮家泛宅的海上生涯，而杀人越货看来，也不尽符合妇女的本性。当她知道这宗事后动了“官”念，与张保仔商量接受招安，使人扬言“愿降”，并让澳门行医的周飞熊医生去做说客。总督听后大喜，亲自率领随员，直赴张保仔的船上谈判。

嘉庆十五年（1810年）五月，两广总督张百龄和广东巡抚韩封，首先用招安方法诱降张保仔及郑石氏（郑一嫂）等人的队伍后，命令提督童镇升、总兵黄飞鹏率领水师船百余艘，由张保仔引路，到琼州追剿乌石二船队。百龄亲自到雷州督战，清廷水师在琼州督战。清廷水师在琼州海面与乌石二、符九家等船队相遇，乌石二等人被张保仔用计诱入雷州双溪港，陷入清军包围圈，经奋战无法突破重围，终于失败。乌石二被张保仔擒获，与符九家等被杀害。至此有船近千艘、拥众2万余人的抗清队伍被镇压下去。

嘉庆十五年（1810年），清廷不费一兵一卒，接收了大船270只，部众1.6万人，妇孺5000人，刀枪7000把，火炮1200门。郑石氏等率领1.6万名部众向朝廷投降，被清政府授为千总。郑石氏最终做出降清的选择，即使在当时也受到很大的抵制。就在她准备出降时，海盗内部反对投降的队伍相当庞大，骂她中途变节、叛逆的，也不在少数。郑石氏投降后，红旗帮留在香港和东南亚的海盗追随者就有6万—7万人，大小船只千余艘，不肯归附。而张保仔又引官兵到处进剿五色帮，他们走投无路，纷纷扬帆奔向菲律宾、马来西亚等地。

广州湾著名盐商黄元常

黄元常1905年出生于湛江市东海岛东参村一个经营盐场的家庭，15岁在广州湾新街尾开店经营盐等生活用品，1938年农历十一月被广州湾法国当局陷害致死。

1920年夏，黄元常认识赴广州求学的黄学增，建议父亲资助黄学增赴广州读书的车船费。1922年，广东著名农民领袖黄学增受中共广东区委派遣，返回家乡宣传马克思主义，第一站就是在黄元常家停留，向他宣传俄国十月革命、五四运动和马克思共产主义，并介绍薛文藻等人认识黄元常。黄元常也经常把俄国十月革命故事介绍给东海岛的盐工。1925年7月至10月间，黄学增、黄广渊、薛文藻受党的派遣，返回南路筹建党组织，为国民革命军开展“南征”秘密进行准备工作，通过黄元常秘密了解邓本殷在广州湾的活动情况。1926年5月，遂溪县农协副委员长黄学新与黄元常前往东海岛东参、调那、奄里等村介绍广东农运情况。1927年，中共广东区委即派出黄学增化装盐商潜入黄元常的家，秘密组织召开南路十五县农民代表大会，策划农民武装暴动，大会在黄元常盐船上结束。1927年遂溪农民武装起义打响后，由于敌强我弱，一部分农民军由黄元常安排，并在黄凌氏带领下撤居东海岛，黄元常柔化绿林好汉“曲手”（诨名）唐秋保带领70多人参加农军队伍。大革命失败后，黄元常筹集资金在东海岛参村办起了培智学校，引导进步青年黄明德、黄其江等人到学校教书及开展革命活动。

南路的“小延安”

西山村，地处东海岛民安镇西部沿海，包括西山、后坡、塘尾、霞山、大熟、迈林坡、南池等自然村。新中国成立前有2000多人口，靠耕渔谋生，大多处于贫困状态，村民革命性强，为党领导革命斗争提供了可靠的群众基础。东海岛1899—1945年间被划入法租界广州湾，抗战胜利后，广州湾回归祖国，归属湛江市管辖。

1939年夏，自中国共产党在西山村建立东海岛第一个村支部始，该村在上级党组织和村支部领导下，先后成立农民协会，开办农民夜校，进行抗日救国宣传，建立抗日游击小组，组织和领导农民群众开展抗日斗争。抗战胜利后，西山村建立起人民武装队伍，成为南路、粤桂边区党组织召开重要会议和指挥全地区革命斗争的基地之一。为了民族独立和人民解放，全村先后有100多位子弟在各处参加革命斗争，其中有5位同志壮烈牺牲。

土地革命战争时期，东海岛青年受五四运动，尤其是大革命时期广东南路地区轰轰烈烈的国民革命运动以及遂溪农民武装暴动的影响，对国民党反动派的压迫和法国殖民主义的统治深为不满，日夜思索着中华民族的前途和命运问题。邓屋村的邓麟彰、西山南池村的沈汉英等有志青年到外地读书、学习知识，追求真理。他们从广州、雷州等地寄回革命传单、进步报刊和书籍，在南园小学教师学生中相互传阅，唤起寻求新知、追求真理的热望。1935年冬，在本乡下社（民安）教书的黄明德、沈斌、王玉颜、沈植三、谢其乐、沈荣珠等在陈其辉、黄其江的组织下，在民安成立读书会。他们交换书刊阅读，在南园小学等处召开讨论会，交流心得，漫谈读书体会。南园小学成了革命知识分子聚集的场所。他们阅读的书籍，有《永生》杂志、艾思奇的《大众哲学》、鲁迅的《阿Q正传》以及邹韬奋、茅盾、蒋光慈等进步作家、哲学家的著作。参加读书会的老师，还根据他们的心得体会，结合教学活动，向师生传播、揭露国民党反动政府的腐败和日本帝国主义的侵华野心及罪行，诉说当亡国奴的痛苦生活，阐明团结起来赶走侵略者、埋葬旧制度的道理。参加读书会的教师和青年在读书活动中，逐步懂得了救国的道理，开始寻找救国的途径。1936年，黄其江、陈其辉、沈汉英等在广州江村师范学校认识了遂溪籍的学生陈进礼，并在陈进礼的引导下，加入该校共产党领导的外围组织——广东抗日先锋队。经过该校党组织的考察和培训，不久他们被吸收加入中国共产党，成为大革命失败、高雷共产党组织遭破坏后新发展的第一批共产党员。随后相继回到家乡开展活动，在重建和发展高雷地区党组织中发挥了重要作用。

1937年"七七"卢沟桥事件爆发后，抗日救亡的浪潮席卷全国。其时，东海岛的爱国青年自动组织起抗日救亡宣传队，在东海岛各地组织讲演、教抗日歌曲、出抗日墙报、散发抗日传单，抗日救亡运动遍及城乡，深入人心。1938年8月，在广州江村师范学校加入共产党的遂溪青年黄其江、陈其辉，回到遂溪发起成立遂溪青年抗敌同志会，领导青年开展抗日救亡运动。东海岛爱国青年黄明德、沈斌等先后加入中国共产党。他们也在东海岛成立青抗会东海分会，负责人黄明德。1939年初，西山村的爱国青年按青抗会的章程，成立了西山村青抗通讯站，隶属遂溪青抗会领导，负责人沈斌。从此，西山村的抗日救亡运动在党的统一领导下顺利开展。西山村的爱国青年按青抗会的章程，成立了西山村青抗通讯站，隶属遂溪青抗会领导，负责人沈斌。从此，西山村的抗日救亡运动在党的统一领导下顺利开展。西山村青抗通讯站以西山村的南园小学为活动据点，在南园小学开办了第一间农民夜校，让青年男女免费读书。随后又在霞山、后坡、塘尾、大熟、迈林坡、南池等自然村办起分校。各村参加夜校读书的青壮年有400多人。夜校表面上是上课读书，实际是通过学文化、解文释义，宣传共产党的主张，讲解抗日救国的道理，既提高了农民的文化水平，又启发了农民的政治觉悟，使之自觉投入救国的行列。由于夜校上课道理显浅，通俗易懂，切合实际，深受农民欢迎。课室欠缺，大家便割草、打砖盖课室；没有桌子、板凳，群众便主动捐献，仅沈法登就献出了几十块床板制作课桌、板凳。群众高兴唱道："门楼高高关架宽，西山是个乜西山；夜间灯火通天照，想活繁华得繁华。"为了解决夜校的照明、纸张费用，群众合资办起了消费合作社，既方便了群众购买日常生活用品，又从买卖中赚得利润，以资夜校所需，被群众誉为"同心社"。群众编了一首《东海嫁》的雷歌，歌颂合作社"团结一致心无二，合心办个大字号，名称叫合作社，资金用来办学堂"。南园小学是西山一带的活动中心，曾在南园小学任校长和教师的共产党员先后有沈斌、曾德才、许铭庄、周少珍、邹建绩、黄其通等20多人，参加办夜校工作及担任教员的有沈佛才、沈时读、沈时文、沈扬、沈树梧、沈时教、沈自豪、沈时方、沈德孝、沈开昌等。在外读书的沈益德、沈自利、沈兆炎、沈时泽、沈粤民等寒暑假期也到夜校上课。1938年底，以汪精卫为首的国民党亲日派公开投降日本。次年1月，国民党五届五中全会决定"溶共""防共""限共"的方针，随后在各地制造反共摩擦，中国团结抗日的局面出现严重危机。沈斌根据上级的指示精神，在东海开展反汪投降的群众大会。通过反汪大会用事实教育群众，让群众明白中国的出路在于团结一致抗日，反对投降、反对分裂、反对倒退，增强群众抗日必和决心。

1939 年春，沈斌到遂溪参加遂溪青年抗敌同志会的下乡工作队，由沈汉英介绍加入了共产党。不久，沈斌回到东海岛，在下社（民安）介绍沈荣朱、沈植三、谢其乐、王玉颜等人加入共产党，成立东海岛中心党支部，沈斌任支部书记。1939 年 6 月，沈斌在西山村吸收沈自豪、沈佛才、沈益聪、沈土声、沈时教、沈时文、沈时读等 7 人加入共产党，并成立西山村党支部，沈时读被上级党组织抽调去外地工作，村支部书记由沈土声担任。

中共东海党支部和西山党支部积极发动广大群众投入抗日运动，开展反汪斗争。1940 年 10 月 10 日，是国民党的“双十”节，组织游行活动师出有名。两个党支部即发动西山南园小学和新民、三盆、海坡、龙舍、山内、调文、文参、西坑等 10 间小学，共 1000 多人大巡游，他们高举油灯、火把，从下社（民安）出发，经东山沿着海边前进与东营（今麻斜）、西营（今霞山）相望，大唱“民众起来，打倒日本鬼”等抗战歌曲。这次游行规模之大，范围之广，对群众的影响和教育之深，均为前所未有，既教育了广大群众，又展示了中国人民不可欺和抗日战争必胜的气势。

1939 年冬，国同党反动当局在全国制造反共摩擦，挑起事端。1940 年春，国民党遂溪县政府强令解散青年抗敌同志会，共产党人领导的抗日活动由公开转入秘密的地下活动。沈斌即由东海岛调到遂溪中区工作。中共东海中心支部书记沈自豪为沟通东海与上级的联系，在西山南园小学建立交通联络站，由邹建炽负责，后又改在共产党员沈土声的铺子和沈益聪家，先后由沈土声、沈益聪负责，交通员先后有沈时文、沈兆梅、沈益隆等。为方便工作联系，由沈斌发动东海岛调文村唐英、唐力生、唐平艾和西山村沈土声、沈其荣及群众筹集资金，在赤坎民族路开办“永发行”“九八行”作为联络点。1942 年 9 月，西山村党支部又发动群众筹集资金，在后坡村开榨油厂，向赤坎“永发行”提供花生油，既方便沟通联络，又发展生产，赚取利润，为上级党组织提供活动经费。1945 年，沈斌发动东海岛塘尾村沈树梓、沈树福，大熟村沈荣恒，西山村沈茂俊，迈林坡村沈时读，霞山村沈自豪，南池村沈时颜，西山村沈树悟、沈粤民、沈土声、沈其荣等筹集资金，在赤坎民主路开办“广汇行”，工作的人员有沈树福、沈佛才、沈茂俊、沈时诚、欧秋生、程秀亭、何文吉、沈福胜等人。西山交通站的主要任务是：传递上级组织与东海党组织之间的来往信件；护送来东海工作或过往的革命同志，隐蔽上级党组织撤退到东海的革命同志和伤病人员；转运各种物资。1944 年 7 月，广东区党委委托南路特委转运一部电台给海南岛琼崖特委。琼崖特委在一次战斗中，电台被敌军炸毁，与党中央中断联系多年，党中央在广播中公开呼叫琼崖特委，但由于没有电台，无法沟通联系。此次，南路特委把转运电台的任务交给西山交通站，交通员沈时文、沈土声驾小船到赤坎，从“裕利行”把电台运回西山村，藏在沈益聪家里。再由沈时文、沈文清挑运到三盘村，把电台藏到运番薯去硇洲岛的运输船舱底，送到硇洲淡水镇，再交给海南岛派来的同志接运回海南岛，从而恢复琼崖特委与党中央中断了多年的联系。1944 年冬到 1945 年春，中共南路特委按中共中央南方局的指示精神，决定在南路地区全面举行抗日武装起义，东海岛党组织发动东山觉民中学和岛内其他小学及各地青年共 100 多人参加抗日武装起义。这 100 多名学生和青年秘密分批到西山，再由西山交通站分批派人派船送到各地的起义部队。

1940 年，党支部在读书会、青抗会等群众组织的基础上成立秘密农会。西山、交家、后坡、塘尾、迈林坡、霞山、大熟、南池等各自然村，也先后成立村农民协会，沈益聪为西山农民协会会长，沈土声为副会长。沈土声受理账目，沈时昌管理财物。参加农民协会的农民群众 600 多人。随着形势变化，支部决定把农会改名为耕种会。1943 年耕种会的活动又引起敌人的怀疑，又改为中秋会。会长仍然是沈益聪。农会组织起来后，大家团结一致，齐心合力要地主减少租谷。解放战争时期的 1947 年春，农会又在村中开展调耕运动，把全村所有祖祠田、神庙田抽出来，由农会按各农的情况分配给贫困农民耕种，实行“二五”减租以维持农民的生计。在农会的带领下，还组织了帮工队，帮助烈、军属和缺乏劳动力的贫苦农民耕种。农会帮助群众办实事，替群众说话，深得群众的信赖和拥护，村中大小事情均由农会出面调理，一切权利归农会，农民群众真正当家作主，掌握了农村的基层政权，农村生产发展了，农民生活改善了。从外地撤退到西山隐蔽的同志以及伤病员也由农

会出面安排到各家各户去“搭食”，以兄弟姐妹相称，亲密无间。为了发挥各阶层群众的积极性，除了农会，西山村还成立了妇女会、儿童团等团体。

因上级党组织指示，要建立秘密的抗日武装力量，1940 年，通过西山的民团长沈树悟（进步人士），把革命的积极分子派进民团掌握武装。不久，西山村民团的行动引起东海法国公局的注意。为使秘密工作稳妥地进行，西山村党支部在群众中开展秘密串联活动，最后通过选举，由党支部书记沈土声接任民团长，并把共产党员沈兆梅、沈后贵派进去，在民团内成立小组，使民团武装完全控制在共产党的手里。

1942 年，上级党组织认真分析了形势，预计日本侵略军将会侵占雷州半岛，指示各地要大力建立抗日游击小组，抗击日军。西山村党支部决定从各村秘密挑选青壮年（包括民团武装成员在内）组建抗日游击小组（又称抗日地下军），由沈兆梅任组长。1944 年冬中共南路委传达中共中央南方局关于“南路要建立独立自主的武装”的指示后，1945 年春西山村党支部即在原抗日游击小组的基础上成立抗日游击中队，共 40 多人，配备有长短枪 10 多支，由沈德任中队长，沈自励任指导员。通过训练，加强锄奸活动，并向南路人民抗日解放军输送兵员，先后向南路人民抗日解放第一团及其他部队输送了十几名子弟。西山村的抗日活动，搞得如火如荼。

西山村秘密交通联络站建立后，由于工作出色，秘密工作又十分顺利，因而得到上级党组织高度评价和肯定，常来西山村指导工作的领导人逐步增多，经西山接送的人员也十分频繁。来往的人员数量较少时，都由交通联络站接待。他们来得急，去得也快，一般住食在孤儿沈生家里，极少安置到群众家里。但从 1940 年到 1942 年，国民党反动当局掀起反共高潮，从 1945 年初南路全面抗日武装起义受挫到 1947 年冬国民党重点围剿南路期间，南路各地撤退到西山村隐蔽的同志成批成批地来，并且要求绝对安全地安置好。西山村党支部对接待任务心中都有一本细账，一般是把撤退人员安置在共产党员和积极分子家里，来的人员太多时便安置到思想进步、革命性强、安全保密的农户家里，使隐蔽的同志住得下、食得饱，能精力充沛地回到原地继续为革命工作。对个别接待有困难的农户，即发动村中群众互相帮助，捐款捐物，保证三餐不少。为了外来同志在西山的安全，西山村党支部定下一项长期的制度，白天由妇女、少年儿童到村外几里的地方放牛、割草放哨，重点监视水流沟保安队的活动，如有动静，即跑回村中报告，把外来同志隐蔽好。晚上由村中游击队小组、中队以护乡保耕为名巡逻放哨，如发现敌情，立即烧炮，让外来同志撤退到海上或更为隐蔽的地方。西山村的接待任务十分繁重而紧急，党支部为了随时掌握敌情，决定派共产党员打入敌人伪政权，任保长、甲长，敌人召开什么会议、布置什么任务，他们及时向党支部报告，由党支部研究对策，采取应变措施。与此同时，还通过上层关系，把敌伪政权中的有关人员拉过来，让他们随时提供情报，由党支部做出判断，采取对策。在当时，党支部把这种形式的政权，称之为“白皮红心”的“两面政权”。“两面政权”从源头上获取了敌伪情报，保证了西山村革命工作的顺利开展和外来领导以及隐蔽人员的安全。

除了上级党组织在西山村召开重要会议的与会领导外，曾先后撤退到西山村隐蔽的领导人有：遂溪县的陈醒吾、陈拔、黎江、曾锡驹、殷杰、殷英、马如杰、何珍、陈开镰、莫志中、郑世英、吴定莹、支秋玲、林英、邹文西、邱铭、黄鼎如；海康县的肖汉辉、纪继尧、欧汝颖、肖光章、王文韶、韩华保、周立仁、陈兆昌；徐闻县的林飞雄、谭国强、李晖、林秀珍；吴川、化县的杨子儒、陈炯东；高雷以外地区有黎文棣、李建礼、陈干英、李坚、康丽生、王俊初、许铭庄、曾德才、宋超贤等。

原先驻守高雷地区的国民党正规军，在 1943 年 2 月日军侵占雷州半岛和广州湾时，即撤退入广西。抗战胜利后，赶走日本侵略军，又迎来了国民党三个正规军的“劫收”。在大军压境情况下，共产党领导的南路人民抗日解放第一团西进十万大山，开辟新的游击根据地，第二、第三、第四、第五即回到原区域坚持分散隐蔽斗争。在这种形势下，东海岛的社会秩序非常混乱。土匪乘机在东海海面猖狂活动，并打着共产党的旗号抢劫商船，打家劫舍，为非作歹，破坏共产党在人民群众中的威信。

东海岛原有三股以打家劫舍为生的土匪。三股土匪头子都是东海人，一个是王 XX，别号“惨须”；一个是赵 XX，别号“灶公”；一个是金 XX。他们土生土长，从小在大海里摸爬滚打，懂潮汛，熟水性。1945 冬，已调到外地担任领导工作的沈斌回到西山村，与王玉颜同志商量后，认为共产党转入隐蔽活动，同样要清理环境，保障人民群众的切身利益，保护海南、雷州、北海等地来往船只正常的贸易交往，开展正常税收，支持革命活动。于是他们派王如菊、王如竹深入匪穴，做争取教育工作，但土匪不接受教育，工作不奏效。后来党组织考虑到符连光跟土匪头子赵 XX 有亲戚关系，又派符连光去做教育工作。符到了牛牯湾，见到赵 XX 和王 XX 后，他们问：“是不是‘老板’（沈斌，因沈在赤坎开了“永发行”，当上了“老板”，在红道、黑道都名不虚传）派你来?”符连光坦诚相告：“半句不假，是‘老板’派我来的。”他们又说：“投诚共产党可不可靠?”符说：“跟着共产党走，不会错!”经过几天耐心细致的说理教育，符连光才得以进入匪巢。符又与众匪徒广泛接触，向他们讲解共产党主张、政策以及人民军队的纪律与要求，使他们最后答应接受改编。经登记清点，他们共有长短枪 40 多支、子弹 400 多发，并由符连光与他们一起坐船到海康北家。为了方便领导，整编后的队伍，仍由金 XX 任连长，我方只派了指导员。然而由于王 XX、赵 XX 等少数人过惯懒散流氓生活，不久就脱离部队逃回东海重操旧业，继续抢劫商船，勒索商人，敲诈百姓。最后根据党组织决定，沈斌派出武工队到西山村，由沈兆梅通知王 XX、赵 XX 到西山村开会，武工队就在海边处决了他俩，余下的逃离人员愿意回部队的继续欢迎，无心革命的即遣送回家。从此，东海匪患匿迹，人民称快。

1946 年 6 月全国内战爆发，原驻湛国军调东北打内战，高雷各地率先恢复武装斗争。1947 年 3 月，遂溪游击队击毙遂溪县县长戴朝恩（别号“铁胆”），高雷各地游击战争广泛展开，根据地相继建立。此时，粤桂边地委副书记、人民解放军代司令吴有恒指示遂溪中心县委副书记沈斌，派部队攻打东海岛，威胁湛江，逼敌人调兵守湛江，借此推广大农村游击战争的开展，发展农村的大好形势。

在攻打东海之前，沈斌先派陆锦纶和林宏发到西山村做准备工作。

经西山村党支部派人到东山和水流沟缜密侦察，充分分析敌情后，粤桂边区人民解放军第一团第一连（连长唐林）、第二团第三连（连长黄鼎如）共约160人，由沈斌带领，于1947年5月30日晚上6时在遂溪县南区集中，8时到达通明港，10时乘船渡海抵达渡头埠上岸，与陆锦纶、林宏发、沈土声、沈粤民等汇合在后坡村，立即开会，部署战斗。会议决定兵分两路，唐林率第一连攻打东海的重要据点东山圩的区府和盐警队部，黄鼎如率第三连攻水流沟（民安圩）的盐警队和乡队，黄成海和沈时声率东海岛的抗征队分别配合两地作战，其他同志发动群众、学生开展宣传和支援部队战斗。沈斌派出保卫员沈兆梅、沈时星、沈怀璧以及北逻村的陈志通等参加攻打民安圩的“敢死队”。

进攻水流沟的部队，在内应的配合下，一枪未响，乡队的10多个敌人悉数缴械，攻打盐警队只花了一个多小时，敌人全部投降。进攻东山圩的部队，经几个小时的战斗歼灭了盐警队。区政府和盐警总部驻守法国人较为坚固的旧营房，负隅顽抗，我部实行包围，伺机攻打。后接到“广汇行”沈佛才告知国民党西营（今霞山）驻军赶来增援，我部主动撤出战斗，回到西山大熟村，最后安全撤出东海岛，重返遂溪南区。

这次沈斌带部队到西山村，组织和指挥攻打东海岛守敌，战果辉煌，缴获轻机枪2挺、步枪100多支。参加这次战斗的西山村以及东海岛的青壮年组织起一个连，并编入粤桂边区人民解放军新编第十二团。这次战斗，迫使国民党立即从外地调兵400多人回防湛江，我方从而有力支援了外地游击战争的广泛开展和游击根据地的建立。

随着革命斗争的蓬勃发展，西山村的交通联络站已经不适应形势的需要，交通通信的业务不断扩大，通信人员不断增多，经过上级领导批准，在西山村建立起交通联络总站，分站设在池尾村沈怀仁家，站长由沈强担任，交通员先后有沈怀仁、沈时诚、沈尚才、沈树保、刘那仁、沈那遂、沈树立、沈其荣、黄桂思、陈月球等10多人。西山交通总站，除负责东海岛内龙湾、西湾、调文、东山、东筒、邓屋、三明等地的交通联络任务外，还要与硇州、海康、徐闻、东海仔、雷高岭、驾头、西营菉塘、赤坎“广汇行”、雷州城“广汇庄”，甚至遂溪、吴川、电白、香港华南分局等地的交通站联络工作。

1947 年 5 月，我粤桂边区人民解放军攻打东海岛后，国民党自卫大队等部队于 6 月间从海、陆两路对西山进行清乡扫荡。西山村党支部坚定地领导群众展开反扫荡斗争，把粮食、财物、耕牛等转移或收藏起来，把群众转移到安全的地方。在敌人实行“三光”政策的 3 天扫荡中，西山村蒙受了重大损失，全村被洗劫一空，村妇沈抹莲和村民沈树熙被杀害，全村群众的鸡、鸭、猪全被杀光，吃不了的扔到水井里，还在饭锅、水缸拉屎拉尿。敌人的暴行吓不倒西山村人民。敌人撤退后，党支部立即组织群众恢复生产、安排生活，召开群众大会控诉敌人的罪行。在“打倒反动派！消灭赵振东，迎接子弟兵打回东海！”的号召下，群情激昂。埋好牺牲的群众后，党支部为更好团结群众，迎接新的战斗，接着公开成立西山村农民协会，一切权力归农会，党支部书记沈土声被群众推为农会会长。

由于西山村位于东海岛西南沿海，党组织坚强有力，群众觉悟高，基础好，上级党组织多次在村里召开重要会议。为筹备开好各种会议，沈斌同志指示西山村党支部要在交通总站内配备几艘交通船，要求船只性能好，艄公及船员技术过硬，政治觉悟高，临危不惧，应变自如。从此交通总站便从村内的船民中挑选了四艘渔船作交通船。这些交通专业船由交通员沈茂发、沈强、沈直等 10 多人负责驾驶，他们既是船工，也是武装队员，经常往来赤坎、西营、太平、湖光、通明港、东洋、东里、霞湖、新寮、外罗、下洋等地。梁广、黄其江、温焯华、支仁山、方兰等领导来往就是由他们接送。1948 年 7 月，粤桂边区人民解放军第二支队司令员支仁山要到赤坎丰厚村参加会议，交通总站派沈时星、沈时诚、沈应记驾船护送。从西山到赤坎要经西营港和赤坎沙湾，两地都有敌人巡逻船，交通船到达西营港口时，敌船正好在海面巡逻，老艘公沈应记机灵地把船只泊近岸边，佯装下帆抛锚上岸，等到天黑后，便借着夜色，沿着海边慢慢把船划过西营栈桥码头，避过敌人巡逻艇。到沙湾时，用同样的办法躲过敌人的巡查，安全驶入赤坎海滩，支仁山安全、准时到达丰厚村参加了会议。1949 年 6 月，党中央指定琼崖纵队副司令员马白山为华南游击队出席全国第一届政治协商会议的代表。7 月，在他赴北平途经湛江时，就是由西山交通总站护送的。他从海南岛渡过琼州海峡到达徐闻，由徐闻到海康，再由海康坐船到西山村，换上西装，打扮成商人，由西山交通总站的交通员开船送到西营，然后从西营坐客轮去香港，再上北平。

1939 年夏中共西山支部成立后，党的组织不断发展壮大。1942 年党支部书记由沈益聪接任。1944 年底，沈益聪由上级党组织调到遂溪工作，支部书记又由沈土声接任。西山村先后共有 43 人加入了中国共产党，成为广东解放前南路、粤桂边区在农村中最强大的党支部之一。1949 年 5 月，由于西山村支部过大，西山大熟村从西山支部分出，另成立党支部，由沈荣居任大熟村支部书记。

西山村党支部从建立那天起，就把全中国人民的翻身解放作为己任，不断向上级党组织、外地输送自己的子弟。南池村的沈汉英，加入中国共产党后，接受党分配的任务，发展吸收沈斌等人加入共产党，此后一直在遂溪、雷州乃至十万大山领导革命斗争。西山村的沈斌入党后，又在村中吸收抗日先进分子入党，建立西山村党支部，随后又在遂溪、赤坎、高雷等地领导革命斗争。三盆村的沈潜，背离自己的家庭，加入共产党，一直在外地从事革命斗争，并于 1946 年初接受上级党组织的决定，参加东江纵北撤山东解放区，最后随两广纵队打回广东，落户粤中工作。西山村的沈德、霞山村的沈自豪、后坡村的沈时泽等人参加南路人民抗日解放军第一团后，即接受中共南路特委的派遣，随第一团西进十万大山，进入越南休整后，又到了滇桂黔纵队，为滇桂黔边区的解放做出了贡献，并留在该地区工作。三盆村的沈志英，于 1948 年 4 月被选派到粤桂边区人民解放军东征支队，到粤中地区开辟新区，征战各地。至于西山村经由上级党组织调派至高雷领导革命斗争以加入武装部队的干部、战士都表现得十分英勇顽强，有的献身革命，光荣牺牲。1944 年西山大熟村的沈荣珠、沈德，被上级党组织调到徐闻龙塘镇昌发村开展革命活动，在当地秘密组织了地下游击小组 30 多人。根据上级指示，他们就地待命准备参加抗日武装起义。1945 年 1 月，徐闻下洋起义受挫，部队撤入山区，他们仍坚持在当地活动，不幸被捕入狱。3 月，他们越狱成功，但在敌人追捕下，沈荣珠不幸中弹牺牲。1945 年秋，被派往湛江赤坎交通联络站“广汇行”工作的沈佛才、沈

福胜，于1948年10月9日在“广汇行”遭敌破坏时被捕，狱中任由敌人严刑拷打和引诱收买，始终坚贞不屈，严守党的机密，在刑场上，坚毅从容，英勇就义。

1947年10月，国民党当局调某集团军副总司令陈沛任“粤桂南区剿匪总指挥部”总指挥，按“重点进攻”的指令，组织了4个保安团，总兵力增至5000多人，对高雷地区进行残酷的“清剿”。

在严重的紧急关头，中共粤村边地委于1947年11月底到1948年初，召开了扩大会议。会议先在廉江召开，因敌人到处“清剿”扫荡，会议最后转移到西山村，参加会议的有中共中央香港分局派来指导工作的广东区党委委员林美南、粤桂边地委书记温焯华，以及欧初、黄其江、黄明德、沈汉英、沈斌、谢王岗、陈明江、王国强、支仁山、李郁、马如杰、陈开镰等军队和地方的领导人。会议传达学习中共中央香港分局的指示，研究南路、粤桂边区的局势，决定抽调高雷主力组成两支部队，从两个不同战略方向，跳出外线作战：一支推进粤桂边区的十万大山地区；一支推进茂（名）信（宜）和粤中地区。1949年初中共香港分局在向中央的报告中，对此曾给予高度的评价：“关于主力转移作战，全年中在粤有两地区，一为南路向东挺进中区，及向西挺进十万大山，都获基本成功，而原地区工作也仍能坚持胜利斗争。”

1948年夏，中共中央香港分局决定粤桂边区成立边区党委和边区党委临时军委，派梁广任区党委书记兼临时军委主席。梁广抵达湛江后，经调查研究，于6月间在东海岛西山村召开区党委扩大会议。参加会议的有梁广、黄其江、温焯华、沈汉英、沈斌、支仁山、黄明德、李郁、王国强、方兰等。梁广在会上作《去年化吴武装斗争的初步总结》的报告。报告以反“左”防右为指导思想，肯定了化（县）吴（川）地区党组织和广大干部在过去一年多的艰难奋斗，发展壮大了武装的力量，建立了主力团，发动了群众，扩大了游击区，培养和锻炼了一批干部，成绩是很大的。报告着重总结了化（县）吴（川）地区受挫的原因及经验教训。黄其江则结合参加东江纵队北撤山东学习体会，总结经验教训，讲解党的政策精神，强调贯彻党的政策的重要性。会议经过学习讨论和总结经验教训，使与会干部加深了对“左”倾危险性的认识，提高了政治思想觉悟和政策水平，明确了建军和作战的指导原则和加强部队政治思想工作的要求。区党委西山扩大会议的要求，统一了对形势和任务的认识，增强了团结，是粤桂边区人民武装斗争进程的一次重要会议。它对扭转高雷地区被动局面，开创粤桂边区新局面，起了重大作用。

区党委西山扩大会议后，各地党组织和军队遵照香港分局的指示和扩大会议精神，结合各地的实际情况，进行“三查”（查成绩、查立场、查生活）、“三整”（整非群众观点、整自由主义、整小圈子作风），要求达到加强党内团结，克服不良倾向，加强学习，使党的各项政策贯彻落实。

全党全军经过整顿，提高了政治觉悟和作战能力，区党委和临时军委因势利导，组织高雷部队于 1948 年 7 月 9 日袭击敌在粤桂南边的统治中心——湛江市守敌，此役毙敌多人，缴获各种枪械、货币一大批。1948 年 8 月 1 日，香港《正报》发表了题为《第一次打入大城市》的文章，对此役作了高度评价：“此次人民武装的行动，对敌人准备最近即将开始集中大股兵力进行扫荡南路解放区的企图，予以主动的先发制人的打击……将影响于其他各地的人民队伍今后更加大胆地向敌人的一切弱点发动进攻。而且在政治上影响尤其巨大，他将为人民军队树立一执行城市纪律的模范。”

在区党委西山扩大会议前后，区党委以及雷州地委领导人常住西山村，而且区党委和临时军委的机关逐步迁到西山村，时间长达 4 个月。1948 年下半年，与香港分局保持每天 24 小时联系的电台迁到林海村。电台的报务员、机务员和担负保卫电台正常工作的保卫连，加上村中为电台服务的工作人员组成了一个庞大的队伍和工作机构。随后临时军委下属后勤处也从外地迁到西山村。后勤处除了保证领导机关以及作战部队的钱粮供应外，还在西山村沈茂桃家里建起被服厂。妇女会的王梅珠、沈凤梅、唐方把分散到各家各户缝制的军衣集中交给军需沈尚慈、唐坚等送往部队。1949 年 5 月，雷州地委主办的《半岛导报》也在塘尾村何风英家里编辑出版发行。

在粤桂边区革命斗争处于极其困难的关键时刻，西山村党支部和人民，为粤桂边地委和粤桂边区党委两个扩大会议的召开在交通情报、安全保卫以及住食接待等各个方面作了细致周密的安排，使会议顺利进行，制定出扭转斗争局面的重大决策，在粤桂边区革命斗争中发挥了重要作用，产生了深远的影响，西山人民功不可没。

1948 年，东海的革命形势迅猛发展，中共东（海）硇（州）特别区委为加强武装斗争的领导，在各地已建立起各种形式武装队伍的基础上，10 月决定成立东硇特区武装连——海鹰连。经过一番筹划准备工作，10 月下旬在西山的迈林坡与大熟两村交界坡地，举行连队成立大会，任命林盛为连长，西山村的沈兆梅为副连长，并安排连队指导员、副指导员和各排排长等。为提高连队的政治素质和军事素质，集中在西山后坡村统一集训一段时间。连队经集训后，除了保卫革命根据地和各级领导机关的安全外，还主动出击，接连进行了多次战斗，收缴了敌人的武器和财物，壮大了自己，最后被编为中国人民解放军粤桂边纵队第二支队第四团第一营第一连。

1947 年 5 月 30 日，粤桂边区人民解放军第一团第一连和第二团第三连胜利袭击东海岛后，守敌东海区区长、自卫队队长赵震东惊魂落魄，震动很大。赵通过沈兆春、文锦球等人向沈斌转达谈判意向。随后，赵震东单独派人来到西山后坡村找到沈斌，经黄其江批准，沈耐心而诚恳地向他介绍国内形势，说明利害，指出前途，赵答应了沈斌提出的五项条件，愿意留东山，由西山村党支部沈土声代表沈斌保持秘密联系。

赵接受了五项条件，他也向我党提了一个要求——不要攻打他。从 1948 年初到 1949 年冬赵震东认真履行了五项条件。随后，又经过上级党组织继续工作，赵震东终于 1949 年 10 月上旬率自卫队 200 多人到党民学校举行起义。梁广、沈斌接见了起义部队，并把他们改编为中国人民解放军粤桂边纵队第二支队第五团第三营，任命赵震东为营长。国民党第六十二军于 1948 年冬调到湛江，其军长张光琼经中共中央华南分局派员策反，并接受我党派员进入该部做策反工作。嗣后，张光琼赴港医病，函示其亲信、军部警卫营营长邱德明相机举事。粤桂边纵队经请示中共中央华南分局同意后，与邱商定起义日期。但南下野战军进入广东作战后，形势发展很快，10 月 14 日解放了广州市，策反小组和邱德明考虑到广州解放后，国民党可能增兵湛江，将会增加起义部队行动的困难，决定提前起义。10 月 16 日，邱德明率军部警卫营等部在粤桂边纵队派出的代表王克等有关人员的协助下，于西营举行起义。邱德明率军部直属部队第六十二军副军长张一中等人宣布起义，控制了西营。敌其他部队从赤坎等地反扑过来，攻占了西营周围的重要据点。由于起义提前，粤桂边纵队只好从遂溪、廉江、海康等地疾速赶向西营集结，接应起义部队，邱德明等起义官兵家属 900 余人撤出西营。

在此期间，西山村党支部接到粤桂边区党委和粤桂边纵队的紧急命令，动员全体群众投入接应工作。一夜之间，西山村群众全部动员起来。西山村及邻村的所有船只全部开到西营和铺仔圩，首先把起义部队的眷属及其他人员用船转运到西山村，然后再把起义部队带出和缴获的枪支、弹药、物资接运回西山村，堆放在乡团旧址及南园小学校园内。全村的成年男女都做抢运工作，在村中的老年人和妇女都自觉地投入看管工作、接待工作。校园内外、大树底下群情沸腾，热闹非常。第二天深夜，西山及东海岛其他村庄的群众又把起义部队的家属及所有物资分别转动到海康东海仔及遂溪根据地，西山一切又恢复如常，就像昨天没有发生过什么事情似的。

西山村，在抗日战争和解放战争年代，全村百姓都参加了革命斗争；上级党委在这里召开了各种重要会议，党的许多重大方针、政策在这里制定，向各地贯彻传达开去，各地党、军领导人撤退到这里坚持斗争，大批伤病员来到这里治疗。同志们无不自豪地说：“来到西山村，犹如回到延安。”“西山村就是粤桂边地区的‘小延安’！”

《上海文化界救国运动宣言》发起人之一——庄润德

庄润德，东海籍，他是历史上著名的《上海文化界救国运动宣言》发起人之一；是我国南方第一条航空国际航线的开拓者之一；是广州湾培才学校首任校长。

庄润德 1906 年出生于东海岛东山村，少年时家境富裕，从广州圣心中学毕业后，便接手父亲在广州湾经营的广源商号生意。为进一步增

长学识，1923 年，他毅然前往上海入读上海震旦大学和中国公学大学部，1928 年又远渡重洋到法国巴黎留学。经过多年勤奋学习，于 1931 年从巴黎大学国际研究院毕业并回到阔别多年的祖国，在国民政府外交部秘书处工作，精通英法德日及世界语 5 种语言。中华人民共和国成立初，他身陷囹圄，蒙冤被押解北京监狱，离别妻小一去便是几十年，1981 年当他接到平反书时已是耄耋之年。从他的日记中寻觅到概括其后半生的最大苦楚是："我后半辈子没有好好地为祖国效劳服务……"令人不胜唏嘘。

（一）

1931 年"九一八"事变爆发，日寇占领东北三省，国土沦丧，全国人民同仇敌忾，掀起抗日救亡热潮，而国民党当局却采取消极抗战路线，令庄润德万分迷惘。1933 年，在广州国民政府工作仅一年的庄润德便自动离职返回广州湾，后又赴昆明经商。1934 年，由于经济不稳定，他孑然一身来到了上海，寻找革命道路。在上海，他找到昔日的同学，并参加当地组织的各种救亡运动，在偶然的机会中，认识了上海文化界知名的爱国进步人士沈钧儒、马相伯、邹韬奋等人。通过与上海文化界进步人士的接触、交流，他的灵魂深处迸发出进步思想的火花。1935 年，庄润德参与起草了《上海文化界救国运动宣言》，同年 12 月沈钧儒与马相伯、邹韬奋等人发表《上海文化界救国运动宣言》，组织成立上海文化界救国会，引起全国关注，庄润德积极投身于这场运动。次年 1 月，上海文化界救国会迅速扩大为上海各界救国联合会，沈钧儒任主席，于 5 月 31 日联合全国各界抗日力量组成全国各界救国联合会。1936 年 11 月，沈钧儒与章乃器、邹韬奋、李公朴、史良、王造时、沙千里被国民党逮捕，史称"七君子事件"。为了抗日救国，沈钧儒等人不屈不挠地同反动派进行斗争。国民党当局迫于形势，于 1937 年 7 月 31 日，将"七君子"释放。当时庄润德躲过追捕后，便匆匆离开上海，坐上轮船返回到广东。到达广州后，庄润德参加了由当地文化知识界组织的唯生文学社，并积极投稿，发表针砭时弊的文章。抗日战争后期，庄润德被任命为国民政府军第二方面军第一纵队副司令（张发奎为司令长官），率领抗日部队英勇作战，为夺取抗日战争胜利做出了贡献。

（二）

湛江机场前身，历史上称西厅机场，是广州湾法国当局为扩大殖民掠夺，于1932年在郊区西厅附近建起的一个小型机场，供法国人作军事和运输使用。其时，陈济棠主政广东，抓实业、重教育、搞建设。当时，他看到广东航空事业落后，就萌发了利用广州湾西厅机场开辟航线的念头，以推动广东交通发展，也使家乡南路得到实惠（陈济棠为今广西防城人，原属广东南路地区）。他与桂系首脑李宗仁联办西南航空公司，采取机场主权归法国人拥有，场地使用和经营管理由中国人负责的办法，计划开辟广州—广州湾—河内航线，这是我国南方最早的一条国际航线，举世瞩目。当时，陈济棠正与李宗仁策划发动著名的倒蒋"两广事变"，仍时刻关心广州湾航空的开通，并到处物色德才兼备之人担当此责。他慧眼选中了曾留学法国的本地人庄润德，委派他筹建西南航空公司广州湾办事处，并担任主任。在殖民地上创办民族航空事业，这令庄润德兴奋不已，也决心不辱使命。在1936年下半年到1937年2月的筹办组建期间，他事必躬亲，日夜操劳。他利用留学时学得的一口流利法语，与广州湾法国当局联系、交涉、签约，大大加快了筹建进程。1937年3月，西南航空公司广州湾办事处正式挂牌成立，看到民族航空事业有所发展，庄润德尽心尽职地把工作做好。

航线开通初期，促进了广东及南路的交通发展。"两广事变"失败后，陈济棠大权旁落，出国避难，桂系的重要人物李宗仁无法参与管理，不久，航线成了法国人和国民党军政要员的专用通道，并成为走私物品的空中通道。目睹此况，庄润德于1937年秋愤然辞去主任职务，该航线也于1939年6月结束。

广州—广州湾—河内航线，是我国南方航空的首条国际航线，广州湾西厅机场是我国非省会城市和直辖市的第一个国际航机场，在中国民航发展史上记下了应有的一页，庄润德作为开拓者，功不可没。

（三）

湛江第一中学，其前身经历培才小学、培才初级中学、培才中学等阶段，从1937年9月培才小学开办计起，至今已逾80载，而首任的培才小学校长正是庄润德。

广州湾在法统治时期，由于当局推行愚民政策，教育发展缓慢，学校多属私塾性质，居民子女很少能接受现代正规教育。抗日战争爆发后，广州湾偏安一隅，大量移民涌入，为适应需求，名流陈学谈、陈学森等人于 1937 年秋筹资创办“广州湾赤坎私立培才小学校”。学校成立校董会，陈学森任董事长，租赁赤坎高州会馆为校址。校董会十分重视校长人选，庄润德因留学归来，教育经验丰富，加之办事果断、为人热情、工作卓著、责任心强，得到校董会一致推举，出任第一任校长。

1937 年 9 月，庄润德走马上任，创办培才小学。这位曾入读上海两所名牌大学和法国巴黎大学的高才生，如鱼得水，在培才小学大展才华。初时，学校只开设一至五年级，实行报考入读，择优录取。他为学校制定严密的高质量的教学计划和教学工作安排，以当时统一的教育课程施教，对学生进行正规教育。他非常注重师资质量，在社会上广招有真才实干的老师任教，以确保教学质量。为了使日后入学的新生有一定的基础知识，他增办了培才小学幼稚园，还动员曾在广州广东小学任教、懂英语和会弹钢琴的妻子任教师。在他的苦心经营和师生的共同努力下，培才小学办得有声有色，成为粤西的名校，不少人都争着将子女送到培才小学求学。1939 年，已由初办的 287 人增加到 600 多人，加上幼稚园的学生达 700 人。1939 年夏，第一届小学生毕业，为便于学生升学，校董会决定在高州会馆开办“广州湾赤坎私立培才初级中学”，庄润德看到毕业的学生升读中学，无限欣慰。年底，受朋友之约，庄润德到越南河内开办纸厂，便辞去校长一职，由高州人梁其浩出任。

培才学校以及后来的湛江一中，办学成绩显著，办出了自己的特色，培养了一大批人才，成为粤西及广东久负盛名的学校，在湛江教育史上占有重要位置。第一任校长庄润德是最早的垦荒者，他所做的贡献，历史不会忘记，他的名字也永远记在湛江教育史上。

渡琼特等功臣王长英

王长英别名王祥英，出生于湛江市东海岛北山下村一户农民家庭，1947 年参加游击队，1948 年 11 月到外地做地下交通站联络工作。1950

年 1 月加入共产党，3 月任中国人民解放军 43 军 383 团渡海先锋营船工分队长，参加了解放海南岛战役。王长英献船参军，引航偷渡，在渡海作战中，英勇果敢，不怕牺牲，做出重大贡献，他两次率领船工协助解放军渡海作战，荣立大功两次，广东省人民政府和中国人民解放军 43 军特授予王长英为渡海特等功臣。

1949 年广东大陆解放时，民国政府广东省主席薛岳受蒋介石的指令逃窜到海南岛，并成立以薛岳为司令的海南岛防卫司令部，设立了所谓“固若金汤”的“伯陵防线”，盘踞岛上的国民党军队有 5 个正规军，50 余艘大小舰艇，1 个空军大队，20 余架飞机，地方部队总兵力 10 余万人。

1949 年 12 月底，中国人民解放军 40 和 43 两个军，南下进驻雷州半岛，开展练兵做好渡海解放海南岛的战斗准备，南路专署和湛江市成立了支前司令部，发动当地民众从人力、物力、财力支援解放海南岛。43 军以 383 团第一营为渡海先锋营，进驻东海岛北山村、什石村等，积极开展渡海作战前的训练。北山村年已半百的村民王长英踊跃报名参加解放海南岛的战斗，由于他熟悉海南岛的水路，精通掌舵驶船技术并洞察天气变化且熟识水性，湛江支前司令部及地方党组织决定派他协助渡海先锋营进行渡海作战训练和引航偷渡登陆工作。王长英协助部队征集船只、舵工，发动船工渔民献船参战；协助先锋营海上练兵，帮助先锋营熟识水性，传授掌舵、驾船、泅水、抗浪等知识技能，做好战前的一切准备工作。

渡琼战前的准备工作在紧张地进行时，1950 年元旦北山村军民庆祝节日大会后，王长英将自己的渔船献出来给作战部队，先锋营教导员王恩荣告诉他：“你的船我们先借用，坏了包修，毁了包赔。”只见王长英坦率地说：“我们都是自己人，为了解放海南岛，解放全中国，还借什么，就让我的小船也参军吧！”王长英不但自己献出船，还动员渔民献船出力。他亲自和几位渔民一起领着解放军到附近沿海村庄，找到 3 艘还能修好的渔船，然后又马不停蹄地奔赴牛牯湾等沿海村庄和硇洲岛的淡水、北港等地动员说服船工渔民献船参军参战。因在征集船只和动员船工渔民的工作中成绩显著，当地党组织于 1950 年 1 月 13 日批准他入党。

王长英参加渡海训练工作，在练兵中，他负责三连的训练，只用4天时间就教会15名战士学会掌舵、拉帆、看水文等航海技术。由于他积极教，战士们虚心学习，经过半个月的训练，战士们就基本掌握了航海技术，成为合格的水手。1950年2月后，渡海作战部队从东海岛移驻硇洲岛。部队以海为战场，实兵实船进行了战术训练和作战训练演习。王长英亲自带700名船工和民兵参加训练和演习，在此期间，遭到敌机空袭，但他毫不畏惧，鼓励其他船工和民兵说："不怕牺牲，坚持到底就是胜利。"

"海峡变通途"，中国人民解放军决心冲破敌人的封锁。正在此时，叶剑英根据中央军委和毛主席的指示，在广州召开解放海南岛战役的作战会议，确定了"积极偷渡，分批小渡与最后强渡相结合"的战役指导方针。

1950年3月，渡琼军令下来了，驻扎在硇洲岛的先锋营1000余人被任命为43军渡海作战第一支先遣部队，王长英被任命为船工分队长，率领21艘战船和121名船工协助引航，偷渡海南岛，登陆目的地是海南岛赤水港。3月9日晚，作为船工中"活气象台"的王长英郑重地向解放军首长报告："明天有东北风，午后逐渐增大，天黑后可达五级以上，还有暴雨，风刮的时间不会太长，但风力强，一个晚上可把部队送到海南岛。"部队首长根据这个预报，立即动员起来，要求指战员做好战前的一切准备。3月10日13时，指挥部下达了命令，1000多名战士分乘由船工分队率领的21艘战船，在老百姓敲响的锣鼓和欢呼声中，浩浩荡荡从硇洲岛淡水港出发，直驶向海南岛。

当船开航初时，船队间的距离、队形一直保持得很好，就像演习时一样，但在战船进入主流以后，风大浪猛，暴风倾盆，船头打转，很难前进，有些战士开始呕吐起来。团长和营长分乘的船队，彼此之间看不见，已经失联了。有些船工也呕吐了，大家像患病一样难受，浑身乏力，但仍然坚守战斗岗位，战船在船工掌舵操持下继续前进。当时王长英已是年过半百，虽然全身被雨水淋湿透，却还是精神饱满，没半点倦意，坚持把稳着船舵，乘风破浪，继续前进。3月11日，雨停风细了，战船队继续朝东南方向前进，前面出现了七星岛，登陆地点赤水港越来越近。当船离岸 600 米时，敌人轻重机枪开始扫射，迫击炮弹落在海上掀起了水柱，但敌人的火力不算强，渡琼战船没有还击。王长英随同营长和教导员指挥着 8 艘船 300 多名战士一起前进。

此时王长英左手掌舵，右手举着手枪，眼睛凝视正前方，严肃地对两位副舵手说："不要慌，现在最要紧的是把舵掌稳，冲上岸去。我若被打死了，你们就马上把住舵，只能前进，不能后退，一定要把大军送上海南岛！"大约离岸 400 米时，孙有礼营长一声命令"打"，战船上的轻重火器一齐射出猛烈火焰，压着敌人的火力，船工一提水板，战船迅猛冲到海滩。战士们猛冲了上去。敌人被战船火力杀得死伤一大片，压在滩头上。战士们像潮水一样涌到岸上之后，敌人夹着尾巴逃跑了。但赤水港仍在敌人的控制之下，在黎明登陆后，敌人在山顶开枪，向部队轰击，有的战士受了伤，王长英带头组织船工和民兵把伤员抬到安全的地方。由于船工的支援，部队迅速前进，赤水港很快被渡琼部队占领。战士和船工共同忍受饥饿，继续前行 20 里，终于与长期苦战于海南岛的琼崖纵队某部胜利会师。

为配合大部队大批渡海解放海南岛，接到指挥部命令，王长英率领 4 名引航船工，又从海南岛偷渡回湛江，动员了 150 艘渔船和 300 多名船工，随同 1 万多名解放军官兵，继续向海南岛进发，再次胜利完成了艰巨的偷渡引航登陆海南岛的任务，极大鼓舞了广大指战员的士气和参加渡海的民兵及船工的斗志，为大规模登陆作战创造了条件和经验。在 4 月份几批大规模强渡作战中，渡琼部队用木船打败了国民党的军舰，击溃了国民党海陆空联合组成的所谓"伯陵防线"。1950 年 5 月 1 日，海南岛终于获得了解放。

王长英配合解放大军渡琼作战，解放海南岛功劳显赫，党和政府不会忘记他。1950 年 9 月下旬，王长英光荣地出席了在北京召开的首届全国工农兵劳动模范代表会议，与出席会议的全体代表一起乘"毛泽东号"机车于 9 月 25 日下午 5 时抵达北京前门车站，受到党和国家领导人以及首都 5000 多名人民群众的热烈欢迎。在 9 月 25 日下午的代表会议开幕典礼上，王长英被选为会议主席成员。本次会议由朱德总司令主持开幕典礼，与会代表聆听了由毛泽东主席代表中共中央向代表会议致的祝词。会议中，王长英被授予全国劳动模范。会议期间，听了刘少奇副主席的重要讲话和周恩来总理所作的政治报告。10 月 1 日，王长英登上天安门城楼参加了国庆观礼。10 月 6 日晚，他又出席了周总理主持的欢送晚会，荣获奖章和荣誉证书。会议活动安排参加了全国劳动模范成绩展览，并游览参观了北京市的名胜古迹。

1987 年 10 月 2 日王长英与世长辞，享年 87 岁，中央书记处和全国总工会发来唁电，表示哀悼追思他所做出的贡献。

东海大桥

东海岛跨海大桥是湛江继海湾大桥之后又一重大跨海桥梁公路工程，包括东海岛跨海大桥在内的广东海大路口至蔚律港公路工程，连接已建成通车的湛江疏港公路、渝湛高速公路，与国道 325 线、207 线和省道 373 线、374 线相连，共同构成环绕湛江市区、湛江港区和东海岛钢铁基地的现代化公路网络。广东海大路口至蔚律港疏港公路建设工程路线全长 24.2 千米，其中东海大桥长 4300 米，全线采用一级公路技术标准，设计时速 100 千米 / 小时。公路岛内部分按六车道设计，跨海大桥和岛外部分按八车道设计。工程分近、远期实施，近期实施岛外岛内公路六车道，路基宽 33.5 米，跨海大桥实施半幅四车道，桥宽 20.25 米。通过设计和交通组织，大堤路面二车道和半幅桥面四车道组成六车道通行。

龙海天度假旅游区

东海岛旅游度假区（龙海天）是一个环境优雅、风景秀丽的海滨度假区，现建有度假酒店 30 余座，可同时供 2000 人住宿。

海水洁净，海沙粗细适中，松软洁净，且会有多种对人体有益的矿物质，进行沙浴可以治疗各种皮肤病。此外，度假区有丰富的地下温泉，游玩之余，在宾馆、别墅配置的温泉浴池泡一泡，定能泡出个好心情，浴出个好身体。

独具南国海滨风情的椰林清吧园，是度假区的又一景观。游人在这里乘凉、观海、品尝多种美味小食，伴着拂面而来的习习海风，令人心旷神怡，悠然自得。

壮观的海滩上有各式各样的游乐项目：轻型航空飞机、空中拉伞、海上摩托艇、香蕉船、沙滩跑车，还可以与渔民齐齐拉大网，令游人尽兴尽情。

龙海天沙滩，俗称龙海滩。世界旅游权威部门评比认定，龙海天沙滩长28千米，宽150—300米，仅次于澳大利亚的黄金海岸，是中国第一长滩，世界第二长滩。

世界级现代化重化工业城

东海岛，一座很有发展前景的大岛屿，如火如荼的大工业项目建设场面，震撼人心，令人备受鼓舞。充分肯定，不久的将来，这里将崛起现代化重化工业之都，为世人所瞩目。

走马东海岛，远眺大地上，一幢幢现代化的大型厂房拔地而起，四通八达的交通网络逐步形成。大项目推动经济大发展的势头迅猛，到处一派生机勃勃，昭示着东海岛将成为中国经济新亮点，光芒四射，照耀着这片土地。

东海岛定位为“一城三区三基地”，即宜业宜居宜游的现代化大工业新城；国家级经济技术开发区、国家级海洋经济示范区、国家级循环经济示范区；中国南方现代化钢铁基地、中国南方现代化石化基地、中国南方海洋装备制造业基地。并根据产业发展需要，重点规划建设钢铁产业区、石化产业区、高新科技产业区、现代制造业区、中轴线中央商务区、龙海天旅游休闲区等六大主体功能区。重化工业区内，总投资696亿元的宝钢湛江钢铁基地项目，达到年生产2500万吨钢的特大型钢铁厂，投资590亿元的中科炼化一体化千万吨级项目，总投资150亿元的中国纸业高端纸种项目，相继落户东海岛，加上相应规划配套建设的石化、钢铁产业配套园区，国家级循环经济示范区，湛江经济技术开发区，东海岛必将成为世界级的现代化大工业城和广东经济发展新的增长极。

东海岛以前所未有的发展势头，不断加快配套基础设施建设，这些都是大工业发展必须具备的条件，岛上的供水、供电、管路、网络等多方面于一体的配套基础设施已累计投入150亿元。逐步完善桥梁、铁路、公路、学校、医院、公园、物流等配套项目建设，更好地适应重化工业大开发、大发展的需要。据规划预算，湛江开发区东海岛的经济指数将在未来若干年内实现快速递增，到2020年东海岛工业总产值将达到3100亿元，到2030年，将达到9600亿元，给湛江经济发展起到巨大引擎作用。

展望未来，随着大批大项目入驻东海岛，一座世界级的现代化重化工业城在宝岛崛起。

4. 东海岛风俗民情

东海岛作为一个海岛，拥有不少独特的风俗民情，包括婚俗、歌艺、民间传说、饮食等。

东海岛婚姻旧习俗

东海岛的婚姻旧习俗，一般要经过以下十大程序：①做媒。旧社会，东海岛男子或女子，到了十三四岁，就请媒婆做媒提亲。媒婆到处奔走，到处串门，相定男、女两家，就动三寸不烂之舌，把穷人说成富人，把五体不全的人说成风流倜傥的人，把稻草说成金条。“父母之命，媒妁之言”，便决定了少年男女的终身大事。②“合命”。媒婆将女方的生辰八字交给男方，男方就请算命先生“合命”。如果男、女双方生辰八字不相克，门户、年岁又相当，就可以定亲。如果男女双方八字相克，特别是女方命带“孤鸾和扫帚”，就不能定亲。算命先生屈指算来，煞有介事地说：“此女命带孤鸾和扫帚，照看不能定姻缘。”有的有钱人家还到寺庙求签，卜问孩子将来是否子孙多多，富贵荣华。有的迷信人家，还将女方的生辰八字用红纸写好，放在谷缸里盖住，如果在三天之内男方平安无事，便认为这是吉祥之兆，是一桩好姻缘。东海岛旧时还存在着童养媳和通情亲（男女双方三四岁时相许配）这种陋习。③“装丈门”。东海岛男子娶妻都要“装丈门”。男方做糯米大饼4只至6只，买猪腿一对、鹅4只、猪肉8斤至10斤并银元400个送给女方；如果女方祖婆和外婆还健在，则另外加银元各100个，并买猪肝、冰糖送给祖婆和外婆，祖婆和外婆则给孙女送嫁妆。女方将男方送来的财物各退还一半，男、女双方都要将“装丈门”的礼饼分送给左邻右舍，不能独吞独吃。男女定亲，是件大事，要做到家喻户晓，人人皆知。④装聘礼。“装丈门”不等于装聘礼。大概“装丈门”过后两三个月才装聘礼，装聘礼、送青又要买礼物，并装100多块银元。如果妹妹先嫁，哥哥尚未娶嫂子，还要多装几十块银元，并买衣物送给哥哥，当地习俗称为“腋窝边”。⑤躲嫁。装聘礼之后，“父母之命，媒妁之言”，已经决定了少男少女双方的婚姻大事。因此，女子便躲藏起来，足不出户，也很少参与农事，把自己保养得白白胖胖，讨男方喜欢。按照东海岛的婚姻旧习惯，女子出嫁前，一般躲嫁一个月。每天晚上，7点至12点钟，村中的姐妹都聚集到出嫁女子的家里哭嫁。有的叹苦情，有的骂父母，有的控诉不合理的封建婚姻制度的罪恶。例如：“鸟若离群鸟都叫，姊妹分离怎不啼！”“鸡啼一声鸟叫伴，我与妻人（母亲）分阴阳，分阳给妻好做吃，分阴给娘讨路行。”有时早上四五点钟也起来哭嫁，一直哭到天亮。⑥出嫁。男方家庭选择吉日良辰，扛着红轿（装新娘）、黑轿（装媒人）、格（装槟榔），八音锣鼓吹吹打打到女方家迎亲，女方除了嫁妆以外，还要“上威”：送衣物给家翁、家婆、伯父、姑母。一般约定下午2点钟来迎亲。女子出嫁那天，设便宴，请村中姊妹来赴宴，称为“送路”，以糖面条为主食。上轿前，先梳头戴鼎，请村中好命的婶嫂来梳妆（父母双全，子女多，有钱者），哭梳头嫁：“未做番官戴乜鼎，未做孔明高乜升？金衫银衫扛去烧，讨乜铜钱缚后腰！”梳头完毕，给新娘蒙上红盖头，由婶嫂或姊妹扶持，沿着用草席铺的路边走边哭嫁：“一脚跨出门隔间，讲给家神屋主知。”“双脚跨出水沟路，阿婶阿婆人黑黑；估是西天人求雨，谁知见龙人迁墓。”为什么要用席子铺路？据说，女子出嫁时，脚不能踏地，出门后，也不能回头看，如果新娘的脚踏地，调头往后看，外家不吉祥，兆头不好，会给外家带来祸患。新娘子被扶到轿门口，迟迟不愿上轿，好像轿就是她们的冤家对头，姊妹们一齐踢轿，非将轿踢开不可，她们边踢边哭嫁：“一脚踢去响咚咚，两脚踢来就要通；三脚踢去就成板，四脚踢来成棺材。”轿异常坚固，女孩子的脚是踢不开的，到了日暮黄昏，叔伯们便采取强硬手段，硬把新娘推入轿里，四个轿夫便扛着新娘走。新娘坐在轿里哭道：“扛轿乞丐倡乜意，死在刺丛筋仔边。”新娘和村里的姊妹们最憎轿夫，买最差的咸鱼给轿夫吃，好像轿夫与她们过不去，强迫她们出嫁。新娘沿路啼哭，一直哭到夫家才停止。“有心送妹送到处，无心送娘半路行；来到这里被水阻，谁肯借条竹撑竿。”“山高水低识无尽，一样生人百样脸；谁高谁低未定准，大大帆船遭浪吞。”“婆婆坐轿哭着嫁”，就是指这么一回事。⑦拜祖。新娘来到夫家，进入正厅，新郎就用扇子在新娘头上敲打三扇头，给新娘子来一个下马威，教新娘子在婚后的日子里不敢欺负新郎。打过三扇头，接着拜祖。拜祖，是东海岛男婚女嫁的最高礼节。司仪唱礼，八音伴奏，一拜祖宗，二拜高堂，夫妻对拜。经过三跪九叩首之后，才把新娘子扶进洞房。⑧洞房。到了晚上8点钟，青年男女便来“喝鸡头酒”，闹洞房。有的新娘子扭扭捏捏不肯出来，新郎用尽九牛二虎之力，硬把新娘从新房里拉出来，甚至拉脱一只鞋。这时，男青年喝酒，妇女“打四句”，说好话：“养一只鸡翅铺铺，祖公抱男去读书；三年逢科两拜考，考中状元土动浮。”“边内妃高边内深，一边藏银边藏金；官心妃甜过蜜托，嫜心妃甜过蜜糖。”“铜锣响响响雷雷，今晚新娘扛绸缎；扛绸扛缎名声好，名声传扬这新娘。”闹洞房过后，大约晚上11点钟，青年男女便分散回家，不再胡闹、纠缠，新郎新娘便进入洞房。俗话讲：“洞房花烛夜，一刻值千金。”但是，新婚这一夜，新娘子坐在床前，伴着孤灯，一直到天明，因为那时候，新郎才十四五岁，还未发育成熟，夫妻之间也没有什么感情，一般是先结婚，后恩爱。⑨送油·头壹回·企外家。新娘来到夫家三天后，新娘子的哥哥、弟弟或妹妹，一定要给新郎家送来一小瓶花生油，当地婚俗称为“送油”。六天后，新娘子回外家，俗称“头壹回”。又六天后，新郎雇黑轿去扛新娘回来，俗称“头贰回”。这样来回三次后，新娘来回便不再坐轿，长期住外家，不回夫家。只有到了一年一度的春节（十二月廿四日），才回夫家，正月初二，又回娘家了。“东海嫁”这样哭道：“廿五送公（神）初五等，廿四送娘乜候迎?”有的新娘“企外家”八年十年，直到生儿育女，还带着儿女住外家。⑩做尼官（做新郎）。做新郎，当地称为“做尼官”。结婚第二年正月初二，新郎去拜见岳父、岳母，称为“做尼官”。“做尼官”的礼物多而杂。糯米大饼2只至4只，粽子200只至400只，猪腿2只，猪肉10斤，鹅2只至4只，女方吃一半，退还一半。第一次去拜见岳父、岳母，穿了一套时髦的衣服，上衣袋还挂了一块法国怀表，请了一个“侬子”（担夫）挑了一担饼和猪肉前往岳父家。旧社会，东海岛有“相尼官”和“打尼官”的习俗。当“尼官”到了新娘子家的路口，村中的青年男女往往会凑到一起“相尼官”，并评头品足。有的说“尼官”走路不正常，一边脚高，一边脚低，“尼官”脚跛——他们不知道，“尼官”第一次穿皮鞋，脚被皮鞋磨破了，走起路来才会一瘸一拐。有的说“尼官”走路不敢抬头，只看着脚指头行走，踏死蚂蚁。于是，就给这位“尼官”起了一个绰号叫“踏死蚁”。有一位“尼官”花名叫作“弄马”，新娘子村里的年轻人有意戏弄他，便当面明知故问：“弄马来了没有?”“弄马”咽不下这口气，因而脱去长衫仔，站稳马步，摆开架式，凭借着身强力壮、牛高马大，大打出手，边打边骂，且打且走，结果“尼官”也做不成了。做“尼官”一定要小心谨慎，不能高谈阔论，不能大吃大喝。有时要躲藏在门角后，向客人敬烟敬茶，不然的话，便会被打。有的村庄的“尼官”实在难做，村里的年轻人或长辈，对“尼官”过多挑剔，使人无所适从。

半个世纪过去，弹指一挥间，东海岛的婚俗，也起了巨大的变化。当地优秀的雷州歌手用一首雷州歌，概括了四个时期东海岛的不同婚姻嫁娶习俗。“婆婆坐轿哭着嫁，妈唱‘嘿啦’到爸家，姐骑‘凤凰’哥来接，妹坐‘丰田’真乐也!”

东海嫁

“东海嫁”，是东海岛人民用智慧的甘泉灌浇出来的一朵艺苑奇葩，它以娴熟的以哭代唱的民歌艺术，展示着海岛人民与封建社会的抗争，讴歌新社会的幸福生活以及编织着未来的七彩美梦。

旧社会，东海岛妇女受到封建主义层层压迫，不准入学读书。所有妇女从少年时期起，都必须刻苦学习“东海嫁”。旧社会女子，结婚时要哭，家里死人时也要哭，平时有什么感情要抒发，也用哭的方式来表达。不会哭嫁的，人家说她口齿不伶俐，就嫁不到好丈夫，找不到好家门。因此，越是有钱人家的女儿，越要学习哭嫁。老一辈妇女认为，会哭嫁才是好媳妇。因此，在旧社会的妇女绝大多数都会哭一肚子流利的“东海嫁”。

那时候，每逢有钱人家有婚、丧大事，少女们便成群结队去观看，这是最好的学习机会。一学习哭嫁，二学习旧礼仪、旧风俗。一些做母亲的，还带着年幼的女儿去学习，也像现在学校教低年级小学生学诗词一样，从小孩子抓起。

在那时候，东海岛的少女们，在出嫁前一两个月，晚上都躲在家里哭“东海嫁”，除了自己以外，还有一二十个同伴来陪哭，或叫作陪嫁。来陪嫁的都是自动来的。在少女馆里，姑娘们更有机会学习“东海嫁”，她们互相交流经验，取长补短。她们常以问答的形式，设个题目，互相讨论，互相回答，我问你“三猫二鼠爪多少”，你问我“四马六牛蹄几多”。在这段陪嫁的机会，每个人都学习了一二十条嫁词。当新娘了，常常受到一些中年妇女的评论，口齿不伶俐的新娘，出入时头也不敢抬高。旧社会的妇女，哭嫁水平高低，也像是自己身价的高低的体现。

哭嫁的内容很多，对历史的回忆，对人和事的评论，对死者的怀念，对自己及家庭苦情的叹诉，妇女们都用“东海嫁”表达。广东解放前，东海农民就用“东海嫁”控诉国民党的罪恶，很有号召力，农民纷纷送子参军。广东解放初期，各地开展土地改革斗争，召开诉苦大会，许多中老年妇女上台哭诉，受三座大山的压迫和剥削，哭诉自己的悲惨生活，痛哭流涕，会场非常严肃，没有一个人敢说话，没有一个人走动。这样的诉苦会开得很成功。1976 年，周总理和毛主席相继逝世，在追悼大会上，翻身农民对总理和主席的怀念，情感真切，由于“东海嫁”的启动，大会开得非常好。

"东海嫁"的格调，共有两种，第一种，近似七绝古诗，也似雷州歌，也叫作四句双韵，每条嫁有四句，第二、第四句押韵，第一句可押韵也可不押韵。下面是四句双韵嫁词举例：

东山镇某户养了两个女儿，长女未结婚，次女先嫁，姐姐哭出一条四句双韵的"东海嫁"："青盲那爸懵那妈，乱懵在田插尖担，高田六叶都未割，早割低田粘子禾。"接着妹妹也哭一条："不怨那爸和那妈，乱懵在田插尖担，只因六叶太粗糙，才割低田粘子禾。"母亲不久知道此事，快快托人为大女儿说媒，解决了大女儿的寂寞心情。

第二种格调，每条嫁只有两句，都押韵，第三句转韵，第三句前两个字紧接第二句末尾，交接时有时间思考下一句内容。只有两句的，比四句的容易一些，下面举例两句押韵嫁词：

广东解放前，某妇人，她的丈夫常在外面赌博，不劳动，家庭什么事也不理，家里财产输个精光，家人被逼得无路可走，最后妻子动情哭出"东海嫁"来，子女也跪在父亲面前哭泣乞求，下面是两句转韵的"东海嫁"词一首：

懒汉赌钱家无顾，婶苦操持养个猪，半夜谁偷这猪走，不是别人是赌徒。

赌徒家内无年节，婶嫁这门苦头低，缸钵输清你还赌，裤输剩条破布黎。

布黎遮尸不知苦，烂赌日夜不转步，北风一吹鼻水滴，猴子相图眼屎糊。

眼屎糊面满身债，你怎敢行娘外家，如果不再戒赌博，这世都难脱穷枷。

穷枷带上有日脱，法枷带上更受罪，赌鬼多例去偷劫，犯法担枷监里蹲。

看妻子哭得太悲惨，儿女也满面涕泪，丈夫最后还是动了情，欲提刀砍掉自己的手指，以示痛改前非，幸得妻子阻拦劝解，他才免于失去五指。"浪子回头金不换"，后来他勤劳生产，全家团结致富，受到邻里赞扬。

两句转韵的"东海嫁"，再录一首嫁词：

前年三月乜人世，嫜思飞高摸到天，穿妍吃香路阔远，花好月圆更得意。

时逢廿二人赛会，无谁见娘不看问，眼镜长衫鞋高低，妹仔虽无妈[①]跟随。

随看通坡眼睁睁，讲是自由女学生，东海未得偌嫜见，多人喝彩声沸腾。

腾沸那班像懵狗，千百双眼向嫜兜，拼命赶嫜脚走跛，无谁见嫜涎不流。

前候外家乜形象，穿装合时在人上，现在人衰狗又咬，估是乞儿手捧瓢。

捧瓢不是天注定，死狗为何眼偌精，给人看衰无可恨，狗是畜物也欺凌。

欺凌嫜衰变穷鬼，落水今日谁肯问，当初姐妹乜姐妹，如今相逢不相陪。

陪伴相引偌年载，拣得几个算相知，识是不知嫜回到，或是知情无意来。

姐妹一见讲话仔，话烧死人都难听，讲无鞋穿无轿坐，路远路长姐怎行。

行路摩擦脚粗鲁，梅姐为何变偌黑，衫裤如今偌朴素，姐怎愿行回这土。

下面是一首一韵到底的雷歌，可以当作“东海嫁”来哭：

一家遭殃恨日寇，二载漂流找生路，三代逃命存自己，四方难寻藏宿土。

五味尝尽难民苦，六亲失离怎举步，七尺身躯有何用，八叔教育解忧愁。

九霄阳光开云雾，十字路头认正路，一片红心打游击，二更摸营杀倭奴。

①妈指的是婆妈，佣人。

三春激战纸老虎，四季坚持守村渡，五角红星心头亮，六乡亲邻意相投。

七月延安扫敌寇，八路战略贯南路，九州江南形势好，十恶残敌日子愁。

下面是四句两韵的嫁词：

①一个在海个在坡，兄弟两个相对望，一个臭腥个臭膻，个妃生鳞个生毛。

②乜都无及压番薯，大个给人小给猪，薯头薯蒂剩给狗，还有薯藤好喂牛。

③是乜生来白面面，是乜生来嘴向天，是乜开花赶六月，是乜伸龙在水边。

④棉花生来白面面，竹笋生来嘴向天，大乳开花赶六月，蕹菜伸龙在水边。

总之，“东海嫁”的特点是哭泣加上说话，一边说话，一边哭泣。“东海嫁”不能当雷州歌来唱。

海岛上的龙文化

东海岛由于地理环境特殊和历史渊源独特，本土文化具有鲜明的地方色彩，民间艺术十分丰富，美丽的传说、动听的神话比比皆是，歌谣中以“东海嫁”别具一格，而海岛独创的人龙舞，更是闻名遐迩，堪称中国一绝。海岛文化的特色是龙文化，是中华民族的龙图腾崇拜，自宋末皇朝在硇洲岛建都，宋帝赵昺在海岛登基以后，海岛文化的皇权崇拜尤为突出，使海岛的龙文化色彩更加鲜明。

东海岛属百越杂居之地，岛民是外迁的闽南移民，讲的是中州话，歌谣以雷州歌为主。雷剧是广东三大剧种之一，同为雷州半岛和东海岛人民所喜爱。其格律字韵，以四句为一首，每句七字，一、二、四句末押韵（也有双行押韵的）。“东海嫁”则用哭腔演唱，凄切婉转，有点类似粤曲的乞丐腔，多在办红白喜丧事时唱，又以妇女为主，女子出嫁时，必唱（哭）上三天三夜，还由同村姐妹陪唱（哭）。

东海岛对灵石的崇拜仅限于石狗、石笔，每条村庄都建有石狗塔或笔塔，是用来镇风水的。石狗意在守护村庄民舍，保一方平安；石笔则取意崇书尚文，升迁富贵。广东解放后几乎全部废掉了。此外，东海岛人对雷神的信仰很淡薄。东海岛传有这样一首歌谣："人若有病去问鬼，鬼若病时去哪问？人若作恶雷公打，雷公恶时谁打雷？"这多少反映了东海岛民心的善良，对公道的祈求，也反映了东海岛人对雷神的崇拜是有限的。东海岛人各自敬仰自己氏族所尊崇的历史人物，如妈祖、文武大帝之类。虽然内容不同，但形式上同属于中华民族的龙图腾崇拜。在东海岛，影响最深的是龙文化。东海岛流传最多的是龙的故事，海岛上的人事物象，似乎都与龙有关。以龙命名的村庄和地点很多，什么龙天、龙海、龙池、龙滩、龙水、龙湾、龙舍、龙庵、飞龙、龙腾、龙展、龙翔等等，数不胜数，而且都各有一段美丽动人的故事。更甚者，取名"龙"字的人就更多了。东海岛每逢佳节必舞龙助兴，全岛上下，千龙翻舞，龙珠璀璨，龙鳞闪烁，蔚为壮观。海岛人还把道具龙演变为人体组成的龙形，即由男性青年和儿童组成，青壮年为"龙桩"，儿童为"龙脊"，"龙脊"骑在"龙桩"的肩上，然后上身后仰，头枕在后一个"龙桩"的右肩上，构成一段"龙节"。组成一条"人龙"的人数少的几十人，多的二三百人。现在，人龙舞已由自然人的简装表演，发展到化装表演，演员有头饰、龙鳞彩服、绑带、龙爪鞋，艺术效果极佳。活人组成的"龙"，活灵活现，栩栩如生，舞动起来，气势恢宏，令人叫绝。东海岛文化是龙文化，龙是海岛之形，龙是海岛之魂。自古以来，人们对龙的崇拜就是与封建皇权崇拜混为一体，所以，当宋末赵昰在硇洲岛驾崩，幼帝赵昺在硇洲岛登基并在岛上建都以后，海岛人对龙的崇拜也就更加执着和虔诚了。公元 1276 年，南宋都城临安（杭州）被元军攻占后，大臣文天祥、张世杰、陆秀夫拥戴赵昰、赵昺西逃，转战于福建、江西、广东一带。为了支撑危局，力图扭转颓势，以图复兴，于当年五月奉赵昰为帝，即位于福州，改元景炎。元军闻讯，便大举进攻福州，末宋君臣只好弃城南逃，于公元 1278 年 3 月逃至邻近东海岛的硇洲岛。4 月间赵昰在岛上病逝，随即陆秀夫等群臣又奉年仅 8 岁的赵昺为帝，改元祥兴，破格将硇洲岛升为翔龙县，并在岛上建都。末宋皇朝建都海岛前后不过三个月时间，但对海岛文化的影响是极其深远的。

东海岛上流传着的很多神奇故事都与宋帝有关。东海岛东边有个响海滩，每当台风将临便发出鸣响，全岛的人都能听见。人们一听到海响，就知道台风要来了，大小渔船赶快收网返航，回港避风。由自然景象预报天气，古自有之。但响海滩的自然景象却被海岛人赋以神话色彩，说是宋帝赵昰乘船南逃至东海岛东面海岸，正想泊岸登上东海岛时，突然天晦海暗，狂风大作，骇浪惊天。怀抱玉玺的端宗皇帝晕浪难忍，近臣忙扶他走出舱面，一排巨浪扑来，把端宗掀下大海，后被救起，但玉玺却失落海底。宋皇所乘龙船因风大浪急，无法靠岸，只好顺风飘向硇洲岛，顿时，风平浪静，海空呈现祥云。端宗皇帝因溺水染病，众臣一边急建行宫，一边派人下海搜寻玉玺，但因海深潮急，始终无法寻到玉玺，不久，宋帝赵昰便驾崩岛上。玉玺沉海，宋皇驾崩，小岛建都，人们说成是天意；海滩鸣响，说成是玉玺显灵，保护岛民。

另一段传说更离奇。据考证，古时东海岛所在位置是一个港湾，后因地震引起地层断裂，陆地下陷，海底隆起，下陷的陆地变成了湛江港湾，隆起的海底变成了东海、硇洲两岛。所以东海岛的滩涂田野常挖掘出断墙残瓦、完好的屋梁桅樯。东海岛东、南两面海滩，礁石奇特，堆积成小山头似的黑礁星罗布棋。而硇洲岛本身就是座礁岩岛，怪石林立，岸岩嶙峋，非常壮观。当年末宋建都、造行宫、筑皇城时皆在岛上的黑礁湾采石，其迹犹存。但人们却把这些岛上的物事景象，说成是宋帝赵昺在岛上登基，兴建帝都、筑宋皇城、填海造田，把东海、硇洲两岛连成一片的壮举感动上苍，玉皇大帝令各路神仙尽显神通，协助宋帝。于是就有了大力神操着赶山鞭，把巨石化为禽兽，赶将起来，从大陆经东海岛直奔硇洲；山神也赶着木料砖瓦前来；海神则翻沙逐浪向硇洲涌来。霎时间海震山摇，电闪雷鸣，黄尘滚滚，浊浪滔天，热闹非凡，从而惊醒了正在甜梦中的土地公。他心里想：海岛是我管辖的地方，居然不向我通报就大兴土木，实在是太小看我了。于是，土地公便披袍拄拐出门，走到海边高崖假装鸡鸣。众神仙闻“鸡鸣”误以为是天亮了，抛下所运沙石木料砖瓦，隐遁而去。结果，在东海岛和硇洲岛的海滩上便遗留下这许多石头、泥沙、砖瓦、木料，于是就有了东海岛海滩上的一堆堆小山似的礁石和海岛东边的龙水岭，以及硇洲岛上奇形怪状的石头。

海岛美食

海岛上美食不少，今举两例。

（一）民安灶蟹

灶蟹本也是蟹，它是以捕捉于“灶”而得名，这“灶”便是人为的蟹洞。蟹肥了要入灶“脱壳”，人们在这人为的蟹洞中捕获它，便称“灶蟹”。灶蟹也许是入灶以后得以“自我完善”的机会，所以跟别的蟹有很大的差别，它具有肥、香、甜、脆以及长命的特点。灶蟹最显著的特点是肥。蟹肉丰满，蟹膏殷红干实，味道芳香、甜美可口。食后确有“三日不知味”之感。灶蟹蟹壳松脆，多有“双衣”。它是蟹族的骄儿。

原来蟹是靠周期性换壳而长大的。蟹受硬壳限制，只能肥满而不能增大，肥到一定的程度，硬壳里头又生软壳，软壳完备，置换硬壳，这一过程叫“脱壳”。蟹脱壳后全身绵软，失去自我保护能力，易为鱼鳝所噬，因而它必须在脱壳之前找一个更安全的地方栖身，以保平安。这样，它或爬坑，或挖洞，或借居蛇蟮之闲穴。人们根据蟹的这一习性，挖“灶”以待，专门接待这些要脱胎换骨的“贵宾”。民安北边是内海，陆地架长、港汊多、土质好，东西合流、水速适中，又布满红树林和海草，这是最适宜灶蟹生长的优越环境。据传山内村从明朝初叶其祖宗于福建迁来定居之日起，便以捕灶蟹为业，至今已 26 代，有 600 多年历史。近年来，民安灶蟹远销广州、深圳、珠海以及港澳等地，价格日升，名声日盛。但由于新建渔港和各种先进网具的影响，灶蟹产量日下，发展前景令人担忧。这种情况应引起有关部门的重视，切实采取相应措施，保护灶蟹资源，做到合理开发。

东海岛特产“民安灶蟹”，驰名遐迩，声誉很高。人们涉足民安出席宴会，总希望能品尝灶蟹的美味，领略南国海特产的风味。

（二）东海香瓜

香瓜，因其形状多似苹果，所以叫苹果香瓜。它是东海岛的特产。这种瓜在其他地区较为少见。香瓜成熟季节，东海岛所有的墟市上到处都摆满了香瓜摊，芳香扑鼻。人们见到的闻到的都是香瓜，整个墟市简直成了香瓜的世界！

东海香瓜成熟后表皮呈白色，光滑鲜嫩。透过表皮隐隐可见瓜玉内部有一些青色的"瓜筋"。鼻子靠近香瓜时，可闻到一股芬芳的水果香味。香瓜具有水分多、清甜脆口的特点。在药用上，它清热解暑，利尿健脾胃，是夏日食用的南国佳果。香瓜的品种目前不多，在东海岛基本上是苹果香瓜。它的大小因季节种植的先后、种子的优劣、管理的不同而有差异，小的香瓜一般是0.1千克，最大的香瓜可达1千克多。

东海岛是香瓜的盛产地，在香瓜大量上市时，价格十分便宜。出到岛外，香瓜价格颇高。夏日的东海岛，市民们几乎天天都能吃到清甜可口的香瓜。近年来，东海岛香瓜陆续销往全国各地，深受顾客的喜爱。

有关东海岛的诗词拾遗①

（一）东海朝阳

扶桑万仞亘天赤，老乌戏吞扶桑侧。
木公金母坐不言，须臾跳出天中日。
我来三年卧海湄，仿佛夜半金鸡啼。

此诗是明洪武汪季清（江西鄱阳）所作，描写东海朝阳，每当早上站在海岸上东望，一轮红日在海平线上慢慢跃出海面，浮光跃金，朝霞满天，与翻滚的浪涛形成一幅无与伦比的画帛。作者借用大量的神话传说中的人物，描绘如梦如幻的境界，突出东海朝阳的美景。

（二）东海波恬

地脉苍茫气艳阳，雷邦半属水云乡。

①摘自黄振强《湛江古今诗词》。

烟开蜃市清如洗，白浪珠宫兆致祥。
自有将军铜柱立，可无鲸鳄喷波扬。
于今海晏依谁任，天堑藩夷靖一方。

此诗是明朝举人刘琯（贵州贵阳）所作，其于天启元年（1621 年）任雷州推官。在本诗中，东海岛海空浩净如洗，时现海市蜃楼，白浪深处的海王宫也预兆着吉祥。自有伏波将军的铜柱竖立，那些曾兴风作浪的像鲸鱼、鳄鱼般的恶势力在此也戛然而止，休想妄为。借此，衬托雷州八景之一的“东海波恬”的奇特景观。

（三）东海波恬

稽天巨浪浴初阳，万籁无声广漠乡。
已便舟航通职贡，兼同河洛献祯祥。
芳洲雁侣随来去，远浦渔歌任抑扬。
八节均调转海若，风情不必树东方。

此诗是明朝进士陈玄藻（福建莆田）在明朝天启元年（1621 年）任海北海南守道时所作。诗中描写雷州东边的海景：滔天巨浪和浴着腾升的旭日，气势磅礴，此处航道畅顺，舟楫往来，好一幅“河图洛书”，呈现一派吉祥气象；远处传来一阵阵渔歌，芳洲但见一双双雁鸟飞翔，好一派风调雨顺的景象。

（四）东海波恬

东望悠悠尽海天，安澜人尚说当年。
微风不动沧溟上，旭日长悬若木前。
夜钓一竿乘月出，春潮万里与云连。
尽消险阻南荒外，舟楫时思济巨川。

此诗是清朝贡生陈继庆（广东东莞）于康熙二十四年（1685 年）任遂溪教谕时所作。诗中描写东海岛东部海面的景象：极目远眺，无尽悠悠滚滚浪涛的海天。人们常扯起汉代伏波将军平南之事，如今正值春潮满涨，万顷波涛，仿佛与云天相接，南荒之外，险阻已消除，夜里乘着月光，操一杆鱼竿，乘舟弄楫垂钓时，也望不尽那流入大海的江河啊！意境甚高妙。

二、南三岛文化

1. 南三岛概况

南三岛是广东第二大岛、湛江市第二大岛屿。位于广东省湛江市东南海面上，东临南海，西邻湛江港，南濒广州湾航道，北靠南三河，与市区霞山隔海对峙，相距 2 千米，是最接近市区的海岛。地处北纬 20°05′—21°12′，东经 111°25′—110°37′。面积 123.4 平方千米，海岸线长 83 千米，东西长 18 千米，南北宽 7.5—11.5 千米。南三岛原为 10 个分散的小岛，即凤辇岛、田头岛、南滘岛、灯塔岛、黄村岛、北涯岛、调东岛、巴东岛、五里岛、蟛蜞墩岛。1950 年—1958 年，修筑起全长 40 千米的 14 条海堤，将 10 个小岛连成南三大岛。围垦 5.9 万多亩土地，防止了海潮对岛的侵蚀。南三岛地势平坦，最高处海拔 30.3 米，东部多浮沙，西部多红土。沿海沙滩洁白，林带茂密，风景优美。

南三岛原属坡头区，明清时，属高州府吴川县南三都，故习惯称作南三岛，也称九州岛。古代曾设田头汛，是广州湾口的海防要塞。《吴川县志》记载：清嘉庆八年（1803 年）海寇欧洲人同列所尼踞广州湾，抢劫商船，民受其害。

明末清初，反清复明将领陈上川，在抗清失败后，率部进入越南，为阮氏政权开疆拓土，保卫边疆，屡立战功，获得殊荣。他由先锋至统兵，而都督，死后封护国公都督、上等神，建祠享受春秋二祭。其间，陈上川“奉金归本”，在家乡南三田头村建有“陈氏小宗”祠堂，被誉为“安南王”。清同治年间，南三人陈绍在浙江黄岩镇任总兵，清剿海盗有功，以身殉职，被封为太子少保，赐建宫保第于家乡南三凤辇村，建祠于吴川县城霞街。

清康熙四十年（1701 年）七月，法国商船“安菲特利特”号遇台风驶入广州湾海域避风，船搁浅，停留半年之久。他们看到这里港湾优良、环境优美，便偷测航道、绘制地图，回国后献给法国政府。光绪二十四年（1898 年）二月，法政府向清政府提出“在南省海面设立趸船之所”等要求。三月，清政府答应将吴川县南三都（今湛江市坡头区南三镇）的雷锡村、沙腰村等几个小村落和附近海面叫作广州湾的村坊，面积 20 平方千米，租借给法国作为停船趸煤之所。四月，法国海军准将福德、杜基吐噜英以代表法国“接收”广州湾领地为名，在遂溪县海头汛（今湛江市霞山）强行武装登陆，引发吴川、遂溪两县人民声势浩大的持续一年多的抗法斗争，谱写了中国近代史上人民反抗外来侵略的光辉一页。

1899 年 11 月 16 日，清政府屈于法国的军事压力，派代表与法国代表签订《广州湾租界条约》，租界面积比原来要求的增大了 100 倍，租界名称即以南三都广州湾命名，统称广州湾。由此引起广州湾地名概念的变化，南三岛也就成为法国广州湾租界范围。1943 年 2 月，日军侵占广州湾，南三岛沦为日本的军事领地。1945 年 8 月 15 日，日本宣布无条件投降，抗日战争胜利结束，中国政府收回广州湾主权，将广州湾改名为湛江市，南三岛重新回到祖国怀抱。

南三岛历来风沙潮旱灾害严重，曾有“贱过南三泥”“有女不嫁南三”之说。这说明南三岛内土壤贫瘠，作物产量很低，人民生活艰苦，鬻儿卖女、外出务工者众，真正是“一穷二白”。南三岛是农渔岛，除部分务农者外，从事渔、盐业者居次。渔业海上捕捞，有远洋作业、浅海作业，更有大量采小海为生。盐业方面，明清时代南三岛曾是粤西出产海盐地之一，盐产颇丰，由茂晖场管辖，朝廷派大使管理盐政，督征盐税。民国政府也派盐警队驻凤辇村征收盐税，缉查私盐。

新中国成立后，南三岛为改变落后的面貌，开展联岛围海造田工程。1958 年 10 月，以五里围的全面竣工为标志，联岛工程最后完成，由10个小岛连成1个大岛。在联岛工程的同时，又积极开展群众性植树造林，防风治沙，改变生产条件。20世纪50年代初，南三岛营造防护林带获得成功，由广州湾靖海宫至莫村渔港建成长20多千米、宽3—5千米的木麻黄林带，被称为“绿色长城”。因联岛工程的成功和造林绿化的成就，1958年12月，南三人民公社被国务院授予全国农业社会主义建设先进单位，荣获国务院总理周恩来署名的奖旗和奖状。南三岛的声誉驰名中外，中央到地方各级领导、中外贵宾、名作家、记者等纷至沓来，参观访问。1962年1月，国务院副总理贺龙一行到南三岛视察，听取造林绿化和联岛工程的汇报，参观了林带。1977年9月7日，联合国粮农组织林业考察团20人代表亚非19个国家，参观考察了南三防护林带。此后，全国2000名林业代表现场会在这里召开，还接待了中国香港、越南、阿尔及利亚等代表团前来参观。

南三岛发生根本的变化主要在广东解放后，目前岛上筑有4个航道引导灯柱，为进出湛江港的船只指航。1953年，南三岛划归雷东县。1958年初，中共雷东县委发动群众土法上马，建成湖田公路后延伸36千米。1963年在高寮建成南三码头，1998年扩建货运码头长32米，有7个车渡泊位。1958年建第一个火力电厂，1961年建南海潮汐发电站。1993年，全岛开通程控电话，可直接国内外多地的电话。

南三岛的渔、盐业，新中国成立后也获得显著成绩，得到上级的表彰奖励。1958年9月，全国盐业资源综合现场会议在湛江市霞山召开，会议代表到南三岛参观把荒滩变盐田工程，国家轻工部和盐业总局给雷东县和南三盐场颁发奖旗和奖状。1958年11月捕黄花鱼季仅两夜就捕获了4000担，创历史最高纪录。2000年，全岛养虾面积为坡头区之冠。

南三岛的岛民出入交通工具以摩托车、的士、巴士等机动车辆为主，日常生活用电或石油气的比例不断增加，家用电器几乎普及。

著名诗人田汉于1962年游览南三岛后，题写下诗句：“归来已是湛江夜，灯塔回眸万丈光。”1994年4月，全国人大常委会副委员长雷洁琼为坡头区题词：“开发南三　振兴坡头　繁荣湛江”。

该岛素有“东方夏威夷”之称，20世纪80年代在全国改革开放掀起的大开发热潮中，南三岛的东面海岸建成了南三天然游乐园。海岸林深，海滩宽阔，洁白如银般的沙滩，布满色彩斑斓的海贝，这里是度假休闲的好去处，可以进行日光浴、沙浴、海水浴和森林浴等，可弄潮冲浪，烧烤露营，观海看日出。先后建成湛江飞鸟高尔夫俱乐部、湛江碧海银沙度假中心、伊甸园度假城等。游客年均达 45 万人次，有来自全国各地包括港澳地区以及国外的法、英、美、瑞典、意大利、新加坡等地游客。

湛江市委、市政府决定将南三岛作为湛江“五岛一湾”滨海旅游产业园的主战场，明确提出要把南三岛打造成为国家级滨海旅游示范区、中国南方冬休度假基地、湛江旅游产业的龙头和彰显湛江旅游形象的代表作，并设立南三岛滨海旅游示范区管委会，全力推进南三岛旅游开发。2014 年动工建设南三岛滨海旅游示范区环岛公路、休闲渔港旅游区等项目。力争将南三岛建成闻名中外的旅游欢乐岛。

南三岛拥有丰富的海洋、气候、矿产、土地资源，具有广阔的发展前景，尤其是独具特色的海滨旅游风光、广州湾旧址的人文历史景观资源，同时成为海滨旅游开发的新热点。“南三听涛”于 2001 年 9 月被评为“湛江八景”之一，为南三岛全面开发注入了新的动力和希望。2014 年，南三岛被评为“广东十大美丽海岛”之一。

岛内名胜古迹有：广州湾靖海宫和陈氏小宗（均为市级文物保护单位）、龙女庙、碑记、南三灯塔、冼吴庙等。岛内传统文化艺术有木偶戏、粤剧、曲艺等，1996 年，南三曲艺社代表湛江组团到澳门进行曲艺交流。每逢节庆、年例，民间有舞狮、大戏、锣鼓、八音等表演。

未来的南三岛在以大旅游为主调的开发热潮中高歌猛进，在不久的将来，它将建设成为国家级的滨海旅游示范区，宛如一颗璀璨的南海明珠闪烁在中国大陆南端。

2. 南三岛自然景观

南三岛，地处祖国大陆南端沿海开放城市——湛江市东南部的海岸线上。政区地名称南三镇，镇政府驻白沙圩，自然地名称南三岛。它东临浩瀚的南海，西与湛江市霞山区隔海相望，北与大陆麻斜、坡头、乾塘隔海对峙，南傍著名的广州湾畔与东海岛隔海相对，互为犄角之势，形成湛江港池，其间是湛江港进出口的唯一航道，全长 20 千米。由霞山海滨码头至南三码头乘轮渡 20 分钟左右，快艇 5 分钟左右可到。自 1987 年扩建霞山海滨码头后，各种车辆乘车渡可直通岛内公路，通往岛内圩镇、村庄和南三旅游度假区。

南三岛，原为 10 个分散的小群岛，自然环境优美，曾是白鹭等大群海鸟觅食栖息的好地方，故历史上民间又曾称为鹭洲岛。南三岛有巨大的地缘优势，扼湛江港进出口的咽喉。广东解放后，在中国共产党和人民政府的领导下，南三岛人民艰苦奋斗，围海造田，使十岛相连成为一个大岛，并在沿海沙滩上营造起防护林带。全岛地势平缓，建有贯岛公路、码头、电力、通信等基础设施。岛内自然资源丰富，气候温和，冬暖夏凉，作物四季常青，是湛江市郊的一块净土。

十岛相连

据清光绪《吴川县志》“全境图”记载，南三岛是由北颜岛（灯塔岛）、田头岛、南湣岛、凤辇岛、地聚岛、巴东岛、五里岛、黄村岛、调东岛、北涯岛、特呈岛等 11 个小岛和部分陆地组成。随着岁月的流逝、流沙的沉积，地聚岛与巴东岛之间自然连接起来。而在调东、北涯两岛间自然冲积而成的蟛蜞墩岛却逐渐扩大和堆高，形成一个新岛。后来，特呈岛于 1971 年从南三岛析出，故南三岛在联岛前只有 10 个岛，总面积 100 多平方千米，所以人们常把联岛工程俗称为“十岛相连”。此十岛的概况如下：

（一）灯塔岛

灯塔岛清代称北颜岛。1898 年法国侵占广州湾后，在沙头岭上建有灯塔，人们于是把北颜岛称之为灯塔岛。东临浩瀚的南海，西与田头岛相邻，南隔广州湾与硇洲、东海两岛犄角相对，北与乾塘镇隔海相望。南北走向，呈带状，南北最长 16 千米，东西最宽 4 千米，面积约 43 平方千米，海岸线长 47.1 千米，是南三岛第一大岛。土质多为白色或黄色滨海沙土，每当大风，白沙飞扬；炎热夏天，流沙滚烫，寸步难行。对外交通方面，在莫村高沙底有渡船与大陆（乾塘）相通。广州湾口有广州湾渡与硇洲、东海岛相连。对内，由灯塔岛的滘脊村到田头岛的快活村之间可徒步涉水而过，是岛内的交通要道。在岛上有伦兴、坡塘、沙腰、沙头、沙头寮、雷锡、天九仓、垉城头、礼同、滘脊、边环、中环、芷寮环、下永南、上永南、姓游村（龙宫沟）、山塘（黑山塘）、南六、青训、新沟、新沟上垉寮、新沟下垉寮、大辣、蒲芦塘、新基、陈村、陈村垉寮、苏村、黄村、黄上、李村、梁村、北头寮、林村、塘吕、莫村等 36 条自然村，居民大多以渔业生产为主，是南三岛渔业的主要产地。

（二）田头岛

田头岛是南三岛第二大岛。位于灯塔岛与南滘岛之间，其东与灯塔岛相邻，西近南滘岛，南临广州湾，北与坡头镇博立村隔海相望。田头和灯塔两岛称为南三岛东水。南北走向，呈扇形，南北最长 9 千米，东西最宽 5 千米，面积约 29 平方千米。土质多为黄色或棕灰色滨海沙土，农田比较肥沃，是南三岛粮食主要产区。岛内有田头圩，清代时田头汛设在岛上，驻兵把守海防，为广州湾口岸要塞。对外交通方面，在北端的围岭村海边有石角渡通往大陆的坡头镇。对内到南滘岛，在一般潮水下可涉水步行过海。在岛上有老梁、新村、长兴、岭儿（南丰）、蓝田、邓屋、北合、下木渭、垌口垉寮、垌口垉、快活、蚊子江、龙盛境、庙儿、木渭、白沙圩、埡蛇、久恭灶、横儿、田头、田头圩、沙木桐、岭脚、新定、垌尾、东边塘、麻弄、米稔下、南头塘、米粘坡、米粘、竹根、围岭、砖窑、谭村等 35 条村庄（圩）。居民以农业为主。

（三）巴东岛

巴东岛位于南三岛的西部，其东为凤辇岛，西为调东岛、北涯岛，南临湛江港湾海面，北靠五里岛。南北走向，呈半环状，南北最长 6 千米，东西最宽 2 千米，面积约 11 平方千米，是南三岛第三大岛。岛上有巴东圩，土地干旱贫瘠，东部多为滨海沙地，西部多为黄色砖红壤土，湖村一带原有一片原始森林。岛上有上木历、下木历、南兴（南罩）、巴东、巴东圩、上黄其、下黄其、淡水冲、路西、上坡、彭屋西、麻林、新和（新屋儿）、新华（新沟华）、大坡、北海儿、上垌、禾地坡、湖村、地聚下村、地聚中村、地聚上村等22条自然村（圩）。居民以农业、采海为生。岛上交通相对便利，东在浅水时可徒步涉水过凤辇岛，北有五里渡与五里岛相连，西有调东渡过调东岛。此外在湖村湾和新和村的灰炉底均有船通往霞山（古称海头）与大陆交通。

（四）五里岛

五里岛位于南三岛的西北端，东为吴川鉴江出口海面，西与黄村岛相邻，南为巴东岛，北隔南三河与坡头镇相望。东西走向，呈长椭圆形，东西最长5千米，南北最宽2千米，面积约为7平方千米，周边长8千米，与大陆距离1.5千米。岛上有条五里村，岛以村为名，因而叫五里岛，土地贫瘠干旱，多为浅海沉积物形成的黄色滨海沙土。居民多以农业和采海为生，岛上有岭尾、油吉塘、大山脚、五南（原为五里村、南边地村）、东边、樟木、黄其、老谢、山儿、中间垌、上郭头、新来、垌口、陈屋、关屋、岭儿等16条自然村。岛上居民外出，南面有五里渡到巴东，北面有新场渡到大陆的坡头镇，是南三岛接近内陆的一个小岛。

（五）南滘岛

南滘岛位于田头岛之西，凤辇岛之东，其西南端南灶陈村与巴东岛的地聚上村相望。南北走向，呈带状，南北最长5千米，东西最宽1.5千米，面积约5平方千米，属南三西水。土质多为滨海沙土，耕地少而贫瘠，居民过去多以煮盐、晒盐、采海为生。对外交通要过北灶尾渡，才到大陆的坡头镇。对内到田头、凤辇岛可涉水徒步而过。在岛上有南灶陈村、南灶中村、南灶庙儿村、南灶罗村、谢桐、新乡、滘脊、北灶上村、北灶中村、北灶垉寮、北灶尾（尾兴）等11条自然村。

（六）凤辇岛

凤辇岛位于南滘岛与巴东岛之间，其西北与五里岛相邻，南与巴东岛的地聚相望。南北走向，呈带状，南北最长3千米，东西最宽1.5千米，面积约4平方千米。四周均为浅海，到南滘岛或巴东岛可涉水徒步而过。岛上有凤辇村和霞瑶村，岛以凤辇村为名，称为凤辇岛。土质多为滨海沉积物形成的黄色滨海沙土，岛上居民以农为主，兼煮盐、晒盐、采海为生，是南三岛盐业生产主要产地。

（七）调东岛

调东岛位于南三岛西部，东靠巴东岛，西与霞山隔海相望，南有蟛蜞墩岛、北涯岛，北与黄村岛相邻。东西走向，呈不规则长方形，东西最长 3 千米（东部宽 1 千米，西部不足半千米），面积约 2 平方千米。岛上有调东、调安（调东儿）、高寮（过路寮）、新门口等 4 个自然村。土质多为黄色砖红壤土和滨海沙土，干旱贫瘠，居民多以农业和采海为生。高寮村沿海有南三码头，车渡来往于大陆的霞山，是南三岛对外交通的主要通道。此外，在调安村北岸有北花渡通往麻斜等地。

（八）北涯岛

北涯岛位于南三岛的西南端，其东与巴东岛的湖村隔海相邻，西与大陆的霞山湛江港隔海相望，南近特呈岛，北靠蟛蜞墩岛、调东岛，东西走向，呈带状。东西最长 2 千米，南北最宽 0.5 千米，总面积约 1 平方千米，岛上有北涯、北涯头 2 个自然村。土质多为浅海沉积物形成的滨海沙土，干旱贫瘠，农业收成低，居民主要靠采海为生，新中国成立后多种蔬菜。居民外出，北部可涉水徒步到蟛蜞墩岛、调东岛，南有船过特呈岛、霞山区。

（九）黄村岛

黄村岛位于南三岛的西北端，其东与五里岛相邻，南靠调东岛，西、北隔南三河与坡头的张屋村隔海相望。岛上只有一村——黄村，岛以村为名。呈方形，总面积约为 0.5 平方千米，周边长 2.5 千米，距内陆只有 1 千米，是南三岛最近大陆的一个小岛。土质多为滨海沙土，干旱贫瘠，农作物收成甚少，居民主要以采海为生。岛上居民外出，退潮时可徒步涉水过五里岛、调东岛，北面有张屋渡到大陆坡头镇。

（十）蟛蜞墩岛

蟛蜞墩岛位于南三岛西南端，为调东岛和北涯岛所包围，是长期由海水冲积而成的一个小岛，东西走向，呈椭圆形，面积约 0.02 平方千米，是南三岛十岛中最小的一个岛屿。岛上只有一条自然村，名叫蟛蜞墩村，因岛的四周海滩盛产蟛蜞而得名，岛以村为名，叫蟛蜞墩岛，土地很少，土质多为黄色滨海沙土和盐渍土，居民主要以采海为生。

以上为南三岛原来十岛的概况。不难看出，南三岛原为大小不等的群岛，是由10个岛在新中国成立后经过人工筑堤逐个连接，于1958年10月连成一个大岛。岛内地势平缓，东西长约20千米，南北宽度不等，海岸线曲折，全长83千米。全岛中间较高，四周稍低，属滨海平原和滨海台地。滨海平原海拔2—20米，滨海台地海拔20—30米。全岛最低海拔2米，最高的大岭海拔30.5米。岛的东部海丰、光明、新南、灯塔、白沙、蓝田、田头、麻弄、南米等地，历史上由于长期受季风和台风的影响和逐年积聚而出现一片半固沙地和流动沙地，流沙间隐现蜿蜒的沙丘，除各岛堤围间衔接处略有陂伏外，其余起伏度则是极隐的。这大片的半固和流动沙丘，已为人工营造的木麻黄防护林所覆盖。东部沿海则有南北长20多千米的沙滩，沙质洁白幼嫩。全岛分为东水和西水，土壤东水属滨海沙土，西水为砖红壤土。土壤母质以滨海沉积物和浅海沉积物为主，尤以浅海沉积物的母质为大多数。土壤分类计有水稻土、菜园土、滨海沙土、滨海盐土、滨海盐渍沼泽土和砖红壤土等6个土类。地质构造属湛江凹陷的南部，有巨大厚度的松散沉积层（湛江组、下洋组和涠洲组，总厚度>800米），地表出露地层有湛江组和全新统海相沉积层。浅海滩涂总面积5.2万亩，浅海总面积7.7万亩。

南三岛礁、沙

南三岛沿海还有礁石、暗礁、沙、暗沙和南三河（南三海湾），均属南三岛自然区域范围。丁散石是一暗礁，在南三岛南面中部海面。面积约600平方米，由红砾石构成。涨潮时水深6米，退潮时水深0.5米。礁似锅盖，群众称为锅盖石，南三船工称为突心石，在地名普查中，因重名改称丁散石。突心石是一礁石，在南三岛西南海中，距地聚下村海岸约1.3千米，由红砾石构成。面积约60平方米，高2.5米，涨潮时水深4—6米，退潮时露出0.2—0.4米。因礁石突立在航道中央，当地船工习称为突心石。船只曾多次在此发生触礁事故。下利剑沙是沙，在南三岛东北大沙林场以东海面，由海水冲积而成。涨潮时淹没，水深3—4米，退潮时干出约0.14平方千米，高出水面约1米。因地处鉴江河口和南三海湾水道东端出口处，风大浪急，严重威胁水上交通，

故称为利剑。大环沙又是一沙，在南三岛东北米粘坡村附近海面，是一长带状沙堤。西端距米粘坡村海岸约600米，由此向东延伸，将沿海沉泥圈住。其外是南海。沙堤全长4千米，大潮时干出0.046平方千米，高出水面4米，台风暴潮时全部淹没。当地群众对其有三个名称：大环、低散、低散沙基。大环指外沿长带状河堤；低散指大环包围的泥滩；低散沙基是沙堤和泥滩的总称。海公沙是沙，在南三岛地聚上村南面海域，西北距霞山9.5千米。海水冲积而成，粗沙结构。因当地渔民捕获鲸鱼拖回沙滩处理，群众习惯称鲸组为海公，故名。高潮全部沙滩被淹没，水深达4—5米，低潮露出400—600平方米，周围水深3—4米。有碍航行。沙头角外沙，在南三岛东南面海中，距沙头寮村海岸约500米。海水冲积而成，面积0.45平方千米。因在沙头角外，故名。沙滩高出水面0.8—1.1米。周围水深10—20米，高潮淹没，水深4—5米；低潮干出水面0.42平方千米，海面终年潮急浪大，一般浪高8—10米，常有沉船事故在此发生。南三河（又称南三海湾），在南三岛北部海面，是湛江港至梅菉、水东必经之航道。东起利剑门和鉴江河口，外通南海，西接麻斜海，全长14海里。利剑门有拦门暗沙，因受风力和潮流影响，隐显变化不定。航道最窄处仅40米，河内航道宽1.1链以上，水深一般2—3.5米，部分地段6.6米。小船经此航道直通湛江港，可缩短航程15海里。还有大散沙、大风柜沙、横滩沙、端州墩等沙墩。

南三岛内大部分土地贫瘠、沙化，没有河流，水源奇缺，十年九旱，植物贫乏，林木生长少，新中国成立前有大面积沙荒。据1956年雷东县人民委员会开发小组编制的《亚热带资源开发规划方案》记载，灯塔、光明、新南、白沙、南米、田头6个乡流沙面积达54729亩（含半流动沙）。岛的东部和东南部面临南海，风沙首当其冲，从莫村东北的大沙角至广州湾口，是一条长近20千米的沙荒，浮土、流沙、丘、岭，光光秃秃，风吹沙动，不断向岛内侵袭，沙暴频繁。岛内林木主要是天然林，成片的人工林甚少。清光绪《吴川县志》载，南三特呈山有原始森林，有乔木、灌木生长。又据雷东县人民委员会开发小组《规划方案》资料记载，南三岛湖村有原始森林，天然林有乔木林和灌木林，其中有赤鳞树100亩，树龄100年，林相郁茂，生长旺盛，构成良好的风水林相。只可惜在 1958 年“大跃进”大炼钢铁时被大量砍伐，所剩无几，成为残林。其他天然林在米粘、白沙各村有灌木类铁屎树 277.5 亩，田头村南和田头圩南有灌木类狗雪麻 284.5 亩。还有光明、灯塔等乡村的鹦哥王、铁屎树，生长一般良好，给固沙创造较为稳固的基础。因为干旱和经常受到风沙侵袭，岛内草木生长少，加上群众不断铲草根作柴草和饲料，全岛植被稀疏。雷东县《规划方案》又载，南三岛的植被情况大体上可分为稀矮草原群落：分布于湖海乡东荒地，东至湖海乡下地聚，北至湖海乡大坡村，与林地相接。这个地区植被稀少，虽也生长画眉草，但覆盖度仅是 2%，高度 5 厘米，除此以外则是一片光秃，红土裸露。

南三岛上的天然次生乔木林主要分布于白沙至光明堤围，以及巴东湖海一带，有赤鳞树、白霞树等。赤鳞树一般高 5 米以上，占 45%；白霞树高 3 米，占 30%。灌木林多分布于岛中部的白沙至田头村一带，树种有狗雪麻，该地区是半固沙地，土地贫瘠，树木矮小弯曲，一般高仅 60 厘米，占 85%，是农民种以防沙的林木。岛内的沙荒草原则分布在岛中部的白沙、南米至光明堤围和竹根村等地，主要植物有坡青草和仙人掌等。岛上有红树群落，分布在沿海港湾和联岛前各岛之间的港汊，总面积 500 多亩，主要树种有红榄、白榄、黑榄。白榄一般高 40—80 厘米，是次生的灌木林，常被当地农民割作肥料，因而生长不良；红榄一般高 80—150 厘米，生长良好，占 80%。这些树种可以缓和海潮侵袭，减缓冲刷岸地，起到较好的防护作用。

南三岛的潮汐现象，主要是太平洋潮汐经巴士海峡和巴林塘海峡进入南海后形成的。由于地形的变化，潮差亦各有不同。湛江港湾内由于广州湾出海口狭隘，受南三岛与东海岛的突堤所限，故湾内潮差偏小。而南三河因出海口呈漏斗形轮廓和凹凸的海底地形而出现溜振，潮差由海湾外海的 3—5 米逐渐扩展到 7 米以上。南三岛南部沿海（湛江湾内）以珠江基面为高程，南三岛北部沿海（南三河岸）的潮差较大。据清光绪《吴川县志》载：“每日二潮，夏长于昼，冬长于夜。”朔望三四日潮满谓之大流。民谚有云：“初三、十八，大流大刮。”即初一至初三、十五至十八是潮水最大时间。“初九、二十三水大牛归晏，水下牛归栏。”即中午涨潮，傍晚退潮是潮水最小时间。由于受地形因素的影响，使得南三岛海域的潮流具有不规则半日潮性质，潮流的运动以往复流为主，实测最大潮流速为落潮大于涨潮。

南三岛的气候属亚热带海洋季风气候，终年受海洋气候的调节，冬暖夏凉，气候温和。南三岛位于北回归线以南的低纬地区，地理面向南海，四面临海，既可浅海养殖，又可深海捕捞。南三岛的东岸有长 20 多千米、宽 2—3 千米的木麻黄防护林带，有长 20 千米、宽 200—300 米的沙滩长廊，沙幼洁白如银。沙滩之外便是中外闻名的广州湾和绮丽壮观的南海，蓝天碧海和洁白的幼沙相辉映。

南三岛丰富的自然资源是极具开发价值的旅游资源，可开发建设成为高品位高等级的大型旅游度假和游览胜地。2001 年被评为湛江市八景之一，命名为“南三听涛”。

3. 南三岛历史与人文景观

历代南三岛建制

南三岛历史以来经历秦汉至唐宋元明清。《高州府志》《吴川县志》记载：明洪武年间，南三都地聚村防设有宁川检司、巡检、副巡检俱从九品，主缉捕贼，盘诘奸伪，维护地方治安。又据《吴川县志》（乾隆）记载，明武年间，南三都北涯、扶村（湖村）、地聚、麻筒四处设有烽堠“遇警举烽”，防范海上盗贼骚扰，以保南三平安。南三岛自明洪武九年（1376 年）到清光绪二十五年（1899 年）法国租借广州湾前属高州府吴川县，称南三都；清雍正年间南三都辖 13 个村坊，都的建制延续至此。清德宗光绪二十五年（1899 年）11 月 16 日，清政府派广西提督苏元春与法国海军提督高礼睿签订《广州湾租界条约》，吴川县南三都被划为法国租借地，统称广州湾，从此南三岛属于法国租借地范围。此前 1898 年法国军舰入侵南三都广州湾，向清政府提出租赁 20 平方千米作为“在南省海面设立趸煤之所，”遭到南三都广州湾村坊村民的抗议。1899 年 11 月以后，法国租借地广州湾时期的南三，设木渭公局和北涯公局，木渭公局办公地在公局长住地村里或白沙圩，北涯公局办公地点在公局长村里或巴东圩，公局下辖村，村设议员，推行其殖民统治。1943 年 3 月，在日军侵占广州湾后，南三遂被日军占领，为日本所统治。但其行政区域、机构设置仍沿法租界不变。1945 年 8 月 15 日日本投降后，法国交回广州湾主权由中国政府接收，国民政府将广州湾改名为湛江市，南三属湛江市辖称北渭区（后改称南三区），办公地点在巴东圩，实行保甲制度，有一保（光明）、二保（灯塔）、三保（白沙）、四保（田头）、五保（南米）、六保（南滘）、七保（辇湖）、八保（巴东）、九保（五里）、十保（特呈）等 10 个保 150 个甲。

1949 年 9 月 20 日，南三岛和平解放，按中共地下党游击区属吴川县滨海区，称南三乡。1949 年 12 月 19 日湛江市解放，1950 年 2 月前隶属吴川县滨海区，称南三乡。1950 年 2 月滨海区划归湛江市，南三设湛江市滨海区南三办事处，属滨海区。1951 年 11 月，滨海区撤销，南三划入吴川县，称吴川县第七区（其中特呈、调东、调安、高寮、新门口、北涯、北涯头、蟛蜞墩留在湛江市）。1952 年梅茂县并入吴川县，南三改称为吴川县第九区。1953 年 12 月 12 日，吴川县析出第九区划归雷东县，称雷东县第四区（即南三）。1954 年 1 月，特呈岛由湛江市西营区划归雷东县四区。1957 年 3 月，雷东县撤区建乡，雷东县第四区（南三）分设灯塔乡、田头乡、巴东乡及保留特呈小乡，直属雷东县领导。1958 年 9 月 25 日，成立南三人民公社，同时，湛江市的调东、调安、高寮、新门口、北涯、蟛蜞墩等，归南三公社，属湛江市郊区管辖。1961 年 6 月，南三公社改称南三区，管辖灯塔、田头、巴东 3 个公社，属湛江市郊区。1963 年，撤销南三区，复名为南三公社，隶属湛江市郊区。1970 年 8 月，湛江市郊区撤销，南三公社由市直辖（其中特呈岛于 1971 年 8 月从南三公社析出，划归海头公社）。1973 年，恢复湛江市郊区，南三公社复属郊区管辖。1983 年 6 月，南三公社改称南三区，属湛江市郊区。1984 年 9 月，湛江市坡头区（县级）正式成立，南三区属坡头区管辖。1987 年，南三区改称南三镇，属湛江市坡头区管辖。2013 年设立南三岛滨海旅游示范区管委会，不再由坡头区管。

古代著名盐产区

南三岛是粤西地区主要盐产区，盐业生产条件优越，制盐历史悠久，由晒沙取卤煮熟盐，发展到滩晒生盐。

据《宋会要辑稿·良货》记载，南宋绍兴三十二年（1162年）本地有蚕村盐场（今遂溪乐民港附近）、化州茂晖盐场（今坡头南三一带）、零绿场（今廉江西岸下洋村），三大盐场占广南西路盐额一半以上。元初，雷州东海场（今东海岛）盐课司大使为本地官方征取盐税机构。明中后期，粤西境内海盐生产迅速发展。清代乾隆二十一年（1756年）滩晒生盐开始从福建经粤东逐步传入本地，据乾隆《吴川志》记载，茂晖场管辖南三、乾塘、滘积、寮陇等盐区，有池塌300余口，设"厥三·厂一"。乾塘厥、滘积厥、寮陇厥系煎熟盐，南三厂系晒收生盐，分南厂（今老梁村附近）、西厂（今凤辇村附近）。晒制生盐有利于充分利用南三岛光热资源丰富的自然优势，推动本地盐业生产的发展。又据《高州府志》《吴川县志》记载，茂晖场原驻在南三都特呈岛，后迁到新场海，光绪年间迁到吴川县城的延华边，茂晖场盐课司署大使为官方征收盐税机构，曾任大使的有杨廷佳（康熙六年）、吴绍祖（雍正十年，浙江山阴人）、齐云鹏（光绪十三年，吴川人）等。茂晖场岁额（官定每年产盐数额）为生盐1060包（每包150斤，共折合79.5吨），实际生产数一般比这岁额大。额征课银一百七十六两八钱一分二厘五毫。

法租广州湾时期，东海、南三产生盐，乾塘、滘积、寮陇产熟盐，盐区不设场，采用包商制度，先后由两家公司承办，因公司"滥收工费，统制销售"，"盐民受困不堪，纷纷呈控，请求改善"。广州湾法当局便取消商办制度，改为"计工收费"，每工年纳越南币12元，法当局对产制、运销均不加以管理，对食盐亦不征收特种税，只按一般货物征税，故食盐价格较低。抗日战争始发后，内地原盐需求量很大，国民政府盐务机关以租界产盐颇多，便鼓励广州湾商人偷运出境，缴纳行销。原盐销路骤畅，于是商民纷纷投资筑盐田，从事产制。此时，南三岛也修筑不少盐田，如霞瑶村就修筑有12条盐塌，面积达1020亩；木渭村有 2 条塌，面积 100 余亩；南滘、田头、新村、南兴等也修筑不少盐田。这个时期是新中国成立前南三盐业生产发展的最好时期。

1945 年 8 月，抗日战争结束，国民党政府收回广州湾，同年 12 月成立雷州盐场公署，下辖乌石分署及南三、东海等 9 个盐务所和黄坡查验卡。南三盐务所设在凤辇村，有一支全副武装的盐警队管辖南三盐田，征收盐税，其时雷州盐场公署有 350 条盐漏，产量以东海最多，南三次之，硇洲最少。据 1946 年统计，当年南三产原盐为 921 吨。

新中国成立后，南三盐业生产几经起落。1949 年南三盐田面积约 100 公顷，年产原盐 1000 吨左右。1952 年至 1953 年土改期间，曾对分散落后的小盐田进行裁废，盐业生产大幅下降。1954 年盐田逐步恢复，粤西盐场管理处在南三设立盐务管理所，负责盐业生产管理、产品收购、调配、盐税征收和查缉私盐工作。1955 年全所盐田分布在白沙、田头、南滘、巴东、五里 5 个乡，共 14 个生产小组，62 条盐漏，年产原盐 97067 担，计总收入 13.21 万元。

南三岛人民的抗法斗争

清光绪二十四年二月二十一日（1898 年 3 月 7 日），法国借口英、俄、德等国于我国沿海均有租界，遂向清朝总理衙门提出照会“在南省设立趸船之所”等四项要求。清朝政府屈于法国政府的压力，于光绪二十四年三月三十日（1898 年 4 月 10 日）同意法国政府的四项要求，答应将吴川县南三都的广州湾给法国作停船趸煤之所，租期 99 年，租界范围待对该地查勘后商定。法国政府获得清政府答复将南三都的广州湾租作停船趸煤之所后，不待两国政府派代表勘定租界范围，便迫不及待地先下手为强，派军舰出兵登陆南三都广州湾，并将广州湾作为扩大占领的桥头堡。法军这种野蛮行径，引起了南三都田头村武秀才陈跃龙等的义愤。在群众的支持下，他与霞瑶村文秀才陈竹轩召集南三都各村坊乡绅，在田头村陈氏小宗开会，共商开展抗法斗争的事宜。经过会议商定，发动南三各村坊和广州湾村坊群众 1000 多人，手持木棍、长矛、刀叉、锄头等武器前往广州湾红坎岭包围法军营地（南营），举行示威

抗议，法军对南三群众的示威抗议不予理睬，加上法军翻译的花言巧语：说清政府已经批准把广州湾租借给法国作停船趸煤之地，不会妨碍百姓耕田和捕鱼，互不相干等等。示威抗议的群众经几天的疲劳，没有结果而自然散去。

法国政府野心勃勃不断扩张，在法军占领广州湾红坎岭建兵营站稳脚跟后，又派军舰西进出兵登陆遂溪县的海头汛，同样建起兵营并筑炮台，也激起了以海头南柳村吴邦泽等为首的抗法斗争群众运动，从而引发了遂溪人民大规模的持续一年多的抗法斗争和多次战役。遂溪人民的抗法斗争史志实有记载。当时法军为了巩固其占领海头汛这个重要据点，镇压遂溪和吴川南三人民的抗法斗争，又迅速出兵占领了南三的北涯头，建兵营（称南营），以利其扩大对吴川和遂溪县的占领范围。1898 年农历五月，法军出兵登陆麻斜，占地计划建公使署（后称为东营），同时筑马路、建码头，把麻斜村张氏的祖坟也平了，激起了麻斜群众的无比愤慨，由麻斜张开魁为首，亲到南三联络二陈（陈跃龙、陈竹轩）和南二的李锦标等著名乡绅，率领南三、南二、南一等地 1000 多人的武术队伍，带上大刀、长矛、马叉、藤牌、木棍、锄头等为武器武装起来，集中在麻斜的烟楼岭张氏祖坟处，歃血誓师，接着开赴现场捣毁法军工地，发动突然袭击。因法军毫无准备，打死法兵两名，打伤数十名，法兵抵挡不住，纷纷退回军舰。法军见群情激愤，来势凶猛，只得妥协，派员谈判，被迫停止施工。南三和南二、南一人民联合抗法斗争取得了第一次胜利。但法军并不甘心失败，为了最终达到其扩大租界范围的目的，继续派其军舰在海上耀武扬威，沿麻斜海面推进北上侵占吴川的石门和遂溪的沙湾、东菊等地。遂溪和吴川两县各地人民纷纷起来开展抗法斗争，组织团练，与法军进行对抗，斗争长达一年多。当时清朝政府腐败无能，内部矛盾重重，屈服于法军的武力威胁，为了平息遂溪、吴川两县人民的抗法斗争，乃派出太子少保、广西提督苏元春为划界全权代表，会同法国远东海军舰队总司令高礼睿进行谈判划定租界：黄略、麻章、平石和石门、黄坡等地仍归中国管辖。1899 年 11 月 16 日（清光绪二十五年十月十四日），两国代表签订了《广州湾租界条约》。清政府将遂溪、吴川两县的部分陆地及附近海岛和大片海面共

2130 平方千米划为法国租界，租期 99 年，租借名称统称广州湾。法国最早侵占的吴川县南三都广州湾成为租界的全称。法国租界的面积由原来要求清政府答应的作停船趸煤之所的约 20 平方千米扩大了 100 倍。

抗战胜利后，于 1945 年 8 月 15 日，日本宣布无条件投降。8 月 18 日，中国政府外交部政务次长吴国桢与法国驻中国使馆代办戴立堂代表中法两国政府在重庆签订《中华民国国民政府与法国临时政府交接广州湾租借条约》，宣布 1898 年 11 月 16 日中法所签订的法国租借广州湾条约作废，广州湾租借地归还中国。我国政府收回广州湾租界，并改名为湛江市，属广东省直辖市，南三人民与湛江人民抗法斗争的历史永载千秋。

南三解放斗争史

（一）

1941 年 1 月，中共吴川特支代书记陈醒吾布置张德钦、韦成荣、孙均泰、李侠宏、蔡华元到滨海区农村，独立自主、自力更生地坚持隐蔽斗争。为了取得合法身份，他们以“教武馆”为名，进行抗日革命活动。1943 年 2 月 21 日，日军占领广州湾。中共南路特委根据日军入侵广州湾后的形势，号召党员坚守岗位，“联防自卫，保卫家乡”。吴梅党支部书记张德钦根据上级党组织指示，委派韦成荣（化名关飞）、孙均泰和武术师陈红面到广州湾南三霞瑶、湖村、田头、北头寮等以“教武馆”为名，进行抗日革命活动和建党工作，先后吸收陈邹、陈意、陈光、陈清、陈文彪、陈亚奏、陈进行、陈子泉、陈文才入党，并建立党的基层组织。与此同时组织“守夜队”，保卫村中安全。随后，霞瑶、湖村、田头、北头寮的党组织根据吴川抗日联防区副主任陈信材（又名陈柱）关于“沿海地区要组织农民起义，反抗日寇的掠夺”的指示，把国技馆、守夜队等外围群众组织联合起来，成立抗日联防队，公开名称仍叫守夜队，同时以守夜需要为名，把队伍武装起来，配备各种轻武器和冷兵器。尔后，经过一段时间的组织发动，南三联联防队员发展到 300 多人，成为南三联防抗日的一支重要武装力量。

1944 年 7 月 14 日，日伪军以“维持社会治安”为名，出动 50 多人围剿湖村，搜捕中共革命党人和“抗日嫌疑分子”，落了空而恼羞成怒，开枪向我群众扫射，当场打死群众 2 人，打伤 1 人，并烧毁房屋 12 间，制造了惨绝人寰、臭名昭著的湖村惨案。日伪军掟去青壮年 13 人，后经参议员张凤歧等担保释放。

1945 年 1 月张炎将军遇害，3 月底其夫人郑坤廉带领曾伟、张贻和、张启光、张启隆、张启兴等部属 56 人及子女到湖村隐蔽，还带来步枪 80 支、机枪 2 挺、手枪 10 支、子弹一批，加上 1940 年周、文事件后，张炎派张启光秘密运来的，由张云祥保管的步枪 34 支、手枪 2 支和一批子弹，为湖村抗日斗争向纵深发展提供有力的物质基础。同年 4 月 1 日，中共滨海区特派员杨子儒派张德钦夫人叶芳卿前来湖村组织湖村党小组做好郑坤廉及其部属子女的安置工作，并采取措施，确保其安全。在 1945 年隐蔽湖村期间，郑坤廉秉承张炎的遗愿，奔走呼告，百折不挠地为国家、为民族，在危难中做出最大的努力。她身先士卒，发动群众组织民众夜校，亲自讲课，宣传抗日救国道理，号召大家踊跃投身抗日救亡工作，报效国家；协助湖村党组织筹备成立日星小学，指示“要把日星小学办成一所革学校；组织农民协会、妇女协会，发动青壮年参加国技馆习武，把习武人员武装起来，巡逻放哨，防范日伪的突然袭击”。郑坤廉念念不忘人民武装，指示其部属曾伟、张启光、张贻和等秘密联系张炎、詹式邦抗日军保存下来的人员和武器，筹建南路人民解放军第五团。中共南路特委派滨海区特派员杨子儒到湖村主持组建。湖村党组织提供部分武器装备并发动群众捐款 1240 银元、粮 37 担为组建作物资准备。经过一段时间筹备，同年 7 月，五团在遂溪岭北草洋村正式成立，湖村党组织发动张士会、张会隆、张永和等 23 位青壮年参加部队。9 月部队由遂溪转移到吴川活动，10 月参加吴川化边境东心埇的战斗，遭到重大损失，队伍被打散，张启光收容部属，分散到敌后活动，并带领部分人员回湖村，等待时机，以利再战。尔后，参加程耀连、翟林武工队，在吴川的塘㙟、板桥、龙头、官渡、南三一带开展游击活动。

1945 年 7 月 14 日，中共南路特委通知郑坤廉及其子女张莹、张法转移到香港避居。中共地下党负责人杨子儒派吴梅党支部书记张德钦负责组织护送，由张启光、张启隆、张启兴通过许敏公、张明西找到许爱周轮船，约定在海中接应，中共湖村党组织派抗日联防队负责警戒，由张云祥派张贻和运输船，从湖村湾码头护送郑坤廉及其子女张莹、张法安全登上许爱周“大宝石”号，开往香港而脱险。此次任务的顺利完成，是湖村人民在白色恐怖下为革命做的一件大事。

1945 年 6 月下旬，日军在南三灯塔沿海村庄登陆，骚扰我村庄。得到情报后，韦成荣、陈邹带领抗日联防队 10 多人全副武装赶到灯塔沿海村庄，但日军早已登陆，在伦兴、坡塘、沙腰、雷锡等村抢劫群众财物后向东海海面逃去。到了 7 月，莫村的莫英如送来情报称：“近两天有日本鬼子汽艇在莫村与三合窝海面游弋。似有登陆可能。”第二天，抗日联防队便赶到莫村海边埋伏，监视日军行动，直到下午 2 点多日军汽艇向黄坡江口开去，联防队才撤离。1945 年 7 月，张德钦及其夫人叶芳卿受特派员杨子儒的指派，到南三加强抗日领导工作，住在霞瑶村。张德钦指示陈邹、陈意、陈福、陈教、陈增生、陈光、陈清等人在陈邹家开会，成立“游击小组”，并进行宣誓。

（二）

1945 年 8 月 15 日，日军无条件投降，我国收回广州湾主权。张德钦传达地下党的指示：“国民党反动派发动内战势在必行，一场残酷的革命斗争将要开始，共产党员要做好思想准备，迎接内战。”因此，南三地下党转入隐蔽活动。1945 年 10 月，中共南路特委将滨海区的南二、南三划入梅菉秘工区，其时，特派员先是陈军，后为庞达，庞达北撤后交杨子儒。陈军派陈俊德（陈捷英）到南三。张德钦通过陈兰（中共党员，湖村日星小学教务主任，巴东区公所民政干事）、张云祥（湖村日星小学校长）安排陈俊德在日星小学任教员，以老师为掩护，从事革命活动，逢三、六、九圩日，张德钦便派陈清在巴东圩与其联系，后来陈俊德在湖村发展张贻和、张德成入党。1946 年 3 月，南三的革命活动得到进一步发展。张德钦根据上级党组织的指示，指派党员到附近村庄开展革命活动，发展革命组织，至 8 月份，革命活动已扩展到 30 多条村，130 人参加革命活动，田头、南灶、南兴、地聚、湖村、新

华、麻林等10多条村相继成立游击小组，并进行党建工作，为反扫荡斗争做好准备。

1946年5月间，为了加强与上级的联系，张德钦在霞瑶村成立交通联络站，由陈清负责，并指派陈福、陈智良在巴东圩收集敌伪情报。尔后，随着革命斗争发展的需要，建立一批交通联络点，发展一批交通员。陈清负责对内对外的联系，对外联系的交通站有南二张杰站、章浓站、坍田站、南寨烟楼站、梅菉新地站、邓兴杰站；对内联系的交通员有莫村的陈耀初、莫善端、莫英如，田头村的陈进行、陈亚保，围岭村的钟秀春，上木历村的郑王贵，南兴村的陈真妹（女）、陈亚权，地聚下村的何英华，麻林村的谢英、庞钩钓（女），新华村的陈安六、陈土汉，湖村的张树颐，他们的主要任务是传送情报，掩蔽和护送地下党同志。张德钦还筹集经费10万元，派陈光在赤坎“九二一”路开办“永成行”，经营日杂生意，在市区建立联络站。后来白色恐怖，南三一些党员干部通过“永成行”转移到游击区。同年5月，杨子儒派李池、陈仲昌（陈奎）到南三，先住在霞瑶村，后转移到南灶、南兴、新沟华等进行革命活动，1948年才转移回乾塘。1946年秋，民国政府南三区公所派出联防队、自卫队加紧对我革命村庄的围剿。为粉碎敌人的围剿，张德钦指令霞瑶村陈意联系南兴村张敬业等10多名游击小组成员，由陈意带队袭击国民党南三区公所（驻地巴东圩）。当战斗将要打响时，被敌发现，敌人紧急关闭营门，游击队攻不下，打了10余发子弹便主动撤退。

1947年1月，张德钦、叶芳卿（女）转移到梅菉，其工作交由李时清、韦成荣、陈俊德等同志负责。1947年5月，吴川县建立县、乡、村三级人民政府及村政权。杨子儒为吴川县县长、李时清为滨海区区长。南三乡人民政府及村政权相应成立，陈邹任乡长，陈意、陈子泉任副乡长。陈邹调走后，陈意任乡长。霞瑶、田头等20多条村庄成立村政权，设有村长、农会长、妇女会长、民兵队长等干部，群众支持革命热情高涨，农会会员发展到3000多人，妇女会会员也有2000多人。南三乡人民政府成立后，为加强反扫荡斗争，成立乡游击队，陈邹兼任副队长，队员由各游击小组挑选部分骨干组成。他们除配合区手枪队作战外，也能独立自主作战，伺机歼敌。同年 8 月，陈邹调去滨海区政府任督导员，南三乡游击队由陈意任队长，陈子泉任副队长。从这时起，一场波澜壮阔的反扫荡斗争逐步开展起来。1947 年 7 月 14 日（农历六月二十六日），区长李时清指令区手枪队队长李华池，带领区手枪队会同陈意带领的南三游击队 20 多人，再次袭击巴东圩国民政府南三区公所、自卫队。当天正逢圩日，李华池等化装混进趁圩的人群进入巴东圩，向国民政府南三区公所及自卫队驻地包围。正当战斗将要打响时，被区公所卫兵发觉了，区公所紧闭营门，开枪向我游击队扫射，战斗受挫，手枪队队员钟土德中弹牺牲，游击队迅速撤离，转移到坡头、乾塘一带。1947 年秋，陈邹等奉命从吴川回南三，遭人告密，国民政府南三区副区长罗锦波带领联防队在老鸦山海面埋伏，我游击队员陈教、陈发兴被捕。第二天在押往西营（今霞山）途中，陈教被杀害于淡水冲，陈发兴经多方营救才免遭于难。当天，区公所出动大批联防队、自卫队，围剿霞瑶村和南灶陈村。陈邹等人的家被洗劫一空，家属惨遭毒打。1947 年秋冬间，韦成荣、陈俊德转移到梅菉，南三工作由李时清全面负责。这时，杨子儒为筹集资金支援部队，派蔡华元、李俊尧、李俊明、吴振声、陈田养、陈洪到南三建立南三灯塔税站，向过往商船征收现金和实物，为部队筹集资金，解决部队供给困难。1947 年 10 月，国民党动用大批武装力量，以步步为营，拉大网耙田、梳篦等方式，对游击区进行疯狂的反复扫荡，镇压共产党人和革命群众。11 月，国民政府南三区副区长罗锦波率领联防队 20 多人围剿光明黄村，适逢游击队在该村活动，农会长黄其才当机立断，派员佯装游击队员，把敌人引离该村后，立即派船护送李时清等到乾塘。罗锦波发觉上当，恼羞成怒，当场杀害农会长黄其才，并烧毁多间民房。一批群众被捕，但他们守口如瓶，敌人一无所获。一时间白色恐怖笼罩着南三大地。这一年，副乡长、党员陈子泉带枪带人投敌，南三乡人民政府和北头寮党组织遭到破坏。此时，为保存革命力量，已暴露的党员、干部被迫转移到东海等地，未暴露的党员、干部隐蔽下来，坚持斗争。但敌人的凶残并没有使游击战士和群众屈服，反而提高他们坚持斗争的革命意志。至 1947 年夏，在群众的掩护支持下，除北头寮党组织被破坏外，其余各村党组织仍巍然屹

立，成为坚持革命的核心。

1948年6月，撤退到外地的党员、干部陆续回到本地区。鉴于滨海区地理位置的重要，中共吴川工委书记杨子儒亲自率领区长李时清以及李池等回该区工作。随后又调回欧学明等到滨海区担任领导。同时派陈仲昌（化名陈奎）、屈雪莹、李录等到南三，加强武装斗争领导。1948年秋，滨海区党支部根据上级党组织关于“巩固老区，发展新区”的指示精神，在抓好武装斗争的同时，进一步加强党的统一战线工作，团结一切可以团结的力量，争取一切可以争取的人，扩大革命力量，最大限度地孤立敌人，打击敌人。为此，中共吴川工委书记杨子儒派欧学明到南三，加紧敌伪人员的统战和策反工作。欧学明首先到霞瑶村听取霞瑶村游击小组的汇报。游击小组在确定国民政府南三区副区长、自卫队长陈桂林回家时，立即赶到上木历通知欧学明，欧学明随即在陈清、陈福带领下到陈桂林家，与陈桂林见面，谈了一个多钟头，促使陈桂林弃暗投明，接受欧学明提出的要求，支持革命，保护革命同志，此后多次为地下党提供国民党伪军围剿麻林、新华、南灶、北灶及黄村的情报，使地下党同志及时转移。一次，国民党清乡大队在大队长钟汉源率领下围剿南灶村，捉去革命群众郑观赤等，陈桂林闻悉后，及时赶去亲自释放，对钟说是自己的盐工。在此同时，又争取保长陈耀棠（霞瑶）、邹在太（滘脊村）和甲长罗宝荣等，为我地下党工作，并先后选派一批地下党员、革命群众如陈兰（中共党员）等打进区公所作内线。1948年秋，随着武装斗争的发展，交通联络网点除北头寮交通点停止使用外，其余各点也逐步恢复联系，并发展一批新的联络点及交通员。他们以务农、捉鱼、晒盐、经商为掩护，掩蔽和护送地下党同志，传送情报，为革命做出贡献。1948年冬，中共南三支部成立，滨海区党总支委员屈雪莹（女）兼任支部书记。支部成立后，除加强武装斗争，做好统一战线工作外，还进一步加强党的建设，先后在南兴、地聚下村、湖村、禾地坡、新和（新屋儿）、新华（新沟华）、北涯头、上木历、山儿村、南灶、岭脚、田头等村发展张敬业等一批党员并建立党的基层组织，党员队伍进一步扩大。至1949年初，党员人数已达30多人，他们在党支部领导下，发动和组织群众，开展武装斗争，迎接解放。

1949年初，吴川县滨海区武装斗争迅速发展并不断取得胜利，穷途末路的国民党军垂死挣扎，动用大批军队和地主武装又一次疯狂对我游击区清剿。5月6日晚，交通员张亚敬获悉国民党清乡大队长钟汉源将率领队伍大举向南灶陈村清乡扫荡，于是星夜赶回南三，通知地聚下村陈德光、南灶村陈六向地下党领导人李时清汇报，李决定部分同志由陈亚轩开船转移到南寨；部分同志由陈老章开船转移到东海；李时清、庞尚轩、许华秋（南二乡乡长），由陈权护送转移到南二。转移到南寨的同志到了张屋渡海面，遇上黄盐务缉私队，由于敌我力量悬殊，只好弃船跳水撤退，不懂水性的灯塔税站站长陈洪、游击队员陈尚福被水淹死，壮烈牺牲。陈权一行，在石角渡遇上伪保十团，许华秋被浦，押解回南灶。陈权背着有病的李时清，截下海边渡船，往西撤退到灶尾避过敌人的追击，转移回霞瑶村陈福家隐蔽。清乡大队长钟汉源到南灶找不到游击队，恼羞成怒，纵兵抢劫，烧毁多间民房，围捕我群众多人。陈车端、罗振兰等9人被捕，后经地下党通过国民政府南三区副区长陈桂林、保长邹有太、甲长罗宝等乡绅出面营救出来，但被捕的许华秋乡长却被保十团在北灶尾村海边杀害，壮烈牺牲。

（三）

1949年秋，中国人民解放军已逼近湛江市，追歼南逃的国军，国民党大势已去，湛江即将解放。在新的形势下，中共吴川县滨海区党总支根据吴川工委关于“通过统战工作，和平解放南三”的指示，决定于9月9日夜收缴国民政府南三区公所、自卫队、联防队及盐警队的枪支弹药。欧学明亲自写信给国民政府南三区副区长、自卫队长陈桂林，并派中共南三乡支部委员劳冰石于当天傍晚赶到霞瑶村向游击小组成员陈智良等传达党总支的决定，进行具体部署。首先派陈晏如到巴东圩区公所请陈桂林回家，尔后，劳冰石在陈智良、陈福的陪同下，会晤陈桂林并将欧学明的信交给陈桂林，陈桂林表示同意并约定待其将4支驳壳枪由岗楼吊下时，才行动。随即在其兄弟陪同下赶回区公所作准备。

劳冰石组织陈光等分头行动，陈光等组织发动霞瑶村游击小组（外称武工队）和革命群众80多人，于当晚8时左右赶到巴东圩包围区公所及自卫队驻地。陈福即到南兴、地聚、麻林、上木历、南灶等村通知游击小组到巴东圩相助。

队伍在外静候陈桂林发出的信号，这时陈桂林正在劝说区长刘克和率部缴枪投诚，但刘克和任职不久，思想犹豫，迟迟不作决定。陈桂林急了，他说："你不同意缴枪，我同意。四面已被武工队（游击队）包围，武工队如果打进来，大家一齐死不如缴枪起义，保存20多人生命。"逼使刘克和同意缴枪投诚。这时，已是深夜12点。岗楼上放下4支驳壳枪的信号发出了。劳冰石带着陈智良等10多名武工队员陆续进入区公所，一方面把区兵集中在一个房间看管，另一方面收缴其枪支弹药，清理文件。与此同时，陈意、陈应中等收缴自卫队枪支弹药，不到一个小时，战斗结束，计收缴长枪22支、驳壳枪4支、手榴弹20余颗、各种子弹一批。

9月20日凌晨4时，队伍转移到霞瑶村后大岭，进行休整，上木历村的郑王贵、郑恒兴及南兴村的张亚容、张亚串等武工队员和群众赶到，加入队伍。劳冰石与陈智良、陈福、陈光、陈清等趁休息时间部署下一步行动，他们决定把上缴来的枪支发给武工队员，组织一支有20多人的武装队伍，由劳冰石带领包围盐警队，然后派陈晏如以牌友关系，带着穿着伪军装的智良，以有要事找队长为名，通过岗哨进入盐警队驻地。这时，盐警队下处于惶惶之际，陈智良趁此向他们指出："武工队已缴了区公所、自卫队全部枪支弹药，你们现在已被包围，何去何从，你们看着办！"盐警队看到大势已去，遂交出全部枪支弹药。与此同时，陈清得到情报还有两名盐警在海边看守粮船，于是他飞快地赶到海边把这两名也带过来。至此，盐警队的枪支全部缴过来了，计有轻机枪1挺、枪榴弹筒1台、炮弹20发、长枪73支、驳壳手枪2支、各种子弹8担。天将要亮了，武工队带着缴来的胜利品转移到霞瑶村休息、开饭。战斗情绪高涨，队伍进一步扩大，除霞瑶村武工队员外，上木历、湖村、南兴村、南灶村、田头村等武工队员陆续加入队伍，于是劳冰石等决定重新编队，组建一支有100多人的武装队伍，于当天上午8时由霞瑶村浩浩荡荡出发，迅速赶到白沙圩，包围联防队驻地"亚婆庙"。武工队员陈一飞抬着机枪抢占制高点，控制联防队，劳冰石带着武工队员10余人进入联防队，找到联防队长黄桂枝，命令其缴械，黄桂枝见形势不妙，不敢多言，只好急急说："缴枪！缴……缴枪！"这样又收缴了联防队的枪械。至此，南三不费一枪一弹和平解放了。1949年10月28日粤桂边区人民报第二版以"吴川地武活跃，遂南沈塘解放"为题报道："据吴川迟到消息，在胜利形势鼓舞下，吴川县我地武空前活跃，南三地武于九月二十日不费一枪一弹解决南三伪区公所，伪自卫队，伪盐务队，伪联防队，共缴获长枪百余支，驳壳6支。"后上缴吴川县大队，上级党委表彰南三地武这一战绩。

历史上的堵海工程

南三岛的灯塔、田头、南滘、凤辇、巴东、五里、黄村、调东、蟛蜞墩、北涯等10个小岛，在地理位置上是互不相连的，四面均被海水所包围，土地干旱贫瘠，常受台风、海潮侵袭，是历史上重灾区。这里交通落后，岛内的来往，退潮时可从两岛间水最浅的地方徒步涉水而过，涨潮时则要靠渡船。由灯塔岛到市区则要横渡龙起滘、田头滘、凤辇滘、木历滘、调东滘，然后再坐船才能到大陆霞山，交通极不方便。要从根本上改变南三岛贫穷落后的面貌，就要联岛造田。

新中国成立前，南三岛人民为发展生产，养活自己，自发地以村或姓氏或单家独户地在岛上围海造田，如灯塔岛的雷锡围、新沟上渡围、苏李围、北头寮围；田头岛的垌口围、麻弄垌、联合围、米稔围、竹根围；南滘岛的粪箕围；凤辇岛的后立围、耀昌东盐田；巴东岛的湖村围、南罩围、灰炉底围；五里岛的上郭头围、红岭围等，共100多个小海围。修筑较大的有和平围、凤辇围。

（一）和平围

和平围位于南三岛东南部灯塔岛与田头岛的东南端，由旅港爱国同胞许爱周先生出资收购田头村陈姓和木渭村黄姓的海滩权，于1946年8月动工，在灯塔岛的天九仓岭至田头岛的红坎岭，修筑一条长1060米的大堤，围垦土地600多亩，全部开垦为农田，随后，在滘脊村与快活村之间群众又围筑一批小海围，开垦为农田。于是灯塔、田头两岛南部基本连成一片。和平围是南三岛第一宗面积较大的围海造田工程。其面积尽管只占两岛海滩的6%，但能在南海边筑起这样的大堤，向海要地，对南三岛人民的鼓舞和启发作用是很大的。光明围建成后，该围纳入光明围。

（二）凤辇围

凤辇岛位于南三岛西水的南滘岛与凤辇岛之间的海面。抗日战争胜利后，国际救灾机构曾有一批物资、粮食向湛江市进行赈灾。1947年凤辇岛的乡绅经过一番努力，申请到国际救灾组织拨来一批大米，作为围垦农田之用。如何使用这批救济粮？乡绅们商议后决定借鉴和平围的经验，以米换土方的形式，发动乡亲修筑凤辇围，既可救济灾民，又达到联岛造田、发展生产的目的。1947年6月动工兴建的凤辇围，在南端——由凤辇岛大路盐田至南浮岛的罗村底修筑一条长500米的海堤，在北端——从凤辇岛的江门岭至南滘岛的尾兴村（北灶尾村）修筑一条长850米的大堤。1947年底建成，围垦600多亩土地，大多开发为盐田，并把凤辇岛和南滘岛连成一片。这一工程成为南三第一项联岛工程。1948年8月21日，受到台风、海潮的袭击，北堤决口，南堤被毁，凤辇岛的群众决定以劳动力参股堵口复堤（1960年南海围建成后，凤辇围的南堤成为南海围的内堤，被削平为公路，成为南海围的一部分）。新中国成立后，海权收归国有，为大规模联岛工程创造条件。解放了的农民逐步走上合作化道路，生产积极性空前高涨，迫切要求联岛造田。南三区人民政府应农民群众的要求，从1950年开始，便组织农民群众，利用冬闲时间进行联岛造田，除修补和平围、凤辇围外，还新筑木历围、霞罩围、解放围、北灶围。

（三）木历围

木历围位于南三岛西部的巴东岛与凤辇岛之间的海面。1950年在南三区人民政府的领导下，由巴东岛的木历村农会发动群众兴建。他们先后在木历滘（圩路）以及上木历村岭至凤辇村岭北，修筑两条海堤，合计堤长900多米，围垦土地约200亩。同年霞瑶村与南兴村（南罩村）农会联合发动农民以劳动力参股形式，在木历围兴建霞罩围，围垦面积200亩，大多开发为盐田。木历围、霞罩围建成后，把巴东岛与凤辇岛连成一片。五里围、南海围建成后，木历围纳入五里围，霞罩围成为南海围的一部分。

（四）北灶围

北灶围位于南三岛中部，田头岛与南滘岛之间的海面。由解放围和北灶围两部分组成。1951年在南三区政府领导下，田头乡政府发动农民在田头岛久恭灶村底至南滘岛的谢桐村东修筑解放堤，堤长447米，围垦面积600亩，因刚解放不久，故名为解放围。1952年冬由田头乡政府和南滘乡政府发动农民在田头岛围岭村西至南滘岛的尾兴村（北灶尾）修筑北灶大堤，堤长1050米，围垦面积1300亩，名为北灶围。这一工程把田头岛与南沼岛连起来。至此，已有巴东、凤辇、南滘、田头4个岛连在一起了。1954年以后，北灶围曾多次受到台风暴潮的袭击而决口，但都在当年堵口复堤，后来经过不断维修、加固、改造，使北灶围堤长总计为2790米，集雨面积达8.7平方千米，捍卫面积9079亩，其中耕地8470亩、鱼虾塘600亩，抗灾能力大大加强。

（五）联合围

联合围位于南三东部新梁村南的海面。包括联合围、漏儿围、长兴围、九份围、南壅围、股二围、鸡嘴围、合兴围等8个小海围，1950年4月建成，后经多年维修、加固、改造，抗灾能力大大加强。联合围堤总长5100米，集雨面积为4平方千米，捍卫面积3318亩，其中耕地2818亩、虾塘500亩。1980年南堤段被台风暴潮冲开决口60多米，当年及时组织群众堵口复堤。

1954年雷东县人民委员会委派农建科对南三岛进行勘察，制订《十岛相连规划》，计划于1965年完成，共筑57条防潮堤，堤长42千米，围垦5.7万亩，并委派县委常委、宣传部部长邹建理专抓这项工作。1955年春，中共南三区委根据县委的指示精神，正式做出“十岛相连”的决定，领导南三人民有计划地进行联岛造田，先后修筑光明围、五里围、南海围、米稔围等。

（六）光明围

光明围位于南三岛东北海岸的灯塔岛与田头岛之间的北部海面。主要工程是修筑一条由光明陈村底至田头岛的米稔下岭的大堤，长2100米，保护新南乡、光明乡、田头乡、南米乡、白沙乡、灯塔乡等50多

条大小堤围和围内9976亩农田，并扩大耕地面积7380亩。光明围是雷东县的重点堵海工程，由吴川县水利科设计，并成立光明围堵海指挥部，邹建理任指挥，南三区副区长石仑裘任副指挥，粤西行署给予积极支持，委派水利科工程师林熙保担任副指挥兼工程技术负责人，下设有总务组、政工组、工务组。现场技术人员有陈交章等4人。南三区委书记吴兴、区长张廉等领导组织粮食、银行、供销、卫生、通信等部门在现场设点为堵海工程服务，并组织3000多名民工，由各乡负责人带队于1955年11月23日进场施工。当时正值农业合作化时期，农民开始走上集体化道路，积极性很高，经过一年的艰苦奋战，终于在1956年10月胜利建成。修筑大堤长2100米，投放土方26万立方米，扩大面积6000多亩。光明围的建成，不但扩大了耕地面积，而且把灯塔岛和田头岛全面连接起来，加之已连成一片的南滘、凤辇、巴东，共有5个小岛相连，占南三岛总面积近九成。但是，由于当时资金不足，工程质量标准不高，经过多次台风暴潮袭击，堤面严重损坏。1970年受到台风暴潮袭击而决口，当年及时修复。其后经多次维修、加固、改造，抗灾能力大大增强。光明围含和平围、灯塔围，拥有光明堤、和平堤、灯塔堤等3条主副堤，共计堤长5.45千米，集雨面积18.1平方千米，建有水闸6座12孔，净宽30.20米。捍卫人口1.2万人，捍卫面积1.5万亩，其中耕地12350亩、虾塘2650亩。累计投入工程费用115.1万元，其中国家投资35万元、群众自筹资金80.1万元。

（七）五里围

五里围位于南三岛西北部海湾，面积约5平方千米，是南三联岛工程最后一项大型联岛工程，围内地形平坦，土质为冲积土，海水咸度大，实为发展盐业的良好地方，由雷东县水利科设计。上级政府对该项工程非常重视，雷东县委派常委、宣传部部长邹建理担任指挥，县驻南三工作组副组长石仑裘、巴东乡基层党委书记吴兴任副指挥，巴东乡干部庞日辉、林际昌以及湛江市郊麻斜乡副乡长朱柯生等为委员，技术负责人有吴铁汉等3人。1957年7月动工，工程主要任务是修筑4条大堤：一是北涯大堤，由北涯岛的北涯村至巴东岛的湖村湾，堤长1235米；二是岭尾大堤，由五里岛的岭尾村南至凤辇岛的凤辇村岭北，堤长

1250 米；三是东滘堤，由五里岛的岭儿村西至黄村岛的黄村东，堤长1480 米；四是西滘堤，由黄村岛的黄村北至调东岛的调东村北，堤长720 米，合计 5.48 千米。工程量大，海水流向复杂，为此，工程指挥部决定先在巴东岛的下木历村至五里岛，修一隔水堤长 1580 米，把东西流向海水隔开，然后组织民工分别在 4 条大堤上同时施工，堵口时则集中民工逐条突击完成。经过全体干部群众的齐心努力，1958 年 10 月胜利竣工。本次工程筑起大堤 4 条，长 5.48 千米，投放土方 25 万立方米，扩大土地面积 8000 多亩。五里围的建成加之 1955 年由南海舰队官兵支援修筑的新门口围，把五里岛、黄村岛、调东岛、蟛蜞墩岛、北涯岛、巴东岛、凤辇岛连成一片，实现了南三人民期待已久的“十岛相连”的理想，提前 7 年完成雷东县人民委员会规划的要求。20 世纪 90 年代岭尾堤、东滘堤、北涯堤曾受台风暴潮的袭击而多次决口，都及时修复并加固、加高、改造，大大地提高了其抗灾能力和捍卫功能。五里围包括新门口围和木历围，拥有岭尾、北涯、东滘、西滘、新门口、高寮、调安、调东、红岭、保卫等 10 条堤围，总计堤长 9.55 千米，共投放土方 47.64 万立方米，石方 3.32 万立方米。集雨面积达 13 平方千米，修建有水闸 15 座 22 孔，净宽 30.85 米。捍卫人口 1.35 万人，捍卫面积 1.47 万亩，其中耕地 0.83 万亩、鱼虾塘 0.64 万亩，投入工程费用 471 万元，其中国家投资 471 万元、群众自筹资金 300 万元。

（八）南海围

南海围位于南三岛中部南海边，其东北有凤辇围，西北有霞罩围。工程主要任务是由南滘岛陈村至巴东岛的上地聚岭，修筑一条长 1.105 千米的海堤（含东江、西江两段），以及由上地聚岭到湖村东的通沟堤 330 米，合计 1.435 千米，由雷东县水利科设计，县水产科和水利科联合投资，计划建成后，低的地段开发海水养殖，高的地段开垦为农田、虾塘。工程由南三公社组织施工，成立了指挥部，由公社党委书记邹建理任指挥，党委副书记刘保泉、县水产局陈光、公社干部庞日辉及冼贵和任副指挥，吴铁汉等 2 人为技术负责人，于 1959 年 9 月动工兴建，1960 年 10 月竣工，历时 1 年。修筑堤围累计长 1.435 千米，扩大土地面积 4000 多亩。建成后曾于 1968、1974、1980 年三次受到台风暴潮的

袭击而决口，当年及时修复。20 世纪 90 年代进行全面维修、加固、加高、改造，防御台风暴潮能力有显著提高。南海围含原凤辇围、霞罩围，拥有南海大堤（东江、西江两段）、通沟堤和凤辇堤，累计堤长 8.06 千米，集雨面积 10 平方千米，修建有水闸 12 座 18 孔，总净宽 36 米，捍卫人口 1.10 万人，捍卫面积 1.1 万亩，其中耕地 0.501 万亩、盐田 0.15 万亩、虾场 0.45 万亩。

（九）米稔围

米稔围位于南三岛中部北面的田头岛海汊，由南米大队于 1951 年 9 月发动农民在米稔下村至米粘村西修筑一条堤长 580 米的海堤而成。围垦面积有 900 亩，但堤面因受台风暴潮袭击而受损，20 世纪 90 年代进行维修、加固、加高、改造并建有一级平台 3—5 米和一级石墙，大大地提高了其捍卫能力。米稔围含麻弄垌、泉眼围、黄牙围、石窜围、若龙围、送儿围、窦初围、米稔下围、新围，集雨面积已达 5.7 平方千米，捍卫人口 2400 人，捍卫土地面积 3370 亩，其中耕地 2520 亩、鱼虾塘 850 亩。

此外，还修筑竹根围、北头寮围、企消围、苏李围、上郭头围、下背海围、湖村围、白沙围、岭尾东围等，合计堤长 8.15 千米，捍卫面积 4940 亩，其中耕地 3280 亩、虾塘 1660 亩。

南三联岛工程任务完成不久，公社党委做出堵“马骝坪”围的决定，成立堵海工程指挥部，由公社党委书记戚培芳任指挥，公社革委会副主任林队昌、阮真寿任副指挥，发动和组织农民、机关干部、职工、中小学生，于 1976 年 12 月动工修筑由新梁白沙江至南滘鸡乸坡的全长 4860 米的海堤，围垦面积 1.1 万亩。后因资金不足等原因而停工。“马骝坪”围至今未建成。

据统计，新中国成立以来，共修筑堤围 48 宗，其中万亩以上 3 宗、千亩以上 3 宗、百亩以上 10 宗、百亩以下 32 宗，合计堤长 49.36 千米，扩大土地面积 3.59 万亩，捍卫人口 4.8 万人，捍卫面积 6.29 万亩，其中耕地 4.35 万亩、盐田 0.15 万亩、虾塘 1.79 万亩。

南三联岛的胜利完成，体现中国共产党、人民政府对南三岛的关怀，凝聚着南三岛各级领导和人民群众的艰苦劳动和聪明才智。在堵海造田的全过程中，中共南三区委、区政府始终坚持把“联岛造田，向海要土地”作为改变南三岛贫穷落后面貌的主攻方向，从1950年开始，每到冬季便组织农民堵海造田。1954年南三区委、区政府根据原雷东县委指示，果断地做出《把十个小岛连成一个大岛》的决定，为实现这个决定，时任领导工作的邹建理、吴兴、石仑裘、李玉春等深入基层，深入工地与农民同食、同住、同劳动，发动和组织广大党员、团员、人民群众不怕风雨烈日和严寒，日夜苦干，修筑了一条又一条联岛大堤，涌现出一批英雄集体和个人。

在堵光明围时，有个日夜走在全工地前面的钟世瑞队，队员都是来自重灾乡的五里乡民工，一投入战斗，个个勇猛如虎，挖土挑泥，行走如飞，平均每人每天做土方3立方米，是工地的先进队，取得“飞机队”的光荣称号。在工地有个和他们竞争的劲旅，是南滘的火车队。这两个队的力量相差不远，往往为了多做半个土方，大家你不停我不歇，坚持工作，直到天黑又点着汽灯继续干着。领导多次劝说都不肯收工，直到领导下命令，采取强制办法，才使得他们停下来。有次钟世瑞队的队员睡到半夜起来小便，见到月明如昼，疑是天亮了，回去悄悄地一个个叫醒队员开工，他们立马又紧张地干起来了。这一行动被南滘火车队发觉了，也迅速出动，大家竞着、赛着，你追我赶地劳动着，战斗着，争夺着“飞机队”的光荣旗。在他们的带动下，6000多名民工和200多条船，日夜突击扒土、运土，与海水赛跑。五里乡民工郑美棠挑泥常比别人多一倍，边走边鼓励大家：“为子孙后代幸福猛冲呀！”后来“猛冲”自然成了他的绰号。

1956年2月21日（农历正月初十）是光明堤堵口的日子。这时正值严寒到来，气温骤降到5℃—6℃，冷水刺骨，然而潮水不等人，此时正是平流，是“合龙”的时机，堵海工程总指挥邹建理托起沙包，大声喊道：“共产党员、民工同志跟我来！”第一个纵身跳进寒冷刺骨的海水中。随着喊声，李玉春、庞日辉、冼贵和等党员和500多名突击队员相继跳下湍急的流水中，手挽手，在堵口处筑起一道人墙，挡住急流，两岸的民工和船只趁着急流被挡住的时刻，丢下沙包。有的人在水里冻僵了，但仍坚持不上岸；有的冻昏了，救上来喝了两口姜糖水暖和过来又跳下去。就这样，人们一口气就干了6个小时，终于胜利地完成任务，人们热情高呼着：堵口胜利万岁！共产党万岁！

从1950年开始，南三岛人民响应党的号召，顶烈日冒严寒，靠着锄头、粪箕等简陋的劳动工具和钢铁般的肩膀，手铲肩挑，4万人口的南三岛出动了130万人次的劳动力，花了8年的时间，多少干部呼喊着“共产党员跟我来!”的口号，跳进激流，带领南三岛人民用血肉之躯在汹涌的波涛之间筑起了长城，撬起200多万立方米的砂石，垒起62条大坝，铸起了一座巍峨的历史丰碑，巍然屹立于南海之上，让龙王从此不敢造次，南海不再嚣张。

“绿色长城”闻名中外

南三岛东部海岸沙暴频繁，沙荒光秃，岛内赤地数十里，红土裸露，植被林木稀少，岛上居民在苦难中生活。新中国成立后，党和人民政府领导全岛人民造林绿化改善生态环境和生产条件。坡头区成为广东省绿化达标县与南三的绿化达标密不可分。

法租界和民国时期，当局对植树造林漠不关心，南三岛干旱、风、沙、海潮灾害频繁，房屋、土地、农作物被淹没、毁坏，严重威胁人民的生产、生活乃至生存，人们苦不堪言。由于植被稀少，缺少林木防护，1929—1949年的20年间，海潮向岛内移动2000多米，淹没农田1000多亩。

新中国成立前，南三岛内的人工造林除在屋前、屋后、村内、村外种植多种灌木或乔木、果树、竹林外，群众也自发种植木麻黄树。法租界时期巴东公局周围种有木麻黄树；民国时期，白沙红坎岭也种有木麻黄树。木麻黄树在当时被称为“松树”“马尾松”“高脚松”，树干高大，树冠覆盖较宽，树叶可作柴烧。雷东县人民委员会开发小组的《规划方案》资料记载，南三岛木麻黄树最老的树龄有27年，一般高8米，胸径16厘米。据此推算，南三岛种木麻黄树是1929年开始的。

据有关资料记载，1936年沙头村莫德芬姐弟到海滩挖蟹，发现一株高50厘米的木麻黄树苗，他俩从未见过，认为是奇树，出于好奇，便将该树苗挖回村里种植。10 年间，此树长大 10 米高，并且开花结籽，因树干高，风吹呼呼作响，当时曾有个别老农迷信思想严重，说这是“鬼树”，是人畜家禽的“克星”，会招灾致祸的，欲把“鬼树”砍掉，但莫德芬不肯，还要扩大种植。当初没有育苗经验，经过多次试验才获成功。1947 年，扩大育苗面积，把幼苗分床，村民把树苗种在垌尾岭，并由沙头村北近雷锡村一直种到沙头寮一带，种下树苗 4.2 万株，面积 25 亩。这是南三岛内较大面积的木麻黄林带。

据广东省林业厅防护林勘测队、粤西行署林业处防护林工作组的《粤西雷东、吴川、电白沿海防护林营造设计草案》（1954 年 11 月 30 日）（以下简称《设训草案》）资料记载：光明、灯塔、新南、白沙等乡 20 世纪 40 年代起已种植木麻黄树，但从未进行有计划的大面积造林，仅仅分散零星种植，终究抵挡不了风沙威胁。新南乡农民陈振新说：“东边种了树，西边又来沙，我的那丘田 3 年前（即 1946 年）还是被沙埋了。”岛各大队专业队育苗和全民造林，给南三岛东部沿海荒滩营造了木麻黄防护林带，像屏障一样防风固沙，保护农田村庄，促进了农、林、牧、副、渔业的发展。过去南三岛不但要从外地购进大批粮食，每年还要从外地买柴 430 万斤才能解决生活的烧柴问题。造林以后，从 1964 年开始采伐，10 多年间向国家出售平价木材 1 万多立方米以及数量不菲的树皮——烤胶原料，并为 6000 多户社员新建房屋 2 万多间提供了木材和大批木制品，除满足岛内群众生活用柴外，还解决 100 多间砖厂的燃料，支援城市和邻近地区烧柴 5100 多万斤，林业收入每年可达 70 万元，壮大了集体经济。林业生产的发展，为农业生产的发展创造了有利条件，10 多年间就为农田基本建设和农业机械化提供资金 430 多万元。南三林场到 20 世纪 80 年代初拥有固定资产 35 万元，流动资金 360 万元。林带林场的好处用群众的话来说是“绿色屏障”“绿色宝库”。

南三林场历年获奖简况：1979 年获广东省科学大会科学技术先进集体奖。1979 年获广东省科学大会科学技术研究成果奖。1989 年获广东省人民政府木麻黄抗青枯病无性系中间试验三等奖。1989 年 2 月 1 日获广东省林业厅《木麻黄抗病品系的筛选及中间试验和小枝水培繁殖的研究和应用》项目科技进步一等奖。1991年，获国家级木麻黄速生抗病性系筛选及小枝水培繁殖技术研究与应用二等奖。1991年，获湛江市坡头区绿化达标先进单位奖。

林场技术员韩土贞获奖项：1989年被广东省人民政府授予木麻黄青枯病无性系中间试验三等奖；1991年2月1日获广东省林业厅《木麻黄速生抗病品系的筛选及中间试验和小枝水培繁殖技术的研究及应用》1988年度广东林业科技进步一等奖；1991年获国家科学技术进步二等奖（《木麻黄速生抗病无性筛选及小枝水培繁殖技术研究与应用》）。

欣赏南三岛的木麻黄，它们能吃别人咽不下的苦涩，伟岸地挺立在碱度极高的沙滩上，它们根连着根，树挽着枝，叶扶着叶，形成83千米密密匝匝的“绿色长城”，保护着南三岛的123.4平方千米土地，任凭历史测试方法定位的十二级台风，到今天科学方法测定风力达到十七级的超强台风“威马逊”肆虐，又能在这“绿色长城”的面前要得了什么横蛮？这绿色的长城虽然历尽劫难，却以对海岛的忠诚，深沉地爱着这片土地，呵护着这片土地，生发着这片土地。它们傲视台风，抗击台风，累伤肌体，折断筋骨，甚至于献出自己的一切而无怨无悔，一如既往，传承着南三岛和谐、守岛、爱岛的坚强。

南三岛营造木麻黄防护林带，改变了生态环境和居民的生产、生活条件，享誉中外，党和国家领导人以及中外贵宾前来视察参观访问者纷至沓来。

1962年1月中旬，中共中央政治局委员、国务院副总理贺龙元帅到湛江市考察工作时，专程到郊区南三公社视察防护林带。1月17日上午10时，贺龙一行20多人，在中国人民解放军驻湛江部队五十五军军长陈明仁上将和中共湛江市委第一书记黄明德等的陪同下，乘海军南海舰队的舰艇到广州湾靖海宫附近登岸。当时公社党委书记黄明和公社原党委书记邹建理等领导迎接他们到灯塔林带参观视察。

时任中宣部部长朱厚泽、外交部副部长宫达非、国务院办公厅主任吴庆彤；国家林业部长罗玉川、中南区林业局局长唐亚子；全国佛教协会会长赵朴初……都在这里留下过他们的足迹。著名的文学大师冰心来这里盛赞它是“在荒沙上建起美丽的家园”；诗人赵朴初到此地写这里的木麻黄树“坚比贞松，柔同细柳，稠林千里云平。真才今刮目，风前重镇，海上长城”；著名的国画大师关山月更是用他在南三岛体验到的素材创作国画《绿色长城》，挂进了北京人民大会堂，使南三岛的声名在海内外饮誉飘香！

时任中共广东省委第一书记陶铸、省长陈郁、书记处书记区梦觉和刘田夫以及湖北省委第一书记王任重等领导都曾先后到南三岛防护林带视察和指导工作，著名作家陈残云、黄谷柳、秦牧以及不少中央和地方报社记者也慕名到南三林带参观访问，发表文章和报道刊载于各级报刊，扩大了南三岛、林带的知名度和声誉。

1962 年 5 月初，全国著名戏剧家、诗人田汉偕夫人到南三岛参观访问防护林带并赋诗留念。其诗曰：“不许风潮犯稻粱，沿滩百里木麻黄。北涯南滘岛连岛，东陌西阡秧接秧。曾说白沙遮日月，今看绿水泛鸳鸯。归来已是湛江夜，灯塔回眸万丈光。”

1977 年 9 月 7 日，联合国粮农组织（FAO）考察团 20 人，由团长厄伦（土耳其人）率领代表肯尼亚、马拉维、索马里、苏丹、坦桑尼亚、赞比亚、乌干达、孟加拉国、不丹、尼泊尔、缅甸、巴基斯坦、印度、马来西亚、菲律宾、巴布亚新几内亚、斯里兰卡、泰国、越南等 19 个国家的官员专家，在国务院、省、市外事办公室和省、地、市、郊等有关林业领导陪同下到南三岛考察木麻黄防护林带。在考察中，接待主持人——南三公社党委常委、革委会副主任陈强介绍了南三岛营造木麻黄防护林带的情况，通过翻译，回答了代表团提出的 28 个问题。例如：林木的病虫害情况；木材的用处；第一次种的木材与第二次轮伐种的木材是不是一样；今后的造林计划；轮伐期、产量多少；等等。考察团对主持人的回答十分满意。参观结束时，考察团盛赞林带规模宏伟，自然风景美丽。团长厄伦先生说：“看了南三公社沿海沙滩造林感到很大的兴趣。以前只知道世界上是荷兰一个国家向海要地，现在不止一个国家，例如中国。”后来，厄伦寄来联合国粮农组织会议纪念章 12 枚。

1980 年以来，中国香港及苏丹、越南、泰国、新加坡等 16 个国家和地区的旅游团也到南三岛林带参观游览，乘兴而来，满意而归。

南国天然游乐园

南国岛屿——南三岛，祖国南大门屏障之一，有着 123.4 平方千米面积。南海风光无限，绵亘 83 千米的海岸线，由 10 个岛屿连成一体，自然景色秀丽，海滩环境优美，4 万亩木麻黄防风林带环绕，郁郁葱葱。这里阳光灿烂，海涛平缓，林间空气清新，林地幽静，沙滩洁白如银，是营造东方夏威夷的理想旅游目的地。

著名的“南三听涛”是湛江八景之一，位于东岸的碧海银沙、伊甸园是最佳的海滩度假区。茂密的木麻黄簇拥着一望无际白茫茫的沙滩，沙质洁白如银，建筑风格独特的南三灯塔屹立岛上，古迹、灯塔、林带、沙滩与大海连成一体，供游客观光游览。在此度假、休闲、潜水、滑浪、海水浴、沙滩浴、森林浴、野餐烧烤、拉大网、跑马、垂钓、摄影、绘画、观海上日出，聆听海涛林声，享受自然赋予的乐趣，令游客流连忘返，乐不思蜀。1986 年这里开发了海洋天然浴场旅游点，商店、餐馆、招待所、浴室、跑马场等服务设施日趋完善，游客与日俱增，年均达 45 万人次，有来自来全国各地的游客，包括港澳地区，也有来自法、英、美、瑞典、意大利、新加坡等的外国游客。

邓小平南方谈话之后，全国掀起了开发的热潮，在南三岛东岸投资建成了南三天然游乐园。与此同时，还分别投资新建了湛江飞鸟高尔夫俱乐部、湛江碧海银沙度假中心、伊甸园度假城。游客期待将南三全岛开发建设成引人入胜的旅游欢乐岛，在这里，可观、可玩、可住，还可以吃到鲜美的章鱼、珍稀的血蟮，在海滩还可以现买廉价的鱼、虾、蟹、蚝、乌贼、海蜇等海鲜。

晨曦，在海边观日出是最壮丽的画帛。当一轮红日在海面上喷薄而出时，彩霞飞扬，银光四射，与湛蓝的海水互相拱照，浑然一体，此际在海滩上恭候已久的游客，激动不已，呼喊着跳跃起来，举起双手，为南三岛独特的自然风光赞不绝口。

南三岛海滨林海郁郁葱葱，连绵 22 千米，宽达 1000 米，木麻黄参天的树梢，浓荫似盖，四季绿如春，被誉为“南海长城”。洁白如银的沙滩，像宽阔的织锦铺在望不到边的海岸上，退潮时沙滩宽约1000米，涨潮时约300米。这里的沙质细白，双脚踏在上面，犹如踏在毛茸茸的地毯上。眺望远方大海与蓝天，水天一色，令人心旷神怡、赞不绝口。若驱车奔驰在海滩之上，则尤似进入东北的林海雪原。再朝海边展望，一排排数米高的大浪从远处向脚前扑来，形成壮观的画面；一朵朵雪白的浪花在涌动，一条条白练般的浪带在翻腾，向嬉水者卷来，并发出阵阵嚎吼声。浪大则风大，风动树摇，林海间发出阵阵沙沙之声。冬天寒风萧瑟，万亩木麻黄林挡住昔日风沙卷起的尘暴，使南三岛民能安详地生活，这里的碧海银沙已成为中外游人的度假天堂。当天空还未吐白时，人们早早就站满在海滩上了，等候着观赏南海日出。守望多时，当一轮红日在海天一线之间喷薄而出时，但见晨曦在奇妙地变幻，彩霞披满云天，银光四射，顷刻之际，南海边上构成了极其动人的巨幅锦绣画帛，东升的旭日，染红了蓝色的大海，照映在欢悦的游人的颜面上，也将层林尽染。

这座亚热带的岛屿，4至11月期间，受南海季风气候的影响，四季如春，夏无酷暑，冬无严寒。游人三五成群，在林带间漫步轻歌，或在海滩迎着海风嬉戏，弄潮儿一个劲地追逐阵阵白浪。一展平川的沙滩，任由游客日光浴、沙滩浴、海水浴和森林浴，或飞车兜风，或轻歌曼舞，或烧烤觅贝壳，或随渔人拉大网，真是乐趣无穷。南三岛海岸线坡度极小（2至3度），平均水深1.5米，水质量受鉴江淡水相冲，含钠、钾等金属矿物质适度，是适宜游客的天然浴场。这里也是口福无穷的地方，海产品相当丰富，有海虾、膏蟹、肥蚝、海蜇、乌贼等特产，也可品尝到章鱼、珍稀的血鳝，还有马鲛鱼等鲜鱼。海水浴场不单为游客提供住、食、玩，而且该海域历史上还没发现鲨鱼等有侵害人的危险性海生物。

在南三岛上除了海滩游乐，还可人文游，当地有座著名的广州湾靖海宫，岛民俗称“大王庙”，被誉拜为“南海之神”。还有一座越王祠，内祀闻名东南亚的“安南王”。南三岛游乐无穷，除了自然生态，还有名人村庄游，纪念该村名人，如抗清名将陈上川、总兵陈绍、武秀才陈跃龙等。也有民俗文化游，如庙会有龙女庙、冼吴庙、妈祖庙等。南三灯塔、碑记等景观，另外还有南三人民建起的万亩虾塘、百顷盐田等。历史景观有红坎岭、北涯头法军侵入广州湾旧址，将其开发成青少年爱国主义教育基地，让游客深入现场进行抗法历史之旅。

南三岛滨海旅游示范区自2013年11月挂牌成立以来，在市委、市政府、坡头区以及市直有关部门和中央、省驻湛有关单位的大力支持下，管委会领导班子紧紧围绕市委、市政府关于南三岛开发建设要“一年做谋划、打基础；三年出亮点、见成效；五年成气候，出影响”的指示，已做出了相关规划。《南三镇总体规划》已通过市政府城市规划局审核，根据规划设计方案，南三岛将建设成为以滨海度假、冬休养老、邮轮母港为特色，集高端居住、商务会议、休闲度假、养生康体、主题游乐于一体的多元化亚热带滨海休闲海岛。在招商方面全力引进“五有”企业参与南三岛开发建设。目前已有保利、万达、恒大集团、碧桂园等50多个知名企业到南三岛考察。其中，休闲渔港旅游综合体以及森波拉滨海度假项目、国际帆船港、军事文化园、冬休旅游度假中心、碧桂园海洋文化产业园等旅游项目，在东部建设中心广场、滨海植物园、国之滨海景区等彰显历史文化之岛、生态之岛、旅游精品之岛的宏观景致，打造旅游新亮点。

南三岛正朝着旅游建岛的目标，逐步打造国际旅游邮轮母港、国家南方冬休基地、佛教景观、海洋公园等旅游项目的旅游景观带。南三岛名列广东“十大美丽海岛”，将全力打造中国最大的海岛旅游综合体。

南三岛历史人物荟萃

南三岛虽为一岛屿，但地杰人灵，历史上出现不少很有影响的历史人物。

（一）清朝总兵陈绍

陈绍，名兆熊，号亮臣，清朝道光十五年（1835年）农历六月二十三日诞生于广东省高州府吴川县南三都（今湛江市南三岛）凤辇村，少年时父亲病逝，母亲郑氏守寡抚养其兄弟成人。陈绍自小个性刚强、猛烈，但忠诚朴实，喜欢听岳飞等古代忠烈志士故事。其待母孝顺，年轻时期闯出社会，从事商业报恩养母。清朝咸丰年间，东南沿海一带海匪猖獗，经常侵入占据城镇，陈绍便托兄抚养母亲，于清咸丰八年（1858年）操戈投入军曹为国尽忠。

那时候，虽然家庭贫穷，但生活在海边的陈绍，在风浪中练就一身好水性，经常与小伙伴们到海里捕鱼捉虾，夜晚在村子里跟师傅学武艺，习得一身硬功夫，自从参军后更勤奋学习军事知识，在军训中犹如一只猛虎出山，令军中将士敬佩有加。咸丰十年（1860年），陈绍跟随浙江总兵张其光打游击，率水师兵船巡航于福建、广东、浙江、上海之间，陈绍经验丰富，掌握了岛屿的险恶环境、海湾的深浅地段、航程的距离等情况。他还善于观测气象变化，使船队能乘风破浪如在陆地般安稳行驶。陈绍训练水兵能像他一样泅水数十里，出没犹如海中飞翔的海鸥，来去自如。他率领的战船常年在海上巡缉海盗之船，一旦发现海盗，立即下令追赶炮击。当船追到离海盗船仅一米多时，只见陈绍一跃而上，登上贼船后，猛杀海贼，最后猎取船只返航。此后，海盗凡发现有陈绍旗帜的船只，均望风逃遁。后来，陈绍想出办法，将战船伪装成运粮商船，靠近贼船，最终屡战屡胜，擒获匪首与贼帮，屡立战功。

清朝咸丰十年（1860年），陈绍部众攻克淳安、桐泸、富阳等城，荣获五品功牌，寻援例捐守备衔。同治元年（1862年）正月与友军攻占镇海、宁波、慈溪、奉化、余姚等城。同治二年（1863年）正月攻克韶兴、萧山等城，升尽先守备。同治三年（1864年）正月海宁守军也举旗投降。陈绍乘胜前进收复桐乡，立功后升都司官衔，留在浙江任命，赏戴花翎。十二月又率众官兵攻占杭州等城，升尽先游击加参将军衔。又克复石门、湖州、安吉，升孝丰德清功尽先参将加副将衔。同治四年（1865年），浙江提督张其光与陈绍率红单船至爵溪与贼相遇，进行作战，一举擒贼首梁彩等50余人，又攻克南田，功升尽先副将。同治七年（1868年）再升总兵尽先补用。陈绍从军10多年，身经百战，收复城镇20多个。同治八年（1869年）浙江巡抚李瀚章奉命考核陈绍，考其营容，观察其言行举止，确认陈绍管理事物井然有序，足条件备干城选用，为水师中不可多得的一员大将，因此李瀚章专门向朝廷摺奏保陈绍担任黄岩镇总兵。同治皇帝准奏。陈绍官升正二品官衔。虽然

陈绍身居高官，还是言传身教，使部队纪律严明。他认为自身原是一介草民，入伍后能晋升高官，以前竭尽力量耕种都不能解决温饱，如今在军营还有厚禄养亲人，是国家赐予的恩惠，所以更加努力报效国家。

其时，海盗相当猖獗，但陈绍认为必须肃清匪患，才能使百姓安居乐业。自己虽身职总兵，仍亲自率师出洋剿匪。有的朋友相劝他不要亲自冲锋在前，但他却不听相劝，坚定信心地说："武将就应不怕死，要以身报国。"陈绍经常对全体官兵训示：大家多年食皇禄，要为国效力，要加强训练。提高缉贼本领，严格纪律，才能取胜。他与士兵如同兄弟，亲如手足，同甘共苦，总是一概谢绝他人的馈赠及礼物。所以军营中所有官兵无不敬重陈绍，视其为楷模典范。朝廷拨军费修造战船或购买兵器，资金匮乏，陈绍便发动官兵捐献解决。当时浙江名贤彭鼎卿赠书他一副对联："功冠凌烟纪纲文武，才高画日损益古今。"同治九年(1870年)三月二十七日，黄岩地方黑社会匪首金泳利等勾结众匪掳掠百姓财产。贼船在台湾海峡游弋，陈绍闻信，马上率领水师前往追缉。三月二十九日，浙江东矶奥泊有盗艇7艘，陈绍挥兵进剿。当水师向贼船开炮，贼船没有退路，负隅顽抗。由于潮水浅，水师战船不能驶，陈绍则命令千总杨郁等驾舢板哨船与他直取贼船，但由于潮水急，哨船被冲入贼船队夹缝中，陈绍开枪毙贼，但贼匪众枪多，弹如雨下，陈绍身负重伤。他坚持带伤力战，杀死悍贼多名，临死前对守备梁福海说："吾力竭失，死无所憾，汝速脱归，再整军灭贼，以报国家可也。"说完后便壮烈殉职，年仅36岁。第二天部队才找到陈绍遗体，但见其遍体鳞伤，四肢残缺不全，检查衣服等遗物，却发现囊空如洗。属地百姓见状无不悲哀悼念。陈绍上有七旬老母亲，下有三岁幼儿，家境萧条困难，穷得四壁荡然无存。全体官兵纷纷捐献钱款为其殓事。浙江巡抚杨昌睿将陈绍壮烈牺牲事迹奏报朝廷，皇帝闻知甚为震撼书谕悼念："浙江署总兵陈绍带领兵船出洋巡哨，在东矶奥地方猝遇贼船，该总兵开炮轰炸击毙水贼多人，迨因潮退水浅，被风冲入贼船队中，力战受伤，与千总杨郁等同时遇害。并根据杨昌睿奏称，该署总兵平日治军严肃，所有军火悉皆捐兼自备，缉捕甚为得力，此次巡洋捕盗，力战捐躯，孰堪悯恻！提督衔补用总兵署浙江黄岩镇总兵，象山协副将陈绍，着从优照提督阵亡例议恤，并准其黄岩县及原籍广东地方建立专祠加恩谥，交国史馆立传以慰忠魂。”旋奉给恤银八百两，加赠太子少保衔，并给骑都尉兼一云骑尉，袭次完时给予恩骑尉世袭罔替，赐谥勇烈、祭葬。子康祺承袭。陈绍死后，遗体被运回故里南三岛凤辇村，朝廷派来国师择地，葬于坡头麻斜麻东路四岭。

陈绍坟墓占地约 2 亩，有三层罗围，全部采用灰烛建造，外围有刻着碑文的石碑、石狮子、石桅杆、拜亭等。但外围、中围在“文化大革命”中已被损坏，石碑被抬走，只有原墓仍保存完好。其妻范氏被诰封为正一品夫人，落籍浙江宁波市。

当年，遵照同治皇帝谕旨，朝廷拨专款在浙江省黄岩县及广东省各地建立陈绍专祠纪念将军。吴川县所在地（今吴阳镇）建立陈绍公祠。据清光绪十八年（1892 年）重修的《吴川县志》卷三“建置坛庙”篇记载：“陈勇烈公祠在城西旧通川门内，西向，前后两层各三间，同治十一年（1872 年）奉旨为古黄岩镇总兵陈绍建。”祠前刻立石碑：“圣谕：官员到此下马。”朝廷还拨专款在陈绍将军家乡凤辇村建祠堂两座，其中一座于凤辇村西南角陈绍原故居处，建筑面积约 200 平方米，挂有木雕刻“宫保第”牌匾；第二座在凤辇村陈氏宗祠，大门横额为中国驻美国第一任大使陈兰彬所书，内中挂着“钦加太子少保”“黄岩镇总兵”匾额，并供奉着陈绍神祇牌位。

（二）抗清名将陈上川

陈上川，字胜才，号义略，于明朝熹宗天启六年（1626 年）九月初四诞生在高州府吴川县南三都（今湛江市坡头区南三镇）田头村。陈上川历经人生磨砺，以他坚韧不拔、勇敢顽强的战斗精神，谱写了可歌可泣的生涯之歌，成为一代抗清名将。由于朝廷的镇压威迫，陈上川不得已率部移师海外，最后在越南南部开发创业，成为越南华侨先驱，是古代我国大规模军事移民海外、屯兵垦荒的壮举范例，被誉为“安南王”。陈上川卒于清康熙五十四年（1715 年），享年 90 岁。

少年时，陈上川生活在田头村一户颇为富裕的家庭，大哥廷川在外经商，移居海南岛。陈上川聪慧过人，好学技艺，诗文精通，在明朝崇祯十四年（1641 年）经地方生员考试，被高州府录取。第二年他的父母双染瘟疫身亡。陈上川无奈，便随其舅父转读肇庆府学。公元 1644 年，清兵入关。清朝顺治三年（1646 年）十一月，明朝广西巡抚瞿式耜、两广总督丁魁楚、湖广总督何腾蛟等，拥桂王朱由榔在广东肇庆登基即帝位，改元永历年号，明朝一帮遗臣将士坚持抗清斗争，是年陈上川刚 20 岁，毅然弃文从军，加入了永历复明政权的反清抗清行列。由于陈上川文化水平较高，又机智勇猛作战，深受将士的敬重与爱戴，在多次军事作战中屡立战功，因此陈上川在军队中威望很高。

陈上川从一名秀才，在抗清复明斗争风起云涌的年代介入军事，锻炼成长，他纵横驰骋，过上金戈铁马的军旅生活，迅速成为一代抗清名将。清顺治六年（1649 年），福建南部地区出现社会动乱局面，除了一部分大明的官方军队和清兵以外，各地的土豪、山贼拥踞城寨，争拼地盘，并向村民征剿粮饷，犹如土皇帝。其时，郑成功的兵员众多，管辖地方较少，面临着粮饷贫缺的严重问题，郑成功便策划出以商养战之路，陈上川多次率师配合驾兵船护送郑成功的商船运货粮进出东京、广南及高棉诸港口，确保了郑成功商贸顺利进行，颇受郑成功的赞赏。同年十月，陈上川跟随郑成功率领将士挥军南下，一路打击各地清兵，也沿途收复各地城池寨子并蓄粮源。仅一个多月，便从清兵手中攻占了漳浦、云霄等地城府，也平定达濠、霞美等寨楼。十一月，郑成功部队进攻诏安不克，便决定转入广东东部，经分水关至潮州一带征讨盘踞地方的零星势力。第二年五月，又征服了潮阳以及周边的许多山寨。1651 年夏天，陈上川配合郑成功部队在福建南部的小盈岭、海澄（今龙海市）等地继续作战，获得磁灶、钱山、小盈岭诸战役的大捷，光复了平和、漳浦、诏安南靖等地区。

清康熙元年（1662 年），桂王朱由榔被清军俘虏。同年，陈上川与永历反清复明政权合作抗击清军，曾率兵攻占过雷州府——海康。高州府李定国将军病逝于云南孟腊；其时民族英雄郑成功从荷兰殖民者手中收复了台湾，并建立了明朝的地方政权，坚持抗清复明斗争。次年（1663 年），陈上川被郑成功之子郑经任命为高、廉、雷三州总兵，统管军事，颇受其器重。

清康熙三年（1664 年），陈上川奉命率师驾船突袭钦州守军，重挫尾追的清军，一度占领了钦州湾，在此期间，经常巡航守海防，防止清兵的袭击。康熙十二年（1673 年），平西王吴三桂也在云南打出起义旗号举兵反清。陈上川的水师队伍在长达 15 年的时间里，一方面保护台湾郑氏政权派往东南亚各地贸易的商船队，另一方面则配合响应吴三桂部队在两广的军事行动，屡次迎击围剿清朝军队。

清廷实行“迁海”政策时期，官府在高、雷、廉、琼下四府的沿海布防，大量屯兵，封锁这些海区的港池，并下令不许片板入海。当年限令江、浙、闽、粤等地沿海居民内迁 30 里，田舍一概放弃，违者重置刑罪。结果一来使这些地方的渔耕商均遭受重创，二来也使陈上川所部得不到经济上的资助，这一政策的制定，致使南明海上剩余的势力在一定程度上受到制约。康熙十九年（1680 年）四月，康熙皇帝旨派重兵沿南方而下追杀陈上川的军队，陈上川率师奋起抗击，终因势单力薄，难抵清兵，被迫撤退到钦州一带，最后与杨彦迪等一批不愿事清的南明残部远走广南。由于清朝重兵追迫日紧，陈上川只好率领部众移师安南（今越南）西贡湄公河口一带，一边屯兵开垦荒地，一边传播中国织耕文化，他的史迹为越南史籍所载录。陈上川将军与他的兵众来到安南后，垦殖开发边和远东最大的稻米市场，并把湄公河三角洲开发成为富庶的鱼米之乡和商贸中心。陈上川在安南 36 年期间，协助阮氏政权拓土保疆，屡立战功，深受政府重赏，赐以殊荣，授官晋升统兵。公元 1715 年夏天，陈上川将军与世长辞，死后安南政府赠辅国都督，在历史上被誉称为“安南王”。

越南人民尤其广大华侨对陈上川充满着敬重和爱戴的情怀，在永清镇后江大洲、藩镇之新安社、镇边之新邻村等地均建筑祠庙，纪念这位功勋卓著的大将军，这些庙宇还刻有以陈上川铭句的楹联：“耻作北朝臣，纲常郑重；宁为南国客，竹帛昭重！”

湛江市南三岛田头村还建陈氏小祠宗，将陈上川将军的牌位置于祠内以祀之，缅怀这位令家乡人为之骄傲的一代抗清大将。

（三）清朝光绪武秀才陈跃龙

陈跃龙（1863—1951），清朝吴川县南三都田头村人，出身于农民家庭，启蒙时期深受良师教育和思想熏陶，从小便树立“头悬梁，锥刺股”的学习精神，青年时期身体强壮，爱好练武术，并训练出一身好武功，但总也忘不了耕田种稻的农活。那时候，陈跃龙在村中就是一位臂力过人的小伙子，村中的陈氏宗祠门口有两座石狮子，好几个青年人都搬动不了，而他却轻而易举地托起来，令人们瞠目结舌，是闻名远近的“南三大力士”。清朝光绪十五年（1889 年），陈跃龙参加吴川县、高州府、院试的三级考试，完成了武秀才才能够达到的 90 斤力拉硬弓箭、120 斤重大花关刀花式舞刀、240 斤重石兜抱转圈及百步穿杨射箭的项目条件，考取了武秀才的功名，是历史上地方史册记载的湛江最后一位武秀才。

南三都有一间聚武堂武术馆，是陈跃龙创办的，他首先在武馆订下文明学武的宗旨，要求学员以练武强身为主，学好武艺是用以自卫防身，学武之人不能做伤天害理的事情，也不能有以武术侵犯他人的野蛮行为。陈跃龙免费培训村民学功夫，并以聚武堂为基地，组织村民成立村民自救会，维护乡村集体利益和治安，后发展到各村庄均成立分会，参加者达数千人之多。陈跃龙还在田头圩开设了一间“济安堂”药店，免费为贫穷的村民治病和提供医药。陈跃龙的家境不算富裕，却乐于救济村民，一旦南三都遇到自然灾害，他便到岛外采购木薯干及红薯干分发给岛民。不但陈跃龙帮助支持中共南三岛地下党的活动，抗日战争时期，他的家庭也成了抗日活动联络的堡垒户。

清朝光绪二十四年（1898 年），法国的军舰驶入南三都广州湾海岸，侵略者在靖海宫附近的红坎岭登陆。法军建兵营、打木桩、立界碑，竖起旗杆为其军舰引航，在那里耀武扬威。陈跃龙目睹法帝国主义殖民者的野蛮行径，激起他的怒火，他马上与陈竹轩（南三文秀村）会面，紧急召集各村乡绅、代表在陈氏小宗开会，商议抗击法国侵略者策略，并对义愤填膺的乡亲们发出号召，希望大家有钱出钱、无钱出力。会后陈跃龙发动组织南三都 1000 多人，他们手持木棍、刀斧、长矛、锄头等利器及练武器材，来到红坎岭示威抗议驻地的法国侵略者，并包围了法帝军营数天，揭开了 1898 年高雷人民抗法斗争的序幕。不久，陈跃龙又率领南一、南二、南三村民，加入麻斜抗法队伍，集中到烟楼岭，歃血誓师，捣毁了法军修建的工事，并打死法兵两名，打伤数十名，迫使法军停止了施工。1899 年农历五月，他参加在吴川县三柏村成立的吴川抗法斗争总指挥部，负责组织南三片抗法人员，是南三都的头人。陈跃龙领导团练与法军进行针锋相对的斗争，将殖民侵略者埋下的全部界桩拔掉，收复了被法军占领的黄坡、大岸渡口、石门、高岭儿、三合窝等吴川失地。陈跃龙与抗法义士们保卫国土的壮举，向世人展示了中国人民抗击法国侵略军、维护中华民族不可欺负的至尊威严。

1949 年 9 月 20 日，南三岛百姓经受的一个漫长黑暗的社会宣告终结，祖国宝岛获得解放。从此，陈跃龙和广大劳苦大众一起迎来了人民的政权，他感到中国人真正站起来了，不再受到外来侵略者的侮辱，在共产党领导下人民可以当家作主，不再受到压迫，幸福的笑颜与喜悦从内心迸发出来。1951 年 2 月，在即将离开人间的弥留之际，陈跃龙遗嘱交代他的后人将自己生前创制的中药配方献给社会，造福人类。1958 年，陈跃龙的儿子陈梓材把他秘制的“跌打榜酒”“铁打百草膏”“疮科百草膏”“风湿百草膏”等药方献给了国营湛江市药材公司湛江制药厂生产，被列入广东省药品生产标准，并成为新中国成立后湛江市药品工业首批产品。

清末武秀才陈跃龙从一名地方抗法首领，到参加抗日活动，南三解放后无私献出医药良方，奉献社会，赈济贫困，书写了人生的精彩篇章。

（四）抗法乡贤陈俊三

陈俊三（1896—1970），出生于湛江市南三岛田头村，吴川县川西高等小学堂毕业。青年时期组织国学会，壮年于田头圩开裕兴昌商行，1946 年田头村兴办学校时，他被乡亲推举为南晖小学、文禧中学的校董会董事长，参加了著名的坡头“三月三”抗法斗争。陈俊三是南三岛著名抗法乡贤。

1898 年陈俊三 3 岁的时候，腐败无能的清朝政府将包括南三岛在内的广州湾地区租借给法帝国主义政府，法国侵略军在占领坡头后，实行残酷的剥削，苛捐杂税名目繁多，如田亩税、盐田税、市场税和门牌税等。在 1936 年强制实施“义务公役法”，规定坡头 16—40 岁的男子，每月都必须要做四天修路义务劳役，伙食和工具自备，不能去的人，每

天必须缴交代役金西币四角（西币即西贡币，当时一元西贡币相当于二元七角毫银，四角西贡相当于一元零八分毫银），这实际就是法国在安南（越南）推行的“人头税”。当时坡头人听说这种人头税在安南非常苛刻，人死了也不注销，连神主牌都要纳税，因而奋起反抗法帝。

面对法帝实施苛刻的“人头税”，坡头群众敦促各村的议员向法国官员递交书面要求，申述当地人的困苦，交不上如此繁重的税额，继而让议员向其回牌，但凶狠狡猾的法国官员殷多东竟带着双百长卢文廷于清明日，当人们扫墓之时到南三田头村去进行所谓民情调查，说当地人有酒有肉生活好得很，完全有能力缴交“人头税”。扫墓群众顿时被气得忍无可忍，面对侵略者的野蛮行为，被逼迫得走投无路的南三岛人民群众愤怒至极，于是坡头、南三、乾塘等数万群众举行了“三月三”反法斗争。人们敲着锣鼓，又吹响号角，浩浩荡荡，围攻坡头公局楼，“官逼民反！”“官逼民惨！”“打倒帝国主义！”“打倒义务公役！”“打倒苛捐杂税！”“打倒卢文廷！”的口号之声震天动地。人们扛着这些旗帜遮天盖地，并将公局楼围得严严实实，法国公局的人员被吓得胆战心惊，赶紧关闭大门，全部龟缩在内。在坡头人民的威慑下，公局长只好答应与代表谈判，正准备谈判之时，卢文廷（撮须）匆匆从赤坎赶来，大众见这个作恶多端的家伙，分外愤恨，齐声呼喝喊打之声此起彼伏，卢见形势不妙，飞快钻进公局楼周围的竹林中，青年农民陈土轩挟双刃追赶。当卢钻进竹丛时，被陈土轩一手抓住，但卢穿长筒皮靴，由于陈土轩抓得不紧，结果让卢文廷逃脱跑进公局楼。当陈土轩等赶到时，大门已紧闭，他便用二枚大铁钉爬墙而上。当他将从二楼窗口进去时，被卢文廷开枪击中，当场牺牲。血腥屠杀引起群愤，大家冲向公局楼，打破大门，一拥而入，人们找到楼下放枪的地方，抢了长短枪支28支、子弹2盒，于是他们更如虎添翼向二楼进攻。卢文廷据高死守，在战斗中农民杨真贵、陈福章、李康保、陈兴贵先后被子弹击中当场牺牲。但残酷的屠杀吓不倒人民群众，从四面八方起来的群众愈来愈多，连赶来增援的蓝带兵也被群众堵塞在公路上，法国官员在坡头人民凛然正气和强大的声势震慑下，迫不得已答应取消义务公役法，拨款掩埋死难者，并抚恤其家属。

著名的坡头地区人民“三月三”抗法斗争取得胜利，领导这次斗争的是广州湾民众自救会，自救会的领导成员共有 36 人，而陈俊三是其中重要的一员。当时南三田头村还有陈梅士、陈文彪（即亚居）、陈育英、陈和轩；风辇村有陈永祥；下瑶村有陈致力、陈鸣周；地聚村有陈文华；麻弄村有冼耀春；黄村有黄锡龄；乾塘镇有大屋头村的陈德伍，博立村的许善甫。还有陈保华、黄柏英、郑章士、陈吉昌、陈亚义、梁文东、陈宝光、李余初、叶弼香等。在与法帝国主义谈判时，陈俊三与陈永祥、陈文华为代表掩埋了五烈士，抚恤其家属亦是由陈俊三等主持与安排。

虽然“三月三”抗法斗争取得了初步胜利，但事后法帝勾结当地的反动官员通缉自救会 36 位领导人，并到田头村抄陈俊三、陈梅士等人的家。陈俊三有一次与前来捉他的敌人相遇，好在敌人不认识他，敌人问他：“陈俊三在哪里?”陈俊三说：“他在楼上。”敌人蜂拥上楼时，他侥幸逃脱了。为了保全性命，他逃往吴川投靠张炎。但张炎拿出通缉令对陈俊三说：“上头现在正下令通缉你们 36 人，每人悬赏四千西币。兄弟我当然不是见利忘义之人，违背民族大义的事我决不会做，但目前实在不敢收留你，怕于你我都不利，你还是走得远一点较好。”于是张炎送给陈俊三盘缠，送他离开吴川。

陈俊三只好逃往化州林尘与人做佣工度日，在佣工期间的第二年三月三日，他想起了惨烈的斗争场面，想想流血牺牲的五烈士，不禁挥毫写下了一首挽联悼念五烈士以寄托自己的哀思，其辞曰：“忆去年今日，除地方痛苦，谋种族生存，知君义愤所钟，不惜牺牲留正气；启千载一时，拼躯壳捐殉，想精神不死，愧我热诚空抱，聊将涕泪哭英雄。”

陈俊三就是在这种思念忧心如焚的日子里整整熬了 5 个年头，直到欧战中，法人失利，无暇顾及广州湾后才敢回家。

1945 年，抗日战争胜利后，博立村的许爱周先生，为了扩大耕地面积，增加粮食生活，决定向南三田头村买南海坪塞作和平坳，事先与田头村绅老联络妥当，写契时每个签字者给国币一万或二三万不等，当时陈俊三是田头村知名人士，也就叫许祥南先生来请他签字，但陈俊三都委婉谢绝了。他不愿接受这种钱，当时许爱周先生担心他有意承受回来给陈焯才，很不放心，为了打消其顾虑，陈俊三说："有这么多绅老签字已经行了。我虽不签字，但我不会反对，你无需顾虑我会承受回来给陈焯才，塞海造田、扩大耕地面积是好事，它可使更多人有田可耕，我怎么会反对呢？你放心开工好了。"于是许爱周塞了南海的那个海坪，计划有耕地数千亩，称为爱周垉，后改为和平垉。垉塞好后，许爱周又叫许祥南先生给陈俊三送来十万国币，陈俊三坚持不受。许回去后，将款交给绅老陈荣南等人转交给陈俊三，他无奈，只好收下，存进银行。后来国币贬值，陈俊三为了保值只好将它取出买谷存放。他想，这些钱属于全村人的，不如将它作为一件公益事吧。于是，他将谷卖掉，拿这些钱在石角渡海边建造一座凉亭，让过路行人躲风避雨，或稍事休息之用，名曰避雨亭，为砖木结构，可惜在 1954 年一次特大台风中被摧毁。

抗战胜利后，1945 年底，国民党接收广州湾回归中国，并改名湛江市。吴川岭头人李月恒作为筹备处主任接收政权，南三设警察巡官，李济茂派来做巡官，管地方治安，属下有 5 个警察兵。过了一段时间后，李济茂卸任，派黄炳初来接任。李济茂怕交出枪械后黄炳初对他不利，于是坚决不肯移交。双方剑拔弩张，大有一触即发之势，黄炳初有意嫁祸于陈俊三，便请陈俊三担保，保证李济茂改日能如约交枪。陈俊三知道这是道难题，责任非轻，但又不能不担保——假如双方当场火拼起来，将祸及附近居民，发生流血惨剧。于是陈俊三毅然作担，叫李济茂第二天才交出枪械印信。不料，李济茂乘夜卷铺盖，持枪械及印信逃之夭夭。第二天，黄炳初来接收时，见人去屋空，于是唯担保人是问，扣押了陈俊三，押送到赤坎警察总局。当时局长是蔡兆杰，接案后拘留陈俊三。后经赤坎西分局长阮国盛从中积极调停，陈俊三才得以保释回家，结束了 14 天的铁窗生活。

近现代名人与南三岛

（一）贺龙元帅视察南三岛

贺龙元帅一行 20 多人，在驻湛部队五十五军军长陈明仁上将和中共湛江市委原第一书记黄明德等陪同下，于 1962 年 1 月 17 日上午 10

时，乘坐南海舰队的舰艇到达广州湾大王庙（靖海宫）附近码头登上了南三岛，专程视察了堵海造林等，受到当地干部和群众的热烈欢迎。

一早守候在此的南三公社党委书记黄明和公社原书记邹建理等领导干部迎接贺龙元帅等人前往南三灯塔林带视察。他们来到南三林带招待所后，邹建理代表南三公社向贺龙元帅介绍了南三公社造林联岛、改善南三恶劣的自然环境和当地群众生产及生活情况等，并汇报有关民兵保卫海防进行巡逻放哨的工作。邹建理摊开南三地图，如实介绍了南三人民堵海造林的情况。贺龙元帅等领导同志认真地听着地方干部的汇报工作，他高度赞扬南三的工作成绩说："我亲眼看见岛上居民为了摆脱贫穷落后，坚决从老天爷手中夺取美好生活而创出来的壮丽图景。又一个铁一般的事实证明，劳动人民获得解放后在党的领导下真正具有惊天动地、排山倒海之力。南三人民坚强地坚持多年堵海联岛，造林锁风沙，恶劣的自然环境改变了，生产条件改善了，人民生活提高了。你们干得好！"当他了解到南三岛农业生产水平相当低，人民群众生活水平还很低，贺龙元帅勉励南三公社领导干部要再接再厉领导群众积极发展生产，不断改善提高人民的生活水平。

在地方党政领导的陪同下，由南三公社党委书记黄明和公社原书记邹建理等人带路，沿着朝海的道路走去，一边走，元帅一边兴致勃勃地看着岛上的变化和生态。不多时他们一行来到了灯塔大队的海边林带，当贺龙元帅看到海滨沙滩一望无际的沿海木麻黄防风林挡住了流沙堆积起来的两三米高的海沙堤时，他饶有风趣地对大家说："你看，现在不是风沙为你们筑堤防沙防潮增加陆地面积了吗！"片刻，他环顾四周，望了望大海彼岸，他指着大海的南面和东南面彼岸，又对南三公社的干部说："你们南三和东海、硇洲三个海岛，对捍卫粤西海防具有重要的地位和作用，要搞好海防边防工作。"

贺龙元帅每到一处都认真地听，又认真地观察，并指示地方干部做好南三岛建设及边防工作，他对干部群众和蔼可亲、平易近人，表现了元帅的风度和国家领导人关心人民疾苦的高尚品质，给南三人民留下了永不磨灭的印象。

（二）著名戏剧家田汉访问南三岛

1962年5月上旬，中华人民共和国国歌作者、中国著名戏剧家田汉偕夫人到南三岛访问。

当年南三岛的交通设施很落后，也没有码头泊船，唯有从西南端的湖村湾至东南端灯塔林带的简便公路，田汉乘坐一艘海军登陆艇于下午2时抵达海边，但海水退潮无法靠岸，大家就用手将他抬上了岸。南三公社的一辆大篷车搭着田汉一行，沿着这条弯弯曲曲、坎坎坷坷、崎岖不平的泥土公路开往南三海边林带参观。

同车的公社干部向他介绍南三群众堵海造林的情况，一路上，田汉每经过一个地方，都向地方同志了解，南三公社陪同的干部一一向他介绍。汽车沿途所经过的地方原来是堵海联岛的海堤，田汉经过北涯堤、木历堤、凤辇堤、解放垉堤、和平围堤时，都让司机停下车，到堤上看看，还和地方同志站在堤边合影留念。下午4时才到达南三林场所在地灯塔林带，田汉一行在林场休息片刻，马上又坐上大篷车在林带公路上跑了一圈，在车上他一边看一边问，非常和蔼可亲。一路上，田汉看到了南三林带、海堤、农田、盐田。夏天的阳光让南三岛的生态显得格外明快，葱绿的沿岸林海间鸡群在寻觅虫食，草地上牛在啃草，海塘竹围内的鸭群追逐嬉水，田野上的庄稼茂盛茁壮，海盐田堆放着白花花的盐堆，呈现一派兴旺发达的景象，令田汉非常激动。田汉高度评价及肯定南三岛人民的干劲和成绩，他对大家说："南三人民真是好汉，堵海联岛，把沙滩变绿洲，恶劣的环境大改变，人民生活大改善。"

田汉在南三岛访问只有短短的几个小时，之后匆匆离开。他回到湖村海边时天幕已降，隔海望着灯火辉煌的湛江市区，他写下了一首赞扬南三岛人民堵海建防风林、战胜历史性的风沙灾害的诗歌："不许风潮犯稻粱，沿滩百里木麻黄。北涯南滘岛连岛，东陌西阡秧接秧。曾说白沙遮日月，今看绿水泛鸳鸯。归来已是湛江夜，灯塔回眸万丈光。"田汉在诗歌中巧妙运用灯塔、白沙、南滘、北涯4个岛的名称，并用地名勾勒景致，他站在海边望着彼岸湛江市区夜色辉煌，对照南三灯塔射出的航标灯光，描写寓意未来的南三岛前景光芒无比璀璨，他对南三岛寄以极大厚望。

(三) 联合国考察团对南三岛进行考察

1977 年 9 月 7 日，南三岛迎来了联合国考察团，考察团由联合国官员厄伦（土耳其人）率领，有来自肯尼亚、苏丹、马拉维、坦桑尼亚、赞比亚、不丹、乌干达、印度、缅甸、尼泊尔、马来西亚、泰国、越南、巴基斯坦、斯里兰卡、菲律宾、巴布亚新几内亚、孟加拉国、索马里等 19 个国家的代表和联合国有关官员、专家。他们专程前往南三防护林进行考察。

随考察团考察的中央、省、市有关人员，在南三公社革委会陪同下到林场考察参观，他们第一个点是林相，考察团的官员、专家看了 1966 年、1971 年、1975 年 3 个不同年度种植的木麻黄生长高度、胸径等情况。第二个点是苗圃。第三个点是木麻黄优树子代，其中有 102 个编号优树子代试验林 140 亩。第四个点是木麻黄防风固沙现场。随后到了海边看大海，南海的自然风光也吸引了外宾。

考察团成员们参观完很高兴，他们认为南三岛海边种植木麻黄防护林带，防风固沙很成功。他们肯定和赞美南三岛育林防风沙的成绩。当参观完林带后，考察团成员来到了林场办公室，当地干部向团员们作了《南三岛营造木麻黄防护林带简介》，介绍了南三过去东岸海边风沙漫天，民国时期南三岛被海水卷走浮沙，侵蚀陆地 3 千米。自从广东解放后，在中国共产党、毛主席的领导下，当地人民从 1953 年起在海边沙滩试种木麻黄，至 1977 年，营造起一条长约 57 千米的环岛林带，造林面积达 4034 公顷，基本实现了海岸线的绿化，从根本上防止了海水侵蚀陆地。自从广种木麻黄带固沙防侵后，陆地面积逐渐扩大。南三都往昔是由 10 个岛屿组合，广东解放后南三人民进行堵海联岛，人们肩挑手推，硬是用人力筑起 40 千米长的海堤，将十岛联合成一大岛，面积达 123.4 平方千米。南三岛 57 千米长的环岛林带与 40 千米的海堤环抱，形成一道绿色的天然屏障，从根本上挡住了狂暴风沙与海潮的侵蚀，固住岸基沙土，蓄起水源，起了调节气候的作用，为海岛环保工作做出了积极的贡献。考察团成员聆听介绍，又根据从湛江市区至南三岛林场的路上所经过的南三盐田、自来水井及到林带参观所看见的，在现场会上提出各种问题：如何在沙滩造林、海边椰树有无结果、地下水多深、南三有多少盐田、有无中学、有无医院、有多少医生……20多个问题，陪同人员一一向有关专家作了解答。

南三公社在林场设午餐招待了考察团成员。当地干部向他们举杯敬酒，表示盛情欢迎到南三实地考察。团长厄伦先生祝酒时说：“我看了你们国家的北方，北方的森林是不错，那时我想不知你们南方怎么样，海边怎么样？现在我看到了你们（南三）人民是这样干的：十个小岛连成了一个岛，造起了木麻黄防护林，由此看来，世界上向海要地的不单是荷兰一个国家了，还有中国。”席间厄伦团长还对当地干部说，联合国粮农组会议的纪念章今日没有带来，回去后一定寄来。过了不久联合国组织果然把10多枚不同图案的会议纪念章寄来南三，当地政府把纪念章留在南三林场，永远纪念。

附录：现代名人笔下的南三岛（如下若不特别说明，皆摘录于《南三岛志》）

湛江十日

冰　心

一九六一年底，我在湛江度过了难忘的十天，回来后就有出国的任务，把我所要写的“湛江”滑过去了。这十几个月之中，几番提笔，总感到明日黄花，不大好写。湛江和祖国其他的地方一样，你去过一次，再来时已是万象更新，那时撒下的种子，现在已经遍地开花，那时开着的花心现在已经累累结果。追述过去，不如瞻望将来。但是，正因为是过去的经历，有些人物，有些山水，在迷蒙的背景中，却更加鲜明，更加生动。它们像闪闪发光的帆影，在我的脑海中不断地明灭！这回忆，往往把我重新放在一种特别浓郁的色、香、味之中，使我的心灵，再来一阵温馨，再起一番激发，就是这奇妙的感情，逼得我今天又提起笔来。

湛江不像北京和南京，也不像苏州和杭州，它没有遍地的名胜古迹，更没有壮丽精雅的宫殿园林。它在古代是蛮风瘴雨之乡，当宋朝丧失了北部边疆的时候，便把得罪朝廷的人们，贬谪到这地方来。著名诗人苏东坡，便是其中之一。

解放前的五十年中，它是法帝国主义者所盘踞的“广州湾”，这里除了一条法国人居住的街道以外，只有低洼、腥臭、窄小的棚寮和草屋。除了骑在人民头上的帝国主义者和反动派之外，就是饥饿贫困的人民。但是这些饥饿贫困的人民，五十年来，坚持着抗法斗争、抗日斗争和解放斗争，终于在一九四九年十二月十九日，冲洗净了这颗祖国南海的明珠，使它在快乐勇敢的人民手里，发出晶莹的宝光！

一九六一年底我们从严冬的北京，骤然来到浓绿扑人的湛江市，一种温暖新奇的感觉，立刻把我们裹住了。这宽阔平坦的大道，大道两旁浓密的树荫，树荫外整齐高大的楼屋，树荫下如锦的红花，如茵的芳草，还有那座好几里长的海滨公园，连续不断的矮矮的紫杜鹃花墙，后面矗立着高大的椰林，林外闪烁着蔚蓝的波光，微风吹送着一阵阵的海潮音，这座新兴的海滨城市，景物是何等地迷人呵！

在这里，道路是人民开的，楼屋是人民盖的，花草树木是人民栽的……几十万双勤劳的手在十二年之中，建起了一座崭新的现代的城市。当我看到这座城市的时节，我的喜乐，我的自豪，并不在看到京、宁、苏、杭的那些古代中国人民所创造的宫殿园林以下，反过来，我倒感到，我国古代的劳动人民，尽力地兴建了那些宫殿园林，却不能恣情享受自己劳动的果实，而在解放后的今天，人民的点滴血汗，都能用在自己身上，这奇迹般的美丽的城市，就是在这种无比热情和冲天干劲之下产生的。

在这里，最使人眼花缭乱的，是树木花草。树木里有凤凰树、相思树、合欢树、椰子树，还有木麻黄。这木麻黄树，真值得大书特书！这种树我从来没有见过，连名字也是我在翻译印度泰戈尔的小说的时候才接触到的。我只知道它是一种热带的树，从那篇小说里也看不出它的特征，翻译过后也就丢开手。没想到这次在祖国的南方，看到了它的英雄本色！它的形象既像松柏又像杨柳。有松柏的刚健又有杨柳的婀娜，直直的树干，细细的叶子，远远地看去，总像笼住一团薄雾。

它不怕台风，最爱海水，离海越近它长得越快。解放后，翻身的湛江人民要在这一片荒沙上建立起美丽的家园，他们就利用这种树木的特长，在沙岸上里三层外三层地种起木麻黄树来。这些小树，一行行一排排地扎下根去，聚起沙来，在海波声中欣欣向荣地成长，步步为营地与海争地。到如今，这道绿色长城，蜿蜒几百里，把这座花园城市围抱了起来。当我们的车沿着这道长城飞驰而过的时候，心里总会联想到从前在国庆佳节，从观礼台前雄纠赳气昂昂地整齐走过的人民解放军的队伍。在气魄和性格上，他们和木麻黄树完全是一样的。

说到花草，那真是绝美，可以说是有花皆红，无草不香。

这里的花，不论是大的，小的，单瓣的，双瓣的，垂丝的，成串的，几乎没有一种不是红的，在浓绿的密叶衬托之下，光艳到不可逼视。乍从严冬的北方到来的人，忽然看到满眼的红光，真是神摇目眩，印象深得连睡梦也包围在一片红云之中！这些花名，有的是我们叫得出来的，如一品红、垂丝牡丹、夹竹桃。但多半是初次听到的，如炮仗花、龙吐珠、一串红、毛茸红等等。有的花名连陪我们的主人也不知道，他们只笑答："横竖是大红花呗！"他们那种司空见惯满不在乎的神情，真使人又羡又妒。说到草，所谓"十步之内，必有芳草""天涯何处无芳草"，才真是这里的写实。我们随时俯下身去，捡起一片叶子，在指头上捻着，都会喷出扑鼻的香气。哪怕是一片树叶，如柠檬桉，闻着也是香的。摘过树叶的手，再去翻书，第二天会发现书页上还有余香！

主人说，可惜我们种树的日子还浅，飞来的鸟儿还不多。

但是蝴蝶真不少，而且种类还多。我们常看见相思树上飞舞着一团一团的蝴蝶，在文采光华的地方，连蝴蝶也不是粉白淡黄的！这些蝴蝶翅翼的颜色，就像虎皮一样，黄黑斑斓。

它们不是成双捉对地飞，而是一群一群地上下舞扑，和乳虎一般地活泼壮丽。此外还有翠蓝色的像孔雀翎一样的蝴蝶，在红橙绿中闪出天鹅绒般的柔光，这都是北方所看不到的。

其实，花木也好，草虫也好，都不过是我的画图中的人物的陪衬。这十几个月之中我脑子里始终忘不了在湛江招待我们的主人。他们是一群最可爱的人，在抗日战争、解放战争中，一直从长白山、大别山、太行山，一个胜利接着一个胜利地打到海南岛，最后他们"解甲归农"。他们在这里披荆斩棘，开辟出几十万亩广阔平坦的田园，他们用木麻黄和其他高大的树，种植出棋盘般的防风林带，围护了农林作物，改良了环境，调节了气候。他们在这些标准林园里，办着社会主义农业企业，为祖国生产了许许多多的物资财富，加速了祖国的社会主义建设。他们在对敌战争中是最勇敢的战士，在建设时期是最辛勤的劳动者，在招待客人上又是最热情的主人。他们热情洋溢地把我们当作远别的亲人一般，带领我们参观了他们开创出来的家园，给我们介绍了周围环境里过去和现在的一切。他们白天陪我们参观，晚上和我们畅谈，到现在我的耳中还不时地响着激动的一段叙述，热情的一声招呼。在这些声音后面，涌现出一个个熟悉的人：中年的，年轻的，豪爽的，拘谨的，泼辣的，腼腆的，这些形象和他们背后的蓬勃浓郁的画景，不断地一幅一幅向我展开。

他们把我们从飞机场簇拥到霞山海滨招待所。这是一个童话般美丽的地方。我们头一夜就兴奋得没有睡稳，早晨一睁眼就赶紧起来，走到窗前，纵目外望：十几座楼房错落地隐现在繁花丛树之中。在近处，一丛翠竹旁边立着高出屋檐的一品红，盘子大的花朵，就像红绒剪成的那么光润。再远些，矮的是大叶子的红桑，稍高的是嫩绿叶的玉兰花树，最后面是树梢上堆着细小的黄花的相思树。这一层层深浅浓淡的颜色，交融在一起，鼻子里闻到沁人心腑的含笑花和玫瑰花香，耳朵里听到树影外的海潮摇荡的声音。就在这种轻清愉快的气氛里，我们开始了幸福的十天！

我们首先参观了他们农场里面的热带植物研究所。在会客室中饱餐了他们种出来的花生和香蕉，痛饮了他们自己种出来的咖啡，然后在种植园中巡礼。这里真是祖国的宝地，从东亚各地引种过来的，如油棕、咖啡等经济作物，都生长得很茂盛。在我们惊奇赞赏之下，主人们不但往我们车上装了许多新从树上摘下的木瓜、香蕉和甘蔗；还往我们手里和口袋里塞了许多珍奇的花果，如九里香、玉兰、玫瑰茄、乳茄、番鬼荔枝等，一路走着，愈拿愈多，压得我们胳臂都酸了。第二次参观的是他们的湖光农场的一部分。在棋盘式的高大防风林里，我们看到了一望无际的幼小树苗，安稳地整齐站立在低暖的地方，欣欣向荣地在茁长着。我们参观了三鸟场和畜牧场。牧鹅的姑娘，挤奶的女工，养猪的老汉，在清水池塘边，和整洁的厩房里，紧张而又悠闲地工作着。在鸡栏里我们看到一群火鸡，垂下文采辉煌的双翅，一只只彩船似的向着我们稳稳地驶来。猪圈里有日本猪和荷兰猪，但是最好看的还是本地种的猪，雪白的背上，堆着沿着浅灰色边的大黑花点，这种猪是我在别处所没有见过的。

我们参观了雷州青年运河工程，到了新建成的鹤地水库。

生长在北方的我，从来没有想到祖国极南端的雷州半岛会是个缺水的地方！主人们笑着向我介绍：雷州地区，平原地带多，森林丛草少，通过这地区的九洲河，河床窄浅，有雨就泛滥成灾，不起灌溉的作用。一九五八年，在党的领导下，雷州十万人民，特别是青年，用了十四个月的工夫，开出一百七十四公里长的青年运河。他们截断了九洲河，建了水库。在运河通过的道上，凸出的地方挖深了，凹下的地方兴修起槽道，引出一股潺潺清澈的河流，来灌溉雷州半岛的二百五十万亩土地。

我们站在鹤地水库堤边上，只觉得它微波粼粼，远山围抱，和密云水库、十三陵水库的面貌大同小异，有如同胞姐妹。倒是未到水库之先，路上所看到的矗立的高大的槽道，地上望去，好似在江上仰望长江大桥一般，十分雄伟，十分美丽。将来这里桥上走车，桥下行船，这种奇观，是密云水库和十三陵水库所没有的。

去到水库的路上，在赤坎地方，经过一座很短的“寸金桥”，但是这座桥的意义却不小，它纪念了一八九八年至一八九九年间，当地人民奋起抵抗法帝国主义者的英勇事迹。他们把祖国的一寸土地当作一寸金子那样地护惜，他们据河苦战把法帝国主义者的强占土地，从一百几十里缩小到十几里！我们下了车，读了桥上的碑文，在窄窄的河边，一棵很大的缅甸合欢树下，徘徊瞻仰了许久。

南三联岛之行，也是使人永不忘怀的。这天天气晴和，我们到了码头，那里停着一艘登陆艇——登陆艇船头的栏杆，放下来是跳板，吊上去就是船栏。出去时，迎着清新的海风，归来时，望着朦胧的落日，在来去的航程中，我就没有离开栏杆一步！真的，从离开海滨生活起，好久好久没有在小艇上作过乘风破浪的海行了。

南三联岛本是十个孤岛，解放前这里住着三万多农民和渔民。这些人整年整月地要和潮、沙、风、旱四种自然敌人，作殊死的搏斗。再加上帝国主义者和反动派的罪恶统治，饿死的、逃荒的，已经所余无几了。解放后，党领导了岛上的居民清了土匪，反了恶霸，一步一步地解决了饮水、烧柴等等迫切的问题。本来这些岛上的人民，要到湛江一趟，至少要渡过七次海，自从一九五〇年开始了联岛的工程以后，人民生活水平又大大地提高了。他们不但填了海，还种了树，圈出田地，筑起海堤，把这几个小岛，链条般接在一起，建设成一个树木葱茏，庄稼遍地的大岛。我们站在船头上，听着这一段神话般的改造自然的奇迹，四十分钟以后，南三联岛就已青葱在望。我们从调东岛湖村湾上岸，已经有辆大车在滩头等着。沿着一条平坦的大道，经过好几个鱼池、盐田、稻田和错落的新盖的民居，直到东头灯塔岛的招待所。这招待所的一排楼房，荫蔽在万木丛中，我们从大路下车，在沙地上走了几里路，正觉得有些炎热，一进入这片木麻黄树的深林，骤然感到凉透心脾，在

清鲜的空气中，抬头相顾，真是“人面皆绿”。原来这岛上从一九四九年起，就开始造林，在离海七八步的沙滩上，种上密密的木麻黄树。这里的林带面积长六十华里，宽五至十华里，面积共有十万亩。这十二年之中木麻黄树已葱郁成林，海水也后退了有一百公尺，就是这座木结构的招待所楼房，也是用木麻黄木建成的。木麻黄树材又硬又苦，蚂蚁不敢吃也啃不动，是最理想的建筑木材。

我们在这楼上听了公社吴书记的极其生动的报告，吃了他们自种的花生、大米，和他们自捕的鱼、自养的鸡。这个从前曾是荒岛上的人民的生活，和我们祖国的每个角落的人民一样，也已经开始富裕起来了。

最后，我还要谈一谈湛江的码头。法帝国主义者占据湛江大港，就为的是要抢到一个从中国掠得物资的出口，但是他们在这里只修了一个小小的栈桥码头。解放后十几年之中，人民亲手建设起来的崭新的湛江港，它就拥有现代化的起重运输和装卸设备，有宽大码头，各种货物可以直接装上火车。

在这个清碧的海港里，每天进出着几十艘社会主义国家、民族主义国家和资本主义国家的商轮。在港区，还有一座现代化的海员俱乐部，亲切地接待着来湛江作客的各国海员。我们参观了里面的百货商店、阅览室、餐厅、舞场和各种文娱设备。资本主义国家商船上的海员，在新中国湛江大港逗留时期中，过的是愉快健康的生活，帝国主义统治下的那些黑暗污秽的陈迹，早已一洗无遗了。

我们在码头边登上一艘停在那里的名叫“芍药”的商轮。

这只船航行于广州和湛江之间。船长姓马，是一位从海外归来的航海者，和我们纵谈他自己归国前后的海上生活。这一段“海客谈瀛”，以愤懑开始，以自豪结束。这位船长，和我所熟悉的海上工作人员一样，十分豪爽，十分热情。他坚决要留我们在船上吃饭，但是我们知道海员们在岸上的很短的时间，是十分宝贵的，结果只应邀和他们一同照了几张相片，就恋恋地道别了。

这以后，我就匆匆地在一九六一年的除夕，独自飞回祖国的首都。那几天正遇到寒流，下了飞机，朔风凛冽。一路进城，西边是苍黄的田野，和光裸的挺立的树行。回忆湛江飞机场上送行的人群，和衬托着这些人物的青葱的背景，心里有着一种说不出的滋味！十几度月圆过去了，如今正是赤坎霞山凤凰树开花的季节，湛江的条条大道上，也张开了红罗的幔幕，应该是我践约南行的时候了。我还曾经应许我的“解甲归农”的朋友们，说我要像南飞的燕子，一年一度地回到赤坎霞山楼檐下的旧巢。但是，春天也罢，秋天也罢，我去得了也罢，去不了也罢，当全国人民，在党的“以农业为基础，以工业为主导”的号召下，万众一心，在自己的岗位上，努力完成这伟大而艰巨的任务的时候，我就想到我的湛江朋友们正在这条战线的最前沿，坚韧而乐观地战斗着。让我的湛江回忆，时时鼓舞推动着我，使我在自己的林园里，也做一个像他们一样的坚韧而乐观的劳动者！

南三岛小记

陈残云

到广州湾外的南三岛去，心胸开朗，精神舒畅。这个没有山头的平平坦坦的海岛，就像海上的绿洲，一片翠绿。海风吹在绿野上，太阳照在绿野上，海鸥飞在绿野上，构成一幅充满诗意的美丽的画景。但是从远处向岛上望，却使人担心，如果来一场十二级的台风，惊人的海浪，是否会把它全部淹没？这种担心是有理由的，南三群岛有过数不清的被台风和海浪欺凌的悲惨历史。

记得从前，这一列群岛全是沙洲，几乎连一株野树也不长。晴天，太阳晒在沙土上，沙土像火烧过一样，烫得厉害。下一场雨，雨水一下子就溜光了，留也留不住。这样，连活着的人们也不容易找到水喝，庄稼作物甚至连野草杂树，也都更不容易生长了。更严重的是，沙土经常埋没土地和村庄，人与沙土争地，人们有一句话，叫“无风三尺沙，风起沙如山”，这是一点也不夸张的现实写照。

生活在这异常恶劣的环境里的人们年年挨饿，年年逃荒，男人都往外面跑，女人不肯嫁进来。而在乌天黑地的旧社会里，农民们无论大人小孩，男或女，都是衣衫褴褛，皮黄骨瘦，真是闭上眼睛就不知是死是活。据说清朝初年，有个好心的官吏，曾经想用移民的办法来解决困

难，但行不通，也就罢了，饥饿痛苦的人们，哪能盼得到这些大老爷的德政？此外，骑在他们头上的，还有剥皮削骨的地主和奸淫掳掠的海盗，人们在那灾难的日子里，度日如年。

但现在呢，南三群岛却变成一个十岛相连的绿洲，一个神话般的美好世界。五十里长四五里宽的防风林，弯弯曲曲地屹立在海岸上，像一条碧绿的长城，卫护着半边海岛。沙土海潮不但不能再淹没村舍和田园，而且年年往后撤退，岛上的面积逐渐扩大。全岛的所有荒地，都种上了绿树，庄稼同时也长得很好，又大大发展了渔业和盐业。

整个海岛，自然环境变得越来越可爱，越来越美丽，同时也出现了富裕的景象。粮食方面，解放以后还是一直要政府救济，1958年人民公社刚成立时，也要调入四百万斤大米、五百万斤番薯，今年却大致可以自给了。在现有耕地面积四万多亩的基础上，还准备扩种水稻和杂粮共几万亩。今年，还可收获鱼和盐，还养了七千多头猪和大批鸡鸭。岛上空气新清，绿荫处处，发展家畜家禽更为有利。就是新植的树木，也是一笔很大的财富，两三年以后，就可采摘大量的种子，砍伐大量的木材。这美丽的小岛，真是处处都是财宝，谁还相信这就是若干年以前，以饥荒著名的荒岛呢。

随着自然环境的神话式的变化，人也起了重大的变化。首先是人口增长的速度很快，生育得多，死亡得少，加以过去的逃荒者、外流者的陆续归来，这十年中就增加近一万人，合起来超过了四万。其次，人们的体质已不再是皮黄骨瘦，而是又健又美了。他们对党充满了热爱，党的好处日日夜夜都讲不完。他们对人民公社赞不绝口。他们对自己的新的家乡，和未来的前途，充满了理想和乐观。

人们的理想和乐观，好像集中在一个人身上了，这个人就是公社党委第一书记邹建理。他是一位三十多岁的人，身材魁伟，态度豪爽，愉快，客观，是有着坚强的英雄性格的鲁智深型的好汉。他在南三岛与群众一起，苦干十年，恶劣的自然环境，吓不倒他，超乎寻常的困难，难不倒他，他一直以英雄的姿态，朝气勃勃地出现在劳动的最前线。

人们知道，赤手空拳地和自然斗争，并不是一件轻松的事情，要把一个环境十分恶劣和落后的小岛，从根本上改变它的面貌，是很不简单的。比如把十个小岛连成一块，堵海工程就异常艰巨，没有坚强的革命意志和毅力，不付出巨大的劳动代价，就不可能完成。比如在沙丘上进行大规模的绿化，同样是要经过严重的斗争的，第一年种树种不活，再种也种不活，群众灰心了，在这种情况下，应该罢手还是继续前进？继续前进会不会“劳民伤财，得不偿失”？不前进又怎么办？这都是对领导者的考验。而那里党的领导者和邹建理一起下定决心，要继续前进！

他们终于找到了一种适宜于沙土上生长的树木“木麻黄”，种活了，于是立刻开展了大规模的群众性的种树运动。经过八年的艰苦劳动，特别是“大跃进”以后，全部成功了，整个南三岛的面貌，也就起了根本的变化。

从此，荒凉、贫瘠的字眼，就在南三岛上永远消失了，“有女不嫁南三岛”的话，也永远消失了，代替它们的新名词是“美丽”和“富裕”。可不是么？正如邹建理和岛上的人们所抱的愿望那样，三年后，全岛都将出现砖砌的全新的新村。他们已具备了日益充裕的物质条件，在今后的三年中继续奋斗下去，实现一个新型的社会主义小岛，绝不是梦想。

这样看来，有人再担心南三岛会给惊人的海浪淹没，就是多余的了。今天的南三岛，有足够的力量，可以抵御任何狂风巨浪的袭击，使人过着不受惊扰的幸福生活。而且，它像一个充满生命力的海上的年青哨兵，傲视着波浪翻滚的海洋，而且它又像一颗广州湾外的珍珠，在阳光普照中发亮。

模范学英雄

黄谷柳　司徒乔

“他们赶我们的林业，我们赶他们的水利，我们再也不能够单靠几棵树吃饭了！……”

这一句包含着丰富内容的话，是二十七个共产党员从海陵岛参观学习回来，异口同声得出的结论。他们是南三公社党委副书记吴兴带领的南三公社党委、各大队党支部书记和一位妇联主任。

他们说的“几棵树”，不是几棵，而是经营多年郁郁苍苍的五万七千亩大面积木麻黄森林！“前人种树，后人遮阴”的老话应该改变了，只消十年八年就可以嫩苗成树，绿林蔽天。南三岛的英雄人民用可以看到、可以摸触的活榜样，给森林资源贫乏祖国，预示出光辉灿烂的前景。他们百倍地加强了人们改变自然面貌的信心。他们海岛，除了农田、盐田、菜地之外，绝大部分宜林地都绿化了。这是他们自力更生、奋发图强的精神创造出来的业绩。许多元帅、将军、专家、学者、工人、海员、学生、诗人、画家、外国朋友和各级党政领导同志，到了这个岛上，没有一个不交口称赞。南三岛人还用同样的精神和魄力，连续奋战十多年，筑堤堵海，使海岛的自然面貌发生了翻天覆地的变化。凭这两件事业中的任何一件，他们都可以接受“模范”的称号而当之无愧。

可是，这二十七个曾经带领全岛四万多群众苦战多年，取得了卓越成就的共产党员，打从英雄的海陵岛参观学习回来之后，开始感到自己工作的不够了。他们异口同声说：“不能够再靠几棵树吃饭了。”意思是说：再也不能靠昨天的成果过日子了。这到底是怎么一回事呢？里面有一段令人寻思的经历。要知道这段经历，还得从陶铸同志的谈话说起。

一九六三年四月十二日，《南方日报》刊登了陶铸同志的一篇谈话。在这篇谈话里，陶铸同志号召全省人民，学习海陵岛人民苦干实干的精神，掀起一个生产高潮，迎接行将到来的全省劳动模范和积极分子代表会议。南三公社党委书记黄明，把这篇谈话对公社各部门干部和各大队党支部书记们读了。宣读过了以后，黄明让大家讨论：我们怎么办？

他们知道一些有关海陵岛的基本情况。事情摆得明明白白的：论造林，海陵岛跟南三岛差距越拉越近；论粮食产量，南三岛跟海陵岛的差距越拉越远。南三岛粮食每亩的年平均产量，只及海陵岛每亩年平均产量的一半。人家远远地把南三岛抛在后边了。南三岛以造林闻名全国，海陵岛落后了也不甘示弱，显出了赶上来的趋势。人家群众生活越过越好，干劲越来越大。而自己南三岛水利仍未过关，粮食产量仍然很低。情况就是这样。形势逼人，时间无情，究竟怎么办？大家热烈地议论开来了。

黄明静静地倾听大家的议论。这位公社党委书记有一个特点：善于倾听，也善于思索。他倾听大家议论了半天。开始是比双方条件，比来比去，条件并不比海陵岛坏多少，甚至土地潜力还比海陵岛要大。比自然灾害、风灾、沙灾、咸潮灾，南三岛也因为筑堤堵海和营造防护林而完全克服（如飞沙、咸潮灾）或者大大削弱（如台风灾）。老天并不偏爱哪一个岛，台风有时从广州湾登陆，有时也从阳江登陆。两岛相距不远，同在一个纬度上，雨量也不相上下。说干劲，大家都是同样闻名的。说到抗旱，大家都一样打井开塘，向地下要水，没有别的门路。所不同的是人家海陵岛中部隆起一座大山，而南三岛却是一望平川，只有小小的几个山包罢了。议论到后来，就比双方的农业技术。什么4×6，5×6；什么广场矮、溪南矮；什么这个肥、那个肥……临到未了，大家得出一个结论："在家里比这比那，不如亲身到海陵岛上亲眼看一看吧。"

黄明等大家讲完了话，深深思索一番之后说：

"比一比，很需要；但重要的是学……我看，我们比人家少了一点马列主义。"

大家没有听懂这几句话的意思，望着他们的书记发愣。半晌，黄明又用坚定的语气，毫不含糊地说：

"好！到海陵岛去吧！去学一点马列主义回来，花它几百块钱，也是值得的。"

最后，确定了去学习的人选，派出了二十七个有心人——二十六个男的一个女的，全都是在这个岛上奋战多年的共产党员。

这一队被派出去寻马列主义"真经"的队伍，到了海陵岛后，从岛的东部，横越过西部，山上山下，田头田角，看了一整天。又看、又问、又比、又想，头脑活动了一整天。

一个人，在人生的道路上，会有过这样的体验：在一天里所获得的某种最珍贵的东西，比在十年二十年中所获得的还要多。古人说："听君一席话，胜读十年书。"南三岛来的这批有心人，都有这样的感受。

造林、堵海，这两件事情是南三岛人引以为自豪的。恰恰在这两件事情上，他们在海陵岛上最先受到启发。他们从海陵大堤一登岸，就看到了岛上的苗圃。他们看到海陵岛育苗和分床的工作做得很细致。大旱

之年，在干旱之地，移植成活率并不比南三岛低。公路两旁，路树齐齐整整，保护得很好，登山一看，更是大吃一惊。人家栽在石头缝里的马尾松，都直立起来，迎风呼啸了。人家在石头山上造林，比自己南三岛在平地上、沙地上栽树，要艰苦得多呀！几年之前，还在高级社的时候，他们有些人曾经来参观过海陵岛，当时，山头和沙滩还是光秃秃的，想不到现在已成一片青绿了。这是海陵人虚心听取别人意见，狠狠抓住造林这个薄弱环节，用不可想象的惊人魄力和艰辛的劳动赶上来的。比一比之后，他们想起动身来海陵岛参观之前，有位同志这样说过："花一笔钱去海陵岛有什么意思？堵海、造林，他们比不上我们南三；当前春耕，他们连秧苗还没有插下，有什么可学？"不对！这是一种危险的骄傲自满情绪，是使人落后的绊脚石。

就以春耕来说，有人看见过在缺水的地里，像种菜那样种水稻的吗？海陵岛人把这种特殊情况的特殊插秧法叫做"旱栽"。在公社党委会附近那一大片田地里，就是用这种方法栽下水稻的。种一株、淋一株，种一行、淋一行。把秧根淋湿，一亩地要肩挑好几百担水，一人一天仅能种七八厘地。他们这样艰苦地插秧，不是插三亩两亩，而是插几千亩！介绍情况的同志说："天旱地干，运水困难。立夏到了，晚是晚了，但这样的地，面积很多，不种下去，会影响群众生活。有一些群众说：'种下去九成没有收。'我们说，九成没有收，还有一成希望，我们还是插下去。一九五五年，也是大旱，有些旱旱的禾，被阳光晒得一片焦黄，看起来已经不可救药的了，可下一场雨，又转青活过来了。这个经验，加强我们的信心，所以，天不下雨，我们也坚持旱栽下去。"

南三岛这批有心人，看着海陵岛人为了那九成以外的一成希望所做的艰辛努力，不能不感动。人家对国家对群众是负责到底的呀！他们知道，一九五五年，海陵岛受旱一百天，水稻普遍歉收。一九五六年，海陵人总结了有些农业社打了小平塘，采用旱栽办法栽秧获得了丰收的经验，就在全岛干旱的耕地上，挖了一千多口平塘，积水抗旱，结果获得了粮食大丰收。一九五八年，在"大跃进"声中，海陵岛人感到小平塘不能满足生产发展的需要，于是想方设法在全岛最高的草王山的山沟里建个水库。第一个水库建成了，跟着建第二个、第三个，一直建了六十二个山塘水库。现在，七成左右的稻田能够自流灌溉。水利条件改善了，粮食增产了，全面工作跃进了。

为什么海陵岛的干部和社员搞水利的思想这么明确，办法这么多呢？

这批来学习的有心人，多数都是各大队的党支部书记。他们想弄清楚这个问题，想知道海陵岛的大队党支部书记是怎样工作的。可是，他们在地里看不见一个干部。他们的眼睛是锐利，过去无论到别的什么地方去，他们在地里，很容易就能辨别出谁是干部，谁是社员群众。后来到了双丰大队，才算解开这个谜。一位社员从地里跑过来，端水给他们喝，又拿来水烟筒，请他们抽烟。他们跟这位农民谈了半天，直到等别人介绍说："这是我们双丰大队支部书记。"这才恍然大悟。大家都说，原来海陵岛的大队干部，参加劳动完全跟农民一样。揭开这个谜，叫他们都陷入了深思。海陵公社的同志风趣地说："我们干部有三件宝：一件是锄头，一件是粪箕，一件是工分折。长期以来，我们坚持参加集体劳动，计工分。这三件宝，保证我们不脱离群众。我们丹南大队的支部书记，因为长期参加劳动，干的都是重活，锄头坏得快。他锄头坏了打新的，新的用坏了又再打新的。十年来，全公社算他是打锄头最多的冠军了。社员跟他开玩笑，给他取了个外号，叫做'锄头书记'。叫惯了，连他真姓名也几乎给忘了。"原来海陵岛的干部群众关系竟达到这样水乳交融的程度！

南三岛来的这班有心人，都是从小扛锄头长大的农民。几年来，他们和群众一起，冒着风雨一株一株地种活木麻黄树；迎着寒冬的刺骨海风，带头跳进海浪里，一条一条地堵好堤围。最近，林带长起来了，筑堤堵海工程完成了，他们当中有些人松了一口气，不像前几年那样艰苦劳动了，没有像海陵岛的干部对待劳动那样自觉，成为经常化、制度化，更没有认识到参加生产、领导生产的深刻意义。大家检查自己，都或多或少地发现：自己在革命道路上的步伐，已经缓慢下来了。

南三公社所在地附近，有个田头大队，是全社最落后的一个大队。大队党支部书记李玉春，原是公社党委副书记，最近下放到田头大队兼支部书记的。他初到田头村时，一次经过土改的"根子"老贫农陈英崇

的门口，英崇把他拉到屋里去，挚诚地对他说："玉春呀！你我都是土改时的老伙计了，我跟你说句知心话吧，我们田头村有些大队干部不下田，人不跟我们在一起，心也不跟我们在一起，这样下去，怎行呀！……"

李玉春听了陈英崇的反映，虽然知道情况不妙，但还没有引起很大的震动，没有意识到问题的严重性。如今，他也是参观团的一员，离家三百公里，回过头来看一看，想一想，再比一比海陵干部的作风，越比越清醒。他想起田头大队的副大队长陈雅三，过去劳动是积极的，当上大队干部以后，到处跑跑，少参加劳动，逐渐沾上了好食懒做的坏作风，群众也说他当了"官"，敬而远之。这怎能不值得警惕呢？他自己也感到，造林、堵海等突击性运动减少以后，没有蹲点，劳动也比不上从前，对问题的体会也没有过去那样清醒了。正因为这样，所以在造林、堵海以后，没有像海陵岛一样，狠狠抓住农田水利基本建设，苦干几年，彻底消灭旱灾，而是头痛医头，脚痛医脚，年年抗旱，没有把力量全部用在刀把口上。这就是南三岛粮食产量依然很低的主要原因。

真理都是具体的。马列主义并不神秘。他们在海陵岛看过一系列发人深省的事情之后，心里亮堂了，头脑清醒了，病根找到了。问题的关键就在这里了。

白浪滔滔，森林呼啸。"海陵风"吹到南三岛的上空，南三岛那种堵海造林时不怕艰苦、不畏困难的精神，进一步发扬了。在一九六三年五月一日国际劳动节那天，也就是二十七个共产党员回到家来的当天，公社党委正式作了一个"三有"的决定：要求全体干部都应该有锄头、有粪箕、有工分折。号召全体干部珍重这三件宝，长期地使用它们，一代传一代，把革命进行到底。大家用最好的纸来印工分折，田头墟打锄头的铁工场，忙个不停。公社一级和大队一级干部都有了自己的新锄头、新粪箕。

公社党委书记黄明鼓舞大家说："我们学先进地区的长处，也要总结我们自己过去造林、堵海的宝贵经验。只要能发扬过去造林、堵海的革命精神，再大的困难，我们也能够把它战胜。"公社党委提出"学习海陵，奋发图强，自力更生，因地制宜，大搞水利，消灭旱灾"的口号。于是，公社党委书记、大队支部书记带着自己的新锄头、新粪箕、新工分折到生产队去。李玉春回到田头大队，拿起新锄头、新粪箕就到田头抗旱去，大队干部也都跟着劳动去了。在劳动中，李玉春和干部、社员有说有笑，共同研究大搞水利消灭旱灾的计划。他和陈雅三谈起陈的父亲陈亚车怎样在敌人包围下，勇敢突围，吃了敌人的子弹，鲜血把龙头村虾竂围的水染红了的往事。不多久，田头大队副队长陈雅三在社员代表大会上沉痛地说："我陈雅三这两年来少参加劳动，不能保持艰苦朴素作风。我是一个革命烈属，我忘了本，我对不起大家，对不起党……"他向群众承认了错误，决心改正。他到田东片工作，带领群众采集了六万斤绿肥，又去海边担回大批海钉螺，还搞好田间生产责任制。群众说，雅三过去是说到做不到，现在是说到做到了。一九六三年番薯大丰收，年终分配时，群众异口同声地说："这回多亏了雅三！"一向落后的田头大队，秋薯一下子就比前年增产百分之七十。这本来是全体干部和社员苦干实干、辛勤劳动的结果，可是因为陈雅三转变作风比较突出，吃苦在前，享乐在后，群众评他为五好干部，把功劳多记些在他的身上。群众是多么厚道，多么公正呀！

干部作风改进。群众的积极性就跟着大大提高。自然面貌，也变了样子。几个月时间，田头大队出现了十多个大平塘，开了条一千多米长的水沟，这些一两亩大的平塘，靠近岭边，水源充足，七成以上的田地有水灌溉，全公社的大队支部书记都到田头大队参观学习，田头不再是落后大队了。

南三岛东部有个新梁大队，支部书记韩玉泉，过去参加劳动比较少。从海陵回来以后，他一鼓作气，带领群众按海陵岛的样板筑了一个水库。这个水库做了八千多土方，但蓄不到水，群众说，筑个"干包水库"劳民伤财。他想起海陵岛人不怕失败的精神，重新作过水利规划，交给群众讨论，再三研究，然后动手挖了一条十六米宽、六百米长的大水沟。初时计划要一个月才完成，但韩玉泉亲自住在工地、吃在工地。一日干它十多个针头，结果，二十天完工了，四百多亩受旱的田得到灌溉。

朱柯生是南三岛西部北涯大队支部书记。西部水位低，挖塘开沟搞不到水，搞土井又不能解决问题，正在左右为难。后来听见群众这么一句："村头打一个石井，一村人用水用不完。"他想起龙首式大井，便照那形式砌成石井，于是立即行动，下到几米深的井底去挖泥砌石。不久，第一口石井就成功了，一口井可灌地六七亩。跟着全大队、全公社推广了"北涯式"石井的经验。全公社共打了一百多个石井，北涯大队就打了三十多个。

带队参观海陵岛的公社党委副书记吴兴同志说："回来半年多一点时间，全公社以过去堵海、造林的劲头搞水利，共做了七十三万土方，等于解放以来十几年搞小型水利土方的总和，一下子增加灌溉面积四千多亩。现在，我们仍是农闲大搞，农忙小搞，一定要搞好水利，消灭旱灾，在粮食生产方面赶上海陵。"

过去，南三岛有些干部以为造林、堵海差不多了，参观海陵回来后，克服了自满思想，立即育苗和间苗一百亩。灯塔大队和麻弄大队，分别投资一万元和六千元，把停了下来的雷锡垉和米稔垉筑了起来，扩大了二千多亩面积。这是多么振奋人心的事呀！

从海陵岛学习回来的同志，可以说是"满堂红"，每一个人的思想和工作都发生显著的变化。由于他们的播种——播革命的种子，南三岛遍地开花了。

一九六三年十二月，陶铸同志第三次到南三岛来，看看岛上的同志们。陶铸同志一九六〇年来过，一九六二年来过，每来一次，都看到南三岛的变化。这一次又看到他们打的自流井，筑的新堤围。知道他们有一套长远的水利工程规划（打自流井、开平塘、筑水库、利用围堤蓄水，开沟引水，结连起来像长藤结瓜），长远的征服海洋计划（筑南海大堤），一套增产粮食、培养技术人才的计划。陶铸同志很高兴。他对公社党委书记黄明说："你们变吧！变吧！你们的思想要越变越新。你们要叫山林变、土地变、大海变。可是你们南三公社党委会住的这座旧房子，要照旧不变……"

黄明书记知道陶铸同志要他们发扬不断革命的精神，保持艰苦朴素的作风，征服自然，改造世界。

田汉同志两年前写了一首咏南三岛的诗，后面有两句话是令人难忘的：

归来已是湛江夜，灯塔回眸万丈光。

这两句诗多么巧，它道出了南三岛二十七个共产党员那天晚上从海陵回到湛江的景象、感情和愿望，还象征着南三岛的锦绣前途，揭示出万里航程的方向。让我们就用这两句诗作为本文的结束吧。

十岛相连颂南三

韩北屏

湛江市郊区的南三公社，是一个值得自豪的公社；它以堵海联岛的壮举而闻名，而堵海联岛又促使这个海岛公社起了巨大变化。

南三岛是个总称，原来包括有十一个小岛，现在除了一个因为要留出海上航道未连之外，其它十个小岛全连成一片，变成一个大岛了。这个岛，位置在广州湾的口子上，周围全是茫茫大海。

照理说，南海之滨的岛屿，得天独厚，虽然不是富岛，一般的生活总该可以维持吧。然而，南三岛却出奇的贫困。过去，湛江一带的人们，常常拿“最贱南三泥”来形容一切最无价值的事物，又说“好女不嫁南三”，南三岛简直成了可诅咒的对象。

南三岛，有许多奇异的特点。

首先一个特点，便是没有山。岛跟山本来很难分开，汉字的“岛”字，不正是一个鸟一个山组成的，说山在水中像只鸟吗？可是南三这样一个大岛（也就是从前的十个小岛）没有一座山。土壤是沙质的，高出海面不多，一遇台风涨潮，许多田地受浸，辛勤劳动和种子肥料，一下子全部报废，人们的希望也跟着破灭，这种事情不是少见，而是常有，真是：“今天有得种，不知明日有无收？”第二个特点，便是多流沙。我不到南三岛去，无论如何想象不出这里会有“沙漠”地带，那种一遇风吹，细沙像流水一般到处倾泻的情景，和我在长城以外的地区、新疆准噶尔荒漠中所见的一模一样，只是规模小得多而已。风来时，沙如浪涌，细粒满天飞，据说居民把门窗紧闭，室内还有沙进来；吃饭时要躲起来，要不然碗里的米饭会拌和沙子。二十年来，流沙从海边内侵两公里，吞没田地三千多亩；靠岛东面的一个叫滘背的小村子，就给流沙淹

没得无影无踪。第三个特点，当十岛尚未连成一岛时，隔海相望，却是“咫尺天涯”，交通不便，台风来时，困在孤岛，家无粮食，也没法出去买或借，只好挨饿。不说台风，就是在涨潮时冒险过海，也会出危险，有人就这样给淹死的。

中国人民在共产党的领导下，没有克服不了的困难。自然条件不好，那就改造它！这一场对自然的斗争，从1952年就开始了。到成立人民公社之后，力量更大，取得的胜利也更大。

先说克服风沙的斗争。克服风沙的最好办法是种树，这是人人皆知的道理。可是，这里是流沙地带，而且又是咸潮冲击的地方，种什么树才能生长呢？几经考虑，一再寻找，人们找到一种叫木麻黄的树了。这种树的生命力特别强，长得快，咸、旱、冻、风全不在乎。我在岛上的林带中看到过这种幼年林，流沙把矮小的树掩盖了，但是它们能从沙里钻出头来，重新往上长。可是，开始的时候没有经验，种下去成活率很低，有些又给台风吹跑了。人们不灰心，再种，而且摸到了种树的规律。终于，一条林带形成了！这条林带宽有几公里，长达六十华里，大部分的树长得有三丈（1丈≈3.33米）多高，有碗口粗细，它们在流沙地里站稳了，把作祟的流沙镇压住了。林带中，绿荫森森，幽静极了。谁能想到这里曾经是风沙蔽天，太阳一晒，又烫得人站不住脚的地方哩。到今年二月为止，共植树三千五百万株，全岛90%已经绿化。人们正进一步考虑综合利用这条林带。小规模的养鸡场就设在林带中，白天把鸡放进林中，吃木麻黄有油脂的种子，傍晚哨子一吹，它们全回来了。公社党委书记说，他们要在林带中办一个大鸡场，养鸡一百五十万只。我想，在那么好的地方，要实现这个理想，并非不可能的。

再说联岛，这也是一场艰巨的斗争。从湛江地委到南三的党委，曾经一再研究，觉得要改变南三的面貌，必须对自然条件进行一次大改造。风沙制止住了，海潮也要它驯服。党委有决心，群众有要求，于是一场为期五年的堵海联岛战斗，轰轰烈烈地展开了。人们凭着革命干劲和双手，把大海斩断，把分散的海岛连接起来。开始的时候，没有经验，遭遇不少困难。比如一条大堤快要“合龙”了，流水特别急，堵不上，这时，有个别的人动摇了；但党领导群众继续奋战，找窍门，零上四度天气，党委书记带头跳下海去，顶住急流，稳住沙包，终于使大堤“合龙”。这些毫无堵海经验的人，经过多年实践，许多人成为土专家，有些地方筑堤不能“合龙”常请他们去指点。

全岛共筑了十七条大堤，全长一万二千米，一百八十二万土方。有了大堤，不但把十岛相连，防止海潮侵袭，而且，更主要的是增加了土地面积。粗略地计算了一下，南三公社向大海夺取了四万二千亩的土地，其中农田八千多亩，其余是盐田和养殖场。盐田的收益很可观，它支持了化工需要，也增加了公社的收入。

由于克服了经常为患的自然灾害，由于扩大了土地面积，更由于公社化的优越性，南三岛的面貌有了很大改变，岛上居民的精神面貌也随之焕然一新。我们从全岛的收入来看：1949 年总收入是八十九万多元，按人口平均年收入只有二十七点八四元；公社化以前，总收入二百二十三万多元，按人口平均年收入五十六点九元，这已经是直线上升了。而到公社化以后，简直是飞跃。1959 年的总收入达到四百七十八万元，按人口平均年收入一百一十九点九四元。数目字虽然还不足以完全描画出南三的佳处，但是，它也能说明问题。一个历史灾区，终于摆脱了困境。南三人很自豪，他们对党有浓厚的感情，因为党领导他们征服了看上去不易征服的困难，而且领导他们走更美好的前程。

南三岛，不再是一个受人诅咒的岛，而是一个受人赞誉的岛。

海岛春秋

韩北屏

(一)

大晴天，万里无云。

平静的南海。海面上波浪微微起伏，那情景正像人们轻轻抖动一块深蓝色的绸子，没有声响，给人以宁静温柔的感觉。

一只独桅帆船，挂着满帆，正在海上航行。帆船只能利用非常微弱的风力，航行很缓慢。

帆船上有三个人。舵公老何坐在尾舱舱面上，用身体压住舵柄，时

不时拉一拉船帆的绳索，调整一下方向。海岛区区委会的通信员小张，仰睡在老何身旁，他把布帽子拉到额头上，挡住阳光，驳壳枪从腰旁挪到肚子上来了，枪上的红绸轻轻晃动。坐在船头的，是海岛区区委书记周志雄，他靠在桅杆上，焦急地遥望远方。

周志雄在这个“海峡”上乘船来往，已经不知道有多少次了。可是，每一次回海岛来，他总觉得船行太慢，恨不得插翅飞回；每一次到大陆去，他又觉得船行太快，好像来不及把问题想清楚，就踏上人声嘈杂的码头了。

几年前，周志雄带着一个工作组，乘船到解放不久的海岛来。当时，县委书记嘱咐他说：“你要当心呵，那是一个非常艰苦的地方！”周志雄听到老上级特别关照的话，心想：“看样子这是个难闯的关呢，我倒要试试它怎么个艰苦法。”他也曾问过别人，有的说，那地方简直是寸草不生，庄稼种在海龙王的嘴里，只要他动一动舌头，就全部吞下去了；有的说，晚上睡觉最好看准地方，要不然，第二天早上连人带房子全给流沙埋了……说的简直吓死人！

一晃，几年过去了，现在周志雄闭上眼睛也能在岛上走路，不用思索，就可以说出哪儿有个高坡，哪儿是个洼地。海岛自然条件的艰苦，周志雄都亲身经历过了。原来这个海岛区，是由十个小岛组成的一组“群岛”。各个小岛的距离虽然不算远，但自古以来，他们却就是咫尺天涯，空白相望。十个小岛大小不一，面貌倒是很相像，脾气也差不多，真像一娘所生。比方说，这几个岛上都是一坦平阳，找不到一块石头；这几个岛上凡是有沙的地方都种不上树。流沙是海岛区的第一个祸害，风来时，流沙长了腿，一天一夜之间，能够爬上百儿八十公尺，把田地埋了，把庄稼压毁了；日子长了，逼近村庄，真会把整个村子吞了下去；有时，夜静更深，可以听到房顶瓦片上的响丝丝，仿佛有水流进来一般。海岛区的第二个祸害，便是包围着群岛的海水，它们发起脾气来就一涌而上，不管是青青的禾苗，还是黄黄的成熟的水稻，一股脑儿吃下，人们辛勤的劳动白费了，连种子肥料也赔进去。灾害和贫穷，像泼皮无赖，三天两头来打扰，弄得人坐卧不安；骂它不听，赶它不走，最后，只好一走了之。解放前，海岛上的居民，无可奈何地到处逃荒，已成常事。解放后，逃荒的事绝迹了，但是和灾害的斗争却没有取得胜利。

周志雄不是一个懦夫，在最艰苦的工作面前也从没有低过头。过去，他曾经用一支真手枪、两支假手枪，三个人开辟过根据地，在国境线上打过游击，几次从敌人监狱中脱身出来，什么困难也吓不倒这位老游击队员。可是，现在面对着捉不到打不着的“敌人”，却不免捺不住烦躁。有时，会骂一声：“这种自然条件，简直是反革命!”无奈这海岛区却不管你心性怎样，总是那一副脸面，好像一张破渔网，补好十个八个洞洞，还是网不住鱼。几年来，经过人们艰苦搏斗，海岛区的生产虽然有了进展，但根本问题并没有解决，粮食产量少，还得长期依靠救济粮过活。向国家伸手要粮，这是最使周志雄着急恼火的事情。

十天前，周志雄被县委第一书记董英叫到县里来。他们谈了海岛区的工作，然后又在县委上讨论过。县委会指出要解决海岛区的问题，必须从根本上下手。周志雄受到极大的鼓舞，于是把正在试验的沙滩种树的计划，和尚在想象中的筑堤联岛计划，全盘说了出来。他当时担心自己考虑的还不够实际，县委会不见得会接受。想不到县委却从更高的意义上加以肯定了，而且要给予具体的帮助。这样一来，周志雄长了劲头，好像浑身都是力量。回到岛上来，巴不得第二天天明，就踏着晓露，摸着黑催舵公老何开船到各处巡视了。

太阳升到头顶，船走得慢，风小，很热。周志雄坐在船上，更加显得不耐烦，他站起身，气呼呼地脱掉上衣，露出紫铜色的结实的胸膛。他从船头走向船尾，向前审视了一下便站在老何的面前，坚决地说：

“开到龙墩岛，在天后庙上岸!”

老何用吃惊的眼色打量他说：“你这是怎么啦，那七八里热锅底的沙滩，过得了吗?”

小张也醒转来，关心地劝着：“你那双胶底鞋不行呀，还不化成了胶水……”

“这样会近一半路。”周志雄挥了一下手，说着便把舵柄向外边一推，船头的方向变了。这才转头对老何说：“没有关系。沙滩烫不死我，坐这样慢的船，才真会急死人!”

船到天后庙前，老何望着岸上一眼看不到头像要冒出火星的沙原，

那一高一矮的两个身影，一步一陷地迎着它走去的情景，不禁摇摇头，叹口气说："这样人，刀山也敢闯，你拿他有什么办法?"随后，他忽然想起什么，俯身脱下自己脚上的木拖鞋，跳到岸上，一面追着一面大声喊叫：

"周书记。你等一等，你的胶底鞋不顶事，换上吧!"

（二）

周志雄离开天后庙，看准了方向，直奔龙墩岛上最靠近流沙边缘的龙墩村。

这一大片沙滩，有的地方平坦，有的地方隆起沙丘，有的地方留下风吹后的水波纹，真像沙漠，可是气候比沙漠还要难于忍受。沙漠地方空气干燥，只要不是直接暴露在阳光下，人们还可以喘一口气；这里却是海边，空气十分潮湿，受到南方骄阳猛烈地照射，沙子又把热力反射出来，上晒下蒸，于是一道闷热不堪的气流，笼罩在这死寂的地面。

周志雄赤脚穿木拖鞋，把胶鞋挂在肩头，敞开衣襟，在沙滩上走着，不时回过头来，问道："怎么样，对付得了吗?"

小张一面拭着汗水，轻快地回答说：

"我这布鞋底可比你的优越，你当心自己吧!"

沙子是松软的，前脚踩下去，后脚脚尖不能用力，必须小腿使劲提起脚，否则就会陷在沙里了。那灼热的沙子，还是像开水似的流过脚面，烫得不好受。周志雄又穿上胶鞋，把木拖鞋绑在鞋底上，一步一步往前挪。

说来奇怪，周志雄在蒸笼一样的沙滩上走着，身上感觉到热，心里可是凉飕飕的。流沙尽量和他为难，太阳毫不留情地晒着，他反倒安详起来。他现在有了足够制服它们的信心，他在漫长裸露的沙滩上，仿佛看到一座苍翠的森林，像长城似的从海边开始，一直往岛的腹地延伸。人走在树林里，从密密树叶的缝隙里，看到点点蓝天；海风吹过，既清凉又带有水果的香气；脚下是蔓生的青草，铺盖在沙子上，沙子也听话了，蹲在一个地方不再流动。多好的一个地方啊。周志雄想着想着，笑出声来，又独自唱起歌来。突然，他抓起一把沙子，然后往空中一抛，坚决地对小张说：

“你瞧，咱们准定让它搬家！”

后面的小张，用信任的微笑来回答他，这个小通信员了解周志雄的心事。实际上，征服沙滩的战斗，在半个月前已经开始了。那时，周志雄到过龙墩村，和杨林生等几个青年团员在一起，试种了几十棵叫做木麻黄的树苗，他等到树苗活了方才离开，估计现在会长得很高了。今天，他之所以急急穿过沙滩，也就是为了想看看这些树苗。它们的试种成功或者失败，关系可大哩。这是围攻堡垒的前奏，如果打开了突破口，事情就好办；万一不成功，以后的周折可就多了。

他们穿过沙滩，走近龙墩村。他打算去找杨林生。不料刚走到村口，就给龙墩村党支部书记杨二拦住了。杨二是周志雄在岛上发展的第一批党员中的一个，贫农，人老实，勤恳，只是性子比较直一些，他高兴地说：

“周书记，你来了，正好。我有事要找你哩。”

离开海岛区几天，又走过那一段荒无人烟的沙滩，突然见到同志，周志雄觉得分外亲热，握住杨二的手，正想问话，杨二却劈头报告给他一个坏消息：

“大前天刮了一场风，东北边上的一片地给埋了，一点不剩……群众正发愁哩。”

“你呢？”周志雄急急地问。

“我嘛！还是那句老话……”

周志雄明白“那句老话”的意思，不等他说完，就扔下他，放开大步往前走。杨二还弄不清周书记为什么生了气，只好连带小跑追上来。

周志雄到了杨林生家，刚一进门，林生的父亲杨贵老人家便说：“周书记，费你的心，多管教管教林生吧！这孩子中了邪，白天夜晚地离不开鬼树……”

“什么鬼树？”

“就是什么木麻黄木麻红的。啊，周书记，这种树种不得，惹鬼的。有人说屋子前面种一棵，晚上听见鬼叫。好多好多人反对你们哩。”

这时，杨林生像一阵风似的闯了进来，他高声叫道：

“周书记！你再不来可急坏我了！”

"林生，树苗怎么样?"

"连影子都不见了!"杨林生还是那样高声，好像他报告的不是一件坏消息，而是一件喜事。

"又是那场风吗?"周志雄问。

"正是! 有意思，前一天我们去看过，长得好好的，见了我们还摇头晃脑哩。第二天，嘿，全没啦。哈哈，我说风真会开玩笑。"杨林生笑得很真情，惹得周志雄也笑了。

杨贵呵斥儿子："笑什么? 鬼树不能种就是不能种，要不然的话，怎么会连影子都不见呢。"

"二叔他们那片地，又不是种鬼树，为什么也给埋了呢?"杨林生毫不费劲地便把老人的话顶回去了。他又用温和的口气说："爸爸，我们还要种，还要在全岛上种! 周书记，我们刚才又去搞树苗了，非种不可，你说是吗?"

这个二十三岁的小伙子，身材高高的，脸蛋红红的，说话的声音很大，而且喜欢笑，笑起来又清脆又响亮。这真是一个天不怕地不怕，一声命令下来便会冲锋陷阵的小伙子。周志雄望着他，心里很痛快。可是杨二却正在一旁心事重重的样子，突然周志雄问他：

"杨二，你刚才说还是那句老话，是不是要走?"

"对。周书记啊，不是我杨二怕苦怕困难。说实在的，海岛区，龙墩岛，是个无底深坑，土地一天天少，养不活人呐……我是一个共产党员，总不能吃一辈子救济粮。"

"你没有忘记是一个共产党员?"周志雄问。

"我怎么能忘记呢?"杨二激动起来，眼睛红了，声音有点发抖。"党帮助我翻身，又教育了我，我一辈子忘不了，我要替党工作一辈子……"

"别说一辈子吧，你现在就要走了。"

"周书记，你别把我看扁了，我不是开小差。可是我在这里能干什么呢? 辛辛苦苦地种地，一阵风，一场水，马上就完了。有力气使不上，真叫人难过。"

"不能想办法吗?"杨林生问。

“中国地方大，走到哪儿都是为党工作，总比坐家里吃救济粮好。”

“好吧，你愿意走，把困难丢给我们，你就走吧!”周志雄尽量使自己心情平静地说。

“周书记!”杨贵父子同时叫了起来。意思是说不应该让杨二走。但是周志雄却招呼杨林生：

“走，去看看树苗!”

他们两人走到外边时，只见杨二也不声不响地跟出来了。几个参加试验种树的青年人，听说周书记到了，急忙赶来，他们不知道刚才发生的争论，围住周志雄，嬉笑着打闹着。

“大家说说，是不是好多好多的人反对种树?”周志雄问。

“我爸爸瞎扯。”杨林生说，“反对的人最多只有十个八个，而且全是老人家、老太婆，他们迷信嘛!”

另一个小伙子插嘴说：“这些人也有理由哩，他们说沙滩上种树，准活不成。要不，祖祖辈辈不早种了?”

“小珠，你们相信活得成吗?”周志雄指着一个梳辫子的名叫刘小珠的姑娘问。

姑娘还没来得及回答，旁边一个小伙子抢着说：

“党说活得成，就活得成!”

周志雄从心里爱这些青年们。但他却转过身来对杨二说：“听见吗，杨二?我们跟大家一样，都在执行党的任务，只要好好听党的话，没有克服不了的困难。杨二，应当充分估计群众的力量，有这样坚定地跟着党走的群众，什么事办不到!”

听了周志雄这些充满了信心的话，杨二不由地也跟着振作起来，他没有说什么，跟大伙儿走出村外，来到白茫茫的沙滩上。大风过后，沙滩形状改变了。他们种树的地方，原本是平坦坦的，现在是一个沙丘接着一个沙丘，像个小山坡，厚墩墩地坐在那儿。

“是这里吗?”周志雄怀疑地问。

“是这里!”杨林生说。

周志雄回头看看来路，说道：“流沙往里移了有几十公尺吧?不行，要是再不把它制伏，我们的土地要给它吃光了。林生，大家来找找看，说不定能找到树苗。”

说着，便带头翻过沙丘，一步一陷，仔细地寻找。到处是一色的沙子，圆溜溜，又白又匀称，而且还有光泽。他们找了好一会，发现不出痕迹。该不是弄错了地方，还是树苗给风吹跑了？大家正在猜想的时候，梳辫子的姑娘走上一个微微隆起的沙丘，一失脚滑了下去，当她跌坐在沙地上，忽然发现身边的沙子上，有一星绿色。她马上伏在地上，憋住气上前细看。然后，又是惊慌又是喜悦地叫起来：

“在这里！在这里！”

人们围了上来。周志雄蹲下去，用一个手指拨动绿色旁边的沙粒，沙粒慢慢拨开，终于看到了树苗的尖顶，看到树苗的嫩细叶子。杨林生按捺不住高兴，抱住一个小伙子，在沙地上打起滚来，弄得头发、耳朵里灌满了细沙粒。

周志雄继续挖去沙子，最后，一株挺秀的树苗，站立在面前，迎风摇摆。周志雄心里充满了愉悦，赞许地说：

“新的生命是压不住的！”

从这株树苗的两边开始，大家一起动手，挖去沙子，一株株树苗显露出来，除掉有一小部分枯死之外，活下来的全长高了。

人们在沙滩上跳着笑着。周志雄突然发现杨二也在近旁挖沙丘，那厚墩墩的脸上、脖子上到处是汗水淋淋，干得很起劲。周志雄微笑着向他招手。杨二走上前来，悄悄地说：

“周书记，我想动员一批人，去搬掉地里的沙。”

周志雄点点头，高声对青年们说：

“同志们，明天你们有个突击任务……”

“不，今天晚上就去干！”

（三）

在区委会议上，经过一番热烈的讨论，通过了沙滩种树和筑堤联岛的计划。

散了会，已经是半夜两点钟了。

周志雄回到屋里，把上衣脱了，随手甩到帐顶上去了。他很想大声唱唱歌，抒发一下喜悦心情。他走到对面房里，区长方君甫也正为那个改造海岛的壮丽计划兴奋着，两个人又聊了半天。回到房里，上了床，他怎么也睡不着。要不想，可办不到。越想越兴奋，一点儿睡意都没有了。

他重新起床，摸出了一盒火柴去点灯，大概是太过兴奋了，结果划了八九根也没有点着。睡在周志雄外房的通信员小张，悄悄进来，帮他把灯点亮了。

周志雄打开海岛区的地图，伏在灯下仔细端详，地图上，十个小岛是十个不规则的圈圈。十个不规则圆圈的周围，全是代表海水的绿色。现在圈圈与圈圈之间，画上了一道或两道的双边红线，那是计划兴建的大堤，把十个小岛连成了一个大岛了。大堤挡住了海水，时常被淹的土地，固然有了保障，而围在堤内的一片海底，也将变为良田。周志雄一边看着地图，一边在想着。地图仿佛像动画似的活动起来：先是堤内的绿色慢慢地越来越淡，就像海水退潮一样地从岛与岛之间退走了。接着，那一片海底的土地，第一次见到阳光，伸了伸被海水压了不知多少年的腰杆，安静地等待人们去耕耘。接着，那一片海底的土地，又变成了绿色，再变成了金黄，它们向人们献出了粮食。

周志雄为了这种奇丽的景象所激动，猛地直起身来。他的头碰到了一旁弯腰注视地图的小张的面颊。两个人都吃了一惊。同时惊诧之后，又都同时笑起来了。小张想起来说：

“我去沏壶茶来。”

“等等！”周志雄招手，把小张叫到跟前，把煤油灯捻得更亮，挪到地图前面。他的粗大的手在地图上堤内绿色的地方抓了一把，迅速往上一提；再将两只手放在十个圈圈两边，往一块挤了一挤。他抬头看着小张，用最简单的一个声音表示：“呐！”

小张也用最简单的一个声音回答：“嗯！”

不需要多说话，两人已能互相了解。小张是海岛区的人，祖祖辈辈居住在这里，海岛区的人们的痛苦和愿望，他全能体会。因此，他从地图上，从那些红色的双边线，产生了和周志雄同样的感情，看到了同样的景色。不过，两人在对望中，却从各自身上发现了不同的东西。周志雄在小张身上，发现了海岛区人民的喜悦，群众的欢乐。小张在周志雄身上，或者说透过周志雄这个具体的人，深深感受到党对人民的关怀，党的坚毅意志和巨大力量。

海岛区改造自然的计划，县委很快就批准了。县委还特别派了一个工程师来，具体地帮助他们。

这个工程师快五十岁了，斯斯文文，是个有学问的人。他一来就要各种资料，提出各种问题。有些资料是区委会从来没有的，有些问题是周志雄他们从来没有想过的，经他这么一问，的确觉得很重要。周志雄每天跟着他，到处勘查、测量，学到很多东西。

他们一直合作得很好，双方面都很满意。可是，等到制订具体计划时，一场激烈的争论展开了。

老工程师画了很多张图，写了厚厚一叠的计划，简直像一本书那样厚。这些，周志雄和方区长他们没有意见。但是，老工程师规定联岛完工时间是十二年，施工的工具要有挖泥船和铁驳船，还有一大堆记不清楚的东西，周志雄他们却怎么也不能同意。

“十二年太长了，人们等不及啊！能不能缩短些呢?”周志雄说。

“增加施工工具。”

“我们哪来的挖泥船呢？本来就没有这些东西嘛，怎么谈得上增加呢?”

“延长施工时间。”老工程师说话很简练。

周志雄倒抽一口冷气，但是，他尽量控制自己的感情，说得更平静更婉转，更带请教和商量的口气，问他能不能用土办法代替。

“不能保险。”老工程师用词还是那样简练。

周志雄不放弃希望，于是打起迂回战来，跟他谈起共产党怎样战斗过来的历史，怎样以劣势战胜优势敌人的故事。

“这是科学。”老工程师有点不愉快了。

周志雄更不愉快。但是他仍然很平静地说：“这也是政治!”

老工程师不快的情绪增加了，他站起身，走了两步，回头对周志雄说：“你不能说服我!”

周志雄跟着他，走到他的房里。老工程师一屁股坐在床边，两手抱在胸前，沉默不语。周志雄一张一张地翻着计划。过了好一会，倒是老工程师先开口了：

“老实说吧，堵海联岛，这是从来没有干过的事，我订的这个计划，恐怕还有点冒险。”

周志雄固执地说：“不！我觉得我们完全用不着十二年，而是——”

“那是幻想！”老工程师打断了周志雄的话。等了半晌，见周志雄毫无转意的样子，便站起来说：“计划反正订好了，我明天就到县里去。”

“我送你回去。”

“你想到县委再打这场官司？”

“如果有必要的话，当然还得打下去。”周志雄笑着说。稍停，又严肃地说：“老人家，你是工程师，科学家，你订的计划，我相信你不是凭空想出来的，都是有根据的。可是，你这个根据到底可靠不可靠呢？请你别生气。我说的不是那些资料。我是说，你没有把群众的力量充分计算进去，对不对？这样一来，最大的根据就失掉了……”

“我估计进去了。”

“对。但是估计非常不足。你这个计划里边，不是说修一条便道到海边要一个月的时间吗？现在我告诉你，刚才有人来报告，群众自动地去修路，一夜之间就能修成了三分之一，而且，不是便道，是公路！”

老工程师呆站着，这消息确给了他很大的震动。周志雄感到几天来跟他多少次争辩也没有这一句话带来得有分量。于是，仿佛抓住一件称手的武器般地振奋起来，马上从衣架上取下帽子递到他的手里说：“你先别忙着走，让我们一道去看看那工程吧！”

老工程师默默接过帽子戴上，两人并肩地走出门外。

(四)

海岛区第一个歼灭战到了决定性时刻，那条大堤合龙的日子来到了。

这一条大堤切断了宽阔的海面，把龙墩岛和月牙岛连接起来。施工是从大堤的两头开始的，现在只剩下中间的一个缺口，大约有十几公尺宽。如果把它们堵上了，人们就可以大摇大摆地从这个岛走到那个岛去；高兴的话，还可以停下来，看看堤内的新见天日的土地，听听堤外海水拍打堤岸的声音。这里还有一个奇景，那便是堤外的海水，不由使人想到“分水珠”的神话故事。那个故事不是这样说吗，谁拿了“分水珠”走下海去，海水就乖乖地让路。海水正是在这里让路了。

这几天晚上，龙墩岛和月牙岛的工地上，一直是光同白昼。悬挂着的汽油灯、煤油灯、桅灯，流动着的火把、电筒，星星点点，结成串，排成龙。到处是奔忙的人群，欢笑的人群，推的抬的，挑的搬的，从远到近，从岛上到堤上，接连不断。灯光人影，映照在清澈的海水中，璀璨夺目。

周志雄和人们一起挖土运土，然后一个人来到缺口的地方。这里没有挂灯，远处的灯光又照不到，所以暗得很而且静得很。他低头看缺口，流水急而猛，哗哗地响着，大海仿佛使着蛮劲，要冲垮人们加在它身上的束缚。周志雄看到宽阔的海面在人们面前变窄了，不由得自豪地想到：多少年来，海岛区的人们听自然摆布，今天自然可就要听人们来摆布了。他目测缺口的距离，又回头估计一下堆积在大堤上的土方石方，对准备工作表示满意。

这时，忽然有两个人影走了过来，他迎了上去。

“老周！是你。我想你一定在这儿。你今天晚上到底来过几次了？”区长方君甫笑着问，然后又说：“董书记找你。”

“怎么样？看样子心还不大落实呵！”县委书记董英问。

“是有一点儿，”周志雄并不掩饰地回答，“就是担心没有经验。”

“这就是信心不足嘛！把你的土专家再召集起来，对每一个细节详细研究研究。打仗吗，光凭热情是不行的，要有计谋。我本来想跟你一起开个会，可是，刚才县里派了快艇过海来，有要紧的事情，叫我马上回去。可惜啊，看不到你们的大场面了。你们决定什么时候合龙？”

“明天中午。天亮之后，让大家先休息几个钟头，准备足力量。”

他们沿着大堤往回走。

董英问这问那，问得很详细。最后，他站定下来，对周志雄和方君甫两人郑重地说：

“堵口合龙是个复杂的问题，再加上你们没有经验，我说啊，第一次去干，完全有可能失败。我不是吓唬你们，我是要你们有个思想准备，懂吗？你们两个是领导人，要是临时张皇失措，可就不大好办了。万一失败了，要稳定群众情绪，要找出原因，鼓起劲来再干。”

经过一夜奋战，大堤上的沙包、土方、石方，堆积如山，缺口两边的大堤左右，系有许多只木船，船上也堆满了泥土、石头和各式各样应有的东西。准备工作就绪了。

大堤上和两岸上，人越聚越多，龙墩岛和月牙岛村子里的人，差不多都来了，其它几个岛上的人，也来了不少。人们都知道，这条大堤，不是一般的大堤，是海岛区十个小岛连成一个大岛的第一步，是人们用双手战胜自然的第一个回合，关系可不小啊。

时间到了！

周志雄红旗一挥。这边厢，杨二领头把木船撑向缺口；那边厢，方君甫带着船队跟着冲过来；这边厢，杨林生第一个扔下沙包；那边厢，石头土块倾倒下来。周志雄的红旗指向哪里，哪里就出现山崩似的泥石俱下。参加施工的人们，紧张得只顾抛啊扔啊，没有功夫去呐喊。参观的人却同时大叫大嚷，似乎是给施工的人加一把力，又似乎想吓退那汹涌的海水。

当缺口越来越窄时，人们的喊声也就越来越响。

缺口的海水，像一条不驯服的蛟龙，不甘愿被人掐住脖子，吼叫着，冲撞着，挣扎着。到了最较劲的一瞬间，这凶猛的蛟龙一个大翻身，把压在它身上的石头、泥土、沙包，还有其他的东西全都冲垮了，它昂首呼啸，撞翻了一只木船，扬长而去。这一个地震似的意外打击，把施工人员和参观的人全吓呆了，呐喊声骤然终止，一会儿又爆发了惊呼。

周志雄猛摇手上的红旗，叫大家停止填工。突然，他脚下的土松动了，快要下坍。小张正站在周志雄的身边，眼看危险，急忙拖住他的手就跑，刚跑出几步，原来站脚的地方就崩坍了。周志雄根本没有理会这些，只管大声呼叫："船翻了，快救人！"只见青年突击队长杨林生转身跑向堤边，一纵身跳下海；跟着又有十多个人跳下去，直向出事的船那边游去。

船上的人全救上来了，除了杨二的耳朵里灌了泥浆，一时听不清楚之外，没有发生任何不幸的事情。

第一次堵口合龙，真的失败了。

区委会召开紧急会议，研究失败的原因，一时得不出结论。便决定

组织干部分头下去，先稳定群众情绪。

周志雄、方区长和区委的几个负责干部，静静地坐在空空的会议室里，大家都在思索。周志雄突然记起刚才会场上不知谁说的一句话："同志们，我们是跟水作对啊！"这句话，当时没有引起他的注意，可是现在想起来却是一句有分量的话。周志雄想："说的对呀，我们注意了打击敌人的武器，准备自己的力量，反倒疏忽了对敌情的掌握，恐怕问题就在这里。"他急忙站起来，吩咐小张："你快到老何家里去，就是那个使船的老何，看看他回来了没有，如果回来了，请他马上到大堤上来。"

老何刚从大陆回来，正在吃饭。小张拉他就走，他说：

"小同志，你等我扒完了饭再走不行吗？"

"嗨，有急事嘛！"

"我老婆告诉我了，她要烧香求菩萨哩。"

"别听他的。说真的，堵海，不怕得罪龙王爷吗？"老何的老婆笑着说。

小张分开两腿，叉腰站着，很威武的神气，说："共产党的命令，龙王爷也要服从！"

大堤上，静悄悄。昨晚的热烈气氛不见了，今早的紧张气氛也消失了。

大堤上方君甫来回地走动，周志雄坐在那里，专心致志地望着海水。他计算了一下，十一点钟，正是退潮时候，现在却又在涨潮了。周志雄自言自语："退潮的时候，水从左边来，涨潮的时候，又从右边来。这里一定有学问。"

小张和老何来了，老何上气不接下气，喘吁吁地说：

"周书记啊，小家伙像抓强盗一样把我抓来了，连走带跑。几乎要了我的老命。有什么急事啊？"

"坐下来，歇一会。今天的事情你听说了吧？"

"听说了。"

"老何，你说一说，涨潮退潮有一定的方向吗？"

"有呵。"

"大海上也是这样？"

“桥归桥，路归路，不会错。”

“嗯。”周志雄沉吟片刻，又问：“大海上涨潮退潮，老是那么涌过来涌过去的?”

“这就不对了。潮水涨完了，它会平静一下；潮水退完了，也是这样。”老何有把握地说。“啊，啊，慢点，慢点，你想在平静的那一刻动手？嗨呀，这可是个好主意!”

经过一番准备，第二次的战役又开始了。受过一次挫折，等于练一次兵，人们觉得更有了把握。

摸到了敌人的脾气，改变了打法，又经过一夜的紧张搏斗，龙墩岛和月牙岛，终于连接起来了!

大堤接龙的地方，高低不平，堤面上甚至还留有洞和缝罅，但人们完全顾不到这些细枝末节，欢呼着奔过去奔过来，热闹极了。杨林生抢过周志雄手上的红旗，另一个小伙子把三根扁担接起来，做成一根旗杆，红旗便在大海的中心高高飘扬。

杨二从龙墩岛跑到月牙岛，又从月牙岛跑回龙墩岛，然后站在堤边上，望着被圈在堤内的海湾，暗自计算：“这一大片地方，起码有五百亩，不，还要多。”一阵喜悦涌上心头，一团笑容挂在脸上。他急转身，推开众人，跑到周志雄面前，急忙忙地问道：“周书记，第二号堤什么时候动工?”

周志雄笑着，没有马上回答。等围着他的人们静下来之后，他响亮地说：

“我们有经验啦，二号堤、三号堤同时开工!”

（五）

几年过去了。

今天，在一片浓绿的木麻黄林带里，树影下出现一群人，走在最前头的是海岛人民公社党委第一书记周志雄。紧跟着的是一批由广州来参观的新闻记者。

林带里凉风习习，太阳光穿过细密的树叶，显得很温柔很恬静。白沙子地上，长着茸茸青草。从排列糙齐的一棵挨一棵的树干空隙中，可以看到蓝色的大海。林带里，鸡鸭成群。林带中预留下来的空地上，果树苗已经长得有一人多高。

这时，忽然有一个社员追上来，拿了一张条子送给周志雄："周书记，请你批一批。"

周志雄看过条子，回转头对杨林生说："杨二他们的那个大队，要求砍伐五十棵树，打算盖猪舍。怎么样？"

"行啊！"

听说砍伐那么多树，一个参观者倒有些心疼了："不太多吗？"

杨林生笑着说："我们是有计划间伐的，不算多。我们全岛，连树苗一起，有将近一千万株树，成材的已经有几十万株了。以前我们连烧的柴火都没有，现在要多少有多少，单单掉下来的树枝，也烧不完。同志们，刚才你们在公社坐的那些桌子、凳子，就是我们林场的木材做的。"

一阵啧啧称羡的骚动，他们一边走着，周志雄继续说道："生产吗，公社成立以前，已经完全自给，摘掉吃救济粮的帽子了；公社成立之后，我们卖出了大批的余粮。至于土地的情况，最好问问这个公社的大队长杨二，他整天嚷着劳动力不够，要求上级快点拨拖拉机哩。"

大家沿着浓荫的林带，来到了天后庙前。这一路上，完全晒不到太阳，而且声声鸟啼，阵阵涛声，非常有诗意。眼面前是一片汪洋大海，望不到边际；只在西北角上，伸出了一个岛的尖嘴。从天后庙到那里，海面至少有十几公里宽。

周志雄指着这一片海水说："我们决定在这里筑一条最大的堤，堤上是我们的海滨大街。我们要在这条街上建成一个文化中心和商业中心。到晚上，电灯亮了，从南太平洋就可以看到我们的灯火。堤里面是最大的淡水养殖场和盐田。这个计划，我们以前想到过，但是没有力量去做，成立了人民公社，我们才觉得有把握，一定可以建成。"

人们为这个壮丽的计划吸引了，面对着这浩荡的海水，好像当年周志雄面对那一片沙滩一样，看到许多许多东西，看到了海岛美丽的前景。人们都想站在这海滩上多看几眼。能够站在南太平洋看到这长堤上的灯火该多好啊！周志雄看出了大伙的心情，他兴奋地说："好啊，明年请你们再来看长堤灯火吧！"

4. 南三岛的名胜古迹[1]

由于岛屿历史悠久，地理位置显著，故南三岛上拥有不少名胜古迹。

广州湾靖海宫

靖海宫坐落于岛上灯塔广敦坡西面，坐向朝大王江口，与对面的东海蔚律隔海相望，向东可通南海，朝西可进湛江港池。庙坐东南向西北，面宽三开间 12 米，进深宽三开间 20 米，建筑面积 240 平方米。据传该庙建于明万历年间，距今已有 400 多年历史。民间有传说，岛上沙腰村有位姓曾的渔民曾织一张拖网，时常乘船到海边拖网捕鱼。有一次捕鱼时，他与同船兄弟竭尽全力才将网拖上来，定睛一看，网内一条鱼都没有捕到，只有一块重几十斤的大石头。无奈之下，便将这块石头扔到海里去。第二次他们再去捕鱼，结果拖起来又是这块石头。这令他们很怨气，大家七嘴八舌的，决定用船载石头运到深海的地方抛下水去。第三次又出海捕鱼去了，但又一次令他们失望，拖着沉甸的网，满以为捕了很多鱼呢，当拉网起来的时候，又见那块石头。顿时大家感到很奇怪，认为这可能是神灵在作怪。大家将石头摆放在船头，然后点燃香，跪伏在船板上向石头忙磕头，并向石头许愿：石头啊，你如果有灵，请保佑我们捕鱼满舱，必定敬你为神！自此以后，渔民出海，均网网是鱼虾，满载归来。众人心里非常高兴，便把这块石头立在广墩坡的沙丘上，奉祀为“网主公”。明万历年间，沙腰村曾亚二等村民认为广墩坡西岭地势好，有瑞气，于是大家便集资选在西岭脚建起一间小庙，将“网主公”移入庙里奉祀。清嘉庆年间，曾御封为大王公，“敕赐靖海把港洪圣大王公”。因此，大王庙又称靖海宫，也叫洪圣庙。清朝道光皇帝和光绪皇帝敕封为“靖海把港洪圣大王公”，并嘉封为南海之神。乡民四时祭祀，过往船只也上庙朝拜，香火鼎盛，地方官府出钱改扩建

[1]本节内容多参考自《南三岛志》。

为大庙。光绪年间，乡贤陈逸士出资重修，藩官陈伯陶书写庙门额“靖海宫”三字。1936 年，附近乡民捐钱对靖海宫又进行修缮。

公元 1898 年，法国强迫清政府租借广州湾，法军在靖海宫附近的红坎岭登陆建兵营炮台，称为南营。由此而引发了吴川、遂溪两县人民的抗法斗争，谱写了我国近代史上中国人民反抗外来侵略进行斗争的光辉一页，广州湾靖海宫见证了历史。

南三解放后，当地人民政府高度重视保护名胜古迹，靖海宫得到多次修缮，湛江市人民政府将靖海宫列为湛江市第四批文物保护单位。

越王祠

越王祠位于田头村的陈氏小宗祠堂，砖木结构，面宽三间 15.8 米，进深三座 42.9 米，总面积 793 平方米。该祠琉璃瓦剪边，古朴美观牢固。正门石柱四条，系当年陈上川从越南运回石经雕琢而成。陈上川还亲笔题书祠额“陈氏小宗”四字。抗法时期，越王祠曾是民团驻地。

陈上川是反清复明领袖，被台湾郑成功封为高廉雷总兵，公元 1626 年出生于田头村，卒于 1715 年。当年陈上川被越王招为驸马，继承黎王，又称“安南王”。1942 年韦健撰《大广州湾》一书载录陈上川事迹。1947 年，湛江著名记者杨法镳编著《湛江概况》，其中被列为湛江名胜史册的有“越王祠”。如书中云：“……钱头村（田头村）有安南王祠，相传明末崇祯时，村儒陈某，积欠钱粮，避居海滩，捕鱼为生。遇台风飘至安南，值越黎王招兵，应征之。越为中国蕃国，启承文化，雅尚诗词。陈某博古通今，一试成功。黎王创基未久，刻意治国，万机亲理，喜陈某才气横溢，不次拔升，并以赘为驸马，惟格于成倒，遂公开文会。陈福至心灵，文思敏捷，卒获入选。未久黎王升遐，乏嗣，众臣举陈承继王位……钱头村（田头村）人有以陈曾越南藩王，引为荣，因立宗祠，并将其当时入列赘诗文铭碑石以志纪念，并附之以供传诵。原诗云：梁园汉苑作比邻，微风细雨挹轻尘。寻巢燕剪双瓴雪，山谷莺含一口春。芳草绿嘶门外马，落花红立柳边人。飘然物外浑无迹，坐赋仙城锦绣身。”据传陈上川为建陈氏小宗祠堂派 10 艘船由越南载木石材料和金银回田头村，中途遇台风，十船沉九船，只剩一船到达。

民国时期，越王祠被选入湛江古迹名胜十景之第二景，民国湛江市首任市长主郭寿华（大埔人）编著的《湛江市志》于1972年在台湾出版，也将越王祠载入志书，并称之："祠殊壮丽，屋顶排龙凤朝阳之势，可代表南方建筑之艺术。"可见评价之高，建筑艺术之盛。

湛江市人民政府于1999年9月5日发文公布"陈氏小宗"列为湛江市第四批文物保护单位。改革开放之后，田头村陈氏小宗进行重修。越王祠是国内唯一纪念"安南王"陈上川的祠堂。

"安南王"陈上川的家乡田头村，曾是广州湾人民打响抗法斗争第一枪的地方。

龙女庙

清光绪《吴川县志》卷三载："龙女庙在县治西五十里南三都龙起滘西，庙距墓半里，即今龙起圩（田头圩）后新定村东南岭，久废。光绪间田头陈族建于田头圩。"

南三岛的龙女庙有二，原庙在南三龙起滘西，距龙女墓半里，即田头圩后新定村东南岭，久废，现已重修，庙额为"龙女庙"。另一龙女庙在田头圩。两庙均为当地民众拜祭。

在田头圩东面的龙女庙，坐西向东，建筑为砖木结构，面宽一开间5.4米，进深9.6米，建筑面积52平方米。清乾隆年间的龙女庙刻碑文砌于庙里内墙，是邑人林晋堃书铭。《吴川县志》第三卷也载录此碑文内容："国朝大使山阴吴绍祖记略：龙女者，赵宋新定人也。姓王名进，事父母至考。年十三牧牛村外，好食刺果。方剖果，见地上挺一角，斩之出血，于时黑气漫天。一龙跃起，意欲为害。女即批鳞跨脊去。少顷风息，父母求之不得，阅七日，女坠故处，颜色如生，遂葬于此。以其有降龙之功，号曰龙女。七百年来幽灵显赫，济困扶危，退灾降雨，民感其德，庙祀之。绍奉命督理鹾政，廨邻墓侧。因为记而系之，以歌歌曰：龙兮，龙兮平地成溪！胡作孽而害民兮，天日为之昏迷！我神女兮，斩其角，捋其髦，驱升天阙兮，不使害其田畦。既而云

收雨散，种者种，犁者犁，登斯民于枉席兮，熟知厥功之难齐。吁嗟父母兮，望苍穹而悲凄，孝哉神女兮，念二亲之提携。去七日而复返兮，堕灵驱于滘西；且惊且异兮，实神化而不能稽。墓于斯，庙于斯，清风明月兮，鹤泪猿啼；祈于斯，祷于斯，千秋万载兮，德被群黎！岁次乾隆甲辰冬月吉日重修邑人林晋堃书。”

南三灯塔

南三灯塔在南三岛东南海岸，当地群众称为“番鬼笔”，属湛江海事局湛江航标区管理。航标区称为灯桩，共有南三东后桩、南三东前桩、南三西后桩、南三西前桩4座灯桩。其中南三东后桩位于沙头村东面沙头岭，1898年法国入侵广州湾时始建。初用木质三脚架和石灰水泥捣制，五节，黑白相间，高7米，作为导航之用。1926年人工挖掉灯桩，移去三脚架，改用钢筋水泥结构建造。湛江港建成后，1956年设灯桩为进港船只导航。1990年，在原址重建。基座每边长2.60米，灯桩身为六角形，下大上小，混凝土结构，外贴白瓷砖，桩身正面一黑色标带。灯高（水平面）34.2米，桩身建筑高度15.9米。顶部为灯座，用太阳能作能源，射程10海里。该灯桩位于湛江港入口右侧，船只自南海入湛江港，晚上可见灯光，白天可见灯身，为进港船只指明航向。

其余3座灯桩的建立，建筑结构、形状、色泽、导航作用与南三东后桩基本相同。

南三东前桩位于南三岛东南海岸亚婆庙边。1956年设立，1990年在原址重建。灯高（水平面）22米，桩身建筑高度18.7米，桩身正面一黑色导标带，使用能源为太阳能，射程7海里。

南三西前桩位于南三岛东南海岸旧网寮南，1956年设立，1989年在原导标轴线上推进30米重建。灯高（水平面）21.9米，桩身建筑高度23.4米，桩身正面一黑色导标带，使用能源为太阳能，射程7海里。

南三西后桩位于南三岛东南海岸亚花庙旁，1956年设立，1989年在原导标轴线上向前推进30米重建。灯高（水平面）30.9米，桩身建筑高度32.4米，桩身正面一黑色导标带。使用能源为太阳能，射程7海里。

冼吴庙

冼吴庙位于南三岛上木历村。坐北向南，面阔三开间 9.20 米，进深三开间 13 米，面积约 120 平方米，为砖瓦结构平房。大门正面筑砖阶三级（踏跺）。大门上书“冼吴庙”三个正楷大字。据当地群众反映，庙建于明代万历年间，清代和后来均进行重修。冼吴庙是为了纪念冼夫人而建，为何称冼吴庙则未详。冼夫人系高凉人，六世纪杰出的女政治家、军事家，为维护民族团结和国家统一做出贡献。高雷各地均有冼太夫人庙，历代香火鼎盛。

岛内的其他祠堂庙宇

（一）祠堂

南三岛如湛江不少地方，宗族气氛颇浓，故建有不少宗庙祠堂。如湖村有张氏宗祠，祀日星公等。凤辇村有陈氏宗祠，祀朝奉公、舜广公。木渭有端介祖祠，供祀端介公；还有谦厚祖祠则供祀谦厚公。上地聚村有张氏宗祠。新来有郑氏宗祠。青训有傅氏宗祠。田头有陈氏小宗。调东村有李氏宗祠。麻练陈村有陈氏宗祠。姓游村有游瑞登公祠，供祀瑞登公。永南村有陈氏宗祠。

（二）庙宇

除了宗祠、祖堂外，南三岛内还有不少庙宇。如麻弄村有天后宫，祀的是天后圣母娘娘。田头村有康皇庙，祭祀神灵是雷州半岛常见的康公、车公等。木渭村有三真庙与天后宫，祭祀神灵分别是康王、公曹和天后圣母娘娘。新沟村有五相堂，祀罗侯王、多伦爷、关帝、康公和邓公。麻练陈村建有广福堂，祀文昌和邓公。巴东圩为武帝庙，祀关羽。霞瑶有承天府，祀车公等神像。凤辇则为三真庙，祀中康公、车公、公曹菩萨。湖村亦有三真庙，祀康王、车公、公曹。上地聚村有康班庙。新来为车吴庙。

古遗址之湖村“王城”

湖村“王城”在湖村岭，状如日字形。墙用三合土捣筑而成，墙基宽 6 米，墙高 5—6 米，“城内”面积 120 亩。“城门”向南，面朝大海。“王城”内西南隅有炮台，炮口对准海面，系防守海面之用；西北隅亦有炮台，炮台对准陆地，系防守陆地之用。惜已成为历史陈迹，已无法目睹当日之雄姿。传说“王城”是黄萧养所建，但无证据可考。另据分析可能是封建王朝时代的边防驻军要塞，因附近特呈海面中线直至硇洲岛出口，正是历史上高州府吴川县与雷州府遂溪县即两府两县的海上分界线，于此驻军据守，尚属不疑。现城墙大都已毁平，但墙基仍历历在目；“城门”石条也已出卖或用于水利建设；“城内”土地已种上作物。“大跃进”、人民公社化时期，曾挖出少量文物，其中有宋代青铜镜一面，存于湛江市博物馆。明代天启年间（1621—1627）特呈陈姓有墓葬于“城内”。

古遗址之红坎岭法军南营旧址

法军于 1898 年 4 月登陆广州湾村坊时，即在老梁村红坎岭占据制高点，用泥砖建营房、炮台和马房，面积 1800 平方米，当时曾有南三岛人民云集 1000 多人于此首举反法斗争义旗，抗议法军占我领土，要求法军停建炮台、法兵返回军舰。据当地老人和干部反映，营房是被台风摧毁的，泥砖碎片尚残留坡上，不过已被泥沙淹没，长满杂草，用锄头挖掘仍可找到原营房的墙基，当时称为法军南营。

古遗址之茂晖场南厂旧址

南三盛产海盐，明清时代曾有盐官管理盐田。在老梁村红坎岭法军南营旧址附近，南面曾是大片盐田，由茂晖场南厂管理。1946 年香港爱国同胞许爱周先生投资将其建成和平围。茂晖场南厂附近还有茂晖场师爷的坟墓，墓已不见，但墓碑尚存，碑文如下：

江西周公修力墓，大清道光庚戌（道光三十年，1850 年）正月十二日卒，乾隆乙卯年（乾隆六十年，1795 年）十二月生（55 岁）。

古遗址之瓦砾坡

瓦砾坡相传是南三岛内最早的集圩。在广州湾村坊的沙头、雷锡村北面，滘脊村东南面，面积 300 亩，曾为南三林带所覆盖，后被毁林采矿、开虾池。随处仍可挖出瓦砾，这可能是当时从海上运来在坡上销售的缸、瓦、煲等日用品被台风袭击而成为瓦砾碎片。

古遗址之陈绍宫保第

凤辇村陈绍于清同治年间任浙江黄岩镇总兵，其作战牺牲后，朝廷念其战功，拨专款建祠于凤辇村陈绍原故居处。公祠砖木结构，一进前后门两座，建筑面积 200 多平方米，前挂木刻“宫保第”牌匾。后厅神堂供奉陈绍及其祖先神位，藏有遗物：陈绍官服和全身画像（布质）、朝服、朝珠、顶戴花翎等。宫保第建成后，由其亲属管理。抗战胜利后，其亲属租给南三盐务所办公。中华人民共和国成立后仍由其亲属居住，土改时被作为封建财产没收分配给贫农。几十年来逐步被拆除，现尚有一房半厅和一片空地。

古遗址之陈富东大院

陈富东大院位于霞瑶村。陈富东，清同治年间吴川南三的著名塾师，其文才口才为状元林召棠赏识，结为至交。当时吴川受灾，民不聊生，人民对赋税不堪重负。在林召棠的推荐下，吴川知县委托陈富东亲赴广东衙门，为民请命，陈述吴川县灾害严重，连年歉收，人民苦不堪言，无法上缴国税，说服广东省衙门免交吴川县五万两银的国税。高州知府对陈富东赏银万两，被拒收。知县见其疏财仗义，派员到南三调查，见其教书清苦，仍居草屋，遂赠资在霞瑶村兴动土木，建设一座面积628平方米、东西宽22米、南北长31米的上下九节拖廊四合院式布局，穿斗式结构，风火式山墙的建筑，在南三岛来说其富丽堂皇、艺术风格是别具一格的。

古遗址之法军北涯头南营旧址

1898年4月，法军登陆广州湾村坊在老梁村红坎岭建南营，为了扩大占领范围，便与清政府讨价还价，又派出军舰西进出兵登陆遂溪县海头汛，遭到遂溪人民的反抗斗争。法军为了巩固占领地盘，又迅速出兵占领北涯头，建兵营，同样称南营。其遗迹仍依稀可辨。

古遗址之法租界巴东公局楼旧址

公局楼建于1940年，地址在原巴东圩东面，砖木结构，一楼四房两厅，前厅上建有20多平方米的二楼，是巴东圩当时最大的建筑物。国民党时期，湛江市北涠区（南三）区公所曾在此办公。解放战争期间，共产党游击队曾进行三次袭击。中华人民共和国成立后，曾是巴东乡人民政府和巴东大队的办公地址。现已拆除建楼房，楼上为巴东村委会办公室，楼下开店经营生意。

古遗址之明宁川巡检司[①]故址

故址在地聚村。清光绪《吴川县志》地理志载："明洪武十四年（1381年）五月……洲南滨海中有硇洲巡检司，在洲南滨海，后迁洲上。东南有宁川守御千户所，洪武二十七年（1394年）四月置。又北

①巡检：官名，始于宋代。主要设于关隘要地，或兼管数州数县，或管一州一县，以镇压人民的反抗为责任，以武巨为之，属州县指挥。明清州县均有巡检，或设于距城较远处。

有宁川巡检司，治川沼，后迁西北（实西南之误）之地聚村。”又《吴川县志》载：“南三都地聚，城西南六十五里，张、郑杂居，宁川巡检司故址。”可见宁川巡检司治所曾在南三地聚村，其故址惜已无遗迹可寻。

古遗址之广福堂旧址

广福堂在永南村，建于清光绪二十年（1894 年），40 年后法租广州湾法当局重修，“文化大革命”中被毁。这是天主教的教堂旧址。1994 年重建。

5. 南三岛风俗民情

古老的民间习俗——跳十番

跳十番是南三岛新村古老的传统民间习俗，也是该岛独一无二独树一帜的舞蹈与音乐结合的民间艺术。祖先传下来的跳十番，是祭祀的习俗需要，年份已久。

南三岛新村是集韩、陶、陈、黎、许等 9 个姓氏的古老村庄，虽然没一间姓氏祠堂，但该村 2300 位多村民，朝夕相处，和睦成社，和谐地生活。他们共同传承跳十番这一非物质文化遗产。

这种跳十番，表演粗犷古朴，充满原始音乐、舞蹈的元素，乐队 8 至 10 人，是由唢呐、笛子、二胡等民乐器组成，舞蹈者选 6 至 10 人组成。领队的乐队组织者手持铜铃指挥演奏，演出的队员多为男女少年，他们一身古装打扮，统一戴瓜皮帽，每人都手拿筷子和碟子，一齐有节奏地点、擦、撞，乐队抑扬顿挫地发出不同节拍的音色，轻快明扬，产生一种阴阳结合的调子。跳十番的舞蹈者也非常投入，他们伴随着祭祀声乐，熟练地重复着每一步舞蹈动作，表演得相当流利、优美，场面非常热烈奔放，曲调优雅，舞蹈趣致诙谐，套路变化丰富，造型动人。表演过程中，还掺入大头佛串场活动。

新村年例，村民不分姓氏，一一热情投入，在演练前，领队者与前辈积极培训指导小演员，让跳十番进入村民的心坎。这种独特的祭祀活动，是古老的民俗文化，但源于何时，无从考究。

村民反映，每年都跳十番，这是传统的风俗习惯，目的是让大家通过音乐舞蹈，寄托对先人的思念，加深情谊，也是祈求国泰民安、风调雨顺、年丰民阜、健康长寿，令大众和谐相处。

新村为保护跳十番这一奇特的祭祀习俗，让这一民间精髓能传承下去，正在深入挖掘，整理提升，以申报非物质文化遗产保护项目。

传统节日风俗

（一）除夕

农历一年的最后一天（常在农历十二月三十日或十二月二十九日），称为“除夕”，俗称年三十。这是我国民间的一个传统节日，一般由农历二十三日或二十五日开始，家家户户进行室内大扫除、大清洁，将厅堂尤其是厨房的烟尘打扫干净，送“灶神”升天，洗净床板、被席、蚊帐、厨具、碗筷等，男女老少理发洗头，备办各种年货。年晚即张贴春联、门神，挂上年橘，摆上各种食品（包括鸡鸭等），燃烧香烛，拜神祭祖，放鞭炮，辞旧迎新。尔后，全家在一起吃饭，俗称“团圆饭”。饭后，冲洗一番，换上新衣服、新鞋袜，各厅房均开灯亮至天明，有的开三天三夜。父母给孩子“红包”，俗称“压岁钱”，多数人家还炸煎堆。有的地方有守岁的习俗，除夕之夜，全家坐在一起，有说有笑，直到午夜，燃放鞭炮始便散去。

（二）春节

每年农历正月初一为春节，古称元日，亦称新年，这是我国人民的传统节日，往昔，南三岛群众都依俗例欢度春节。年夜12时起床，由父母、长辈叫醒小孩，大家都穿上新衣服、着新衣袜，洗脸之后，点燃香烛，鞭炮声震天价响。黎明时，“（设）清席拜神祭祖，摆菠菜生蒜等各种素菜、素饭”，叫“供餐饭”，春节早餐，合家同吃素食或吃糯米糖粥、甜品，意谓可达到甜日子。

开年后，从正月初一到十五日都是春节期间，农历正月初二开始探亲访友，你来我往，从城市到农村到处可见串亲访友的人群，一片节日气氛。正月初三一早，家家户户都放鞭炮，俗称“弹赤口”，祛除“赤口白舌”毒咒。正月初三至初五，各家各户打扫清洁卫生，迎“灶公神”，因为在春节前农历十二月二十三至二十五“灶公神以上天‘度年假’，初五早上把其迎回来”。但祭品比较简单，只是清茶和片糖之类。正月初七，称为“人日”，是日一早各家各户燃放爆竹，午餐或晚餐宰杀阉鸡敬神拜祖，使全家人口长年平安吉利。

春节期间，还有吊花灯的习惯，群众称之为“点灯”。一般从初八到十二开始“点灯”，一直到正月十五日。凡添男丁者，第二年春节期间，在本村祠堂、庙宇、土地公神前来搭灯棚或在家里大厅吊挂各种“花灯”。此种庆典尤以“初灯”隆重。点灯时，请来亲戚朋友，摆上几桌乃至十数桌饮宴，庆贺一番。宾客少不了要给新生婴儿送“红包”和礼品。旧俗还有“偷灯卵”的习惯（灯卵系用红纸或红布包的卵状石头，用红绳吊于花灯之中），只生女不生男者，在晚上到灯棚“偷灯卵”，希望自己来年也添个男丁。

（三）元宵节

正月十五日为元宵节，亦称上元节。它是相对于七月十五日的中元节和十月十五日的下元节而言。古时正月又称元月，夜在古语中叫宵，元宵节由此而得名。元宵节源于道教，始于汉代，为历代皇帝所信奉，活动十分丰富。元宵节期间，当地的年例历年都很盛行。各乡村根据所信奉的不同神，抬神游行，俗称“游神”，由这条村到那条村，每到一条村，村民就宰杀阉鸡及供品朝拜，最后按俗定时间，会集在一起，让人们朝拜。此外，还有舞狮的、打功夫的和八音班、锣鼓班，吹吹打打，热闹非凡。到了晚上，还有演戏的，以及观赏灯色燃放烟花的。

（四）清明节

农历清明日（公历为 4 月 4 日或 5 日）是群众借以纪念先祖的传统节日。是日家家户户都为先祖扫墓（扫三），比春节更为重视，备上香烛、酒饭、鸡鹅甚至金猪等，到祖宗坟上拜祭，把坟上杂草加以清除。日子适合时，还要培土，修葺一番，垒纸钱于坟上，摆上祭品，子孙朝拜，并用祝文虔告祖先保佑子孙出入平安，兴旺发达。此外，还有一些群众由长老或族老带领祭远祖坟墓，俗称为“扫大众山”。

（五）端午节

农历五月初五为“端午节”，亦称为“端阳节”。为我国古代楚国爱国诗人、三闾大夫屈原投江而死的纪念日，也是我国民间的传统节日。五月初五这天家家户户大门插上艾叶祛邪，当母亲的捡些艾叶、罗布叶煮水为小孩冲凉，据说可以减少皮肤病，随后，用糯米包“五月粽”。五月初五这天除了吃“五月粽”外，还买回猪肉，宰鸡鸭敬神，之后饱吃一餐去游泳，现在这个风俗仍普遍流行。

（六）鬼仔节（七月十四）

农历七月十四日此地民间称为“鬼仔节”，又叫“盂兰盆节”，这天家家户户拜祖宗，烧纸钱、鬼仔衣、鬼仔鞋和香烛，有的在路边拜祭“无主孤魂”，还有做戏给“鬼”看的。

（七）中秋节

农历八月十五中秋节是我国民间的传统节日，我国人民多在这天晚上赏月、拜月、吃月饼、吃甜薯、吃豆糖等。中华人民共和国成立前在农村有的私塾还有祭文昌的习俗，由塾师主持，童生陪祭，还有司仪和诵诗生，行三献酒，诵诗生赞诵中秋的古诗，祭礼过后，童生家长请塾师会餐，并送月饼和红包给塾师。晚上师生共同月下吟诗作对，背诵中秋诗词。

（八）重阳节

农历九月初九为重阳节。我国人民有重九登高的习俗，即在九月初九这天，登高山游胜景和扫祖墓。但本地农历重阳节活动甚少。

（九）冬至节

每年“冬至节”（一般在农历十一月），一些大村庄昔日有拜祭祠堂的习俗，由族长、族老主持，在祖祠产田的收入中开支，杀猪祭祖。当年出生的男丁，家长必须为小孩备礼“入冬祭”，按照“贤、老、丁”的等级分猪肉，清代秀才算作贤的起点，废科举兴学堂以来，小学毕业算是秀才，中学算是举人，大学生算是进士，分领各个等级的猪肉。

民间穿戴

（一）鞋袜

清末民初，妇女做客穿绣花鞋，男穿布鞋，但大多数劳动人民平时都是赤脚，穿木屐，甚少穿鞋。小康人家冬天穿布鞋，富人和商人穿皮鞋。抗战时期，学生以穿草鞋为时尚，袜有线袜、纱袜。

新中国成立前后南三人民穿木屐的非常普遍，男女老少四时皆穿，甚至趁圩也穿木屐。这种木屐采用轮胎胶或棕织物做鞋套、鞋耳，鞋板用苦练木或鸭脚木做成，状如小船，还有用青、绿等涂料涂在木屐板上的，称为花屐，青年妇女多数喜欢穿着。

（二）发式

清代男子均留长辫，额前剃光。官绅士儒年过三十蓄须，有“无须不成相”之说，劳动人民逾六十多蓄须。未婚女青年结单辫或双辫，已婚妇女则结髻，生小孩后结螺旋髻留在脑后，插上簪子，有银簪或铜簪作为一种饰物。

辛亥革命后，绝大多数男子剪去辫，多留平头装、花旗装等，有的剃光头或留毛碗。妇女剪去发髻，改留短发。年轻姑娘有的仍留发梳辫，有的编双辫、牛角式、三角式、朝天式等。

（三）装饰物

新中国成立前，女孩穿耳戴环，有钱人家挂金质或银质耳环，普通人家则穿线悬珠，也有男孩穿耳戴环的。富家子女戴金、银项圈，配长命锁。姑娘出嫁时有头簪、钗、戒指、耳坠、手镯脚镯等首饰，有金质和银质之分，富贵人家多为金质的，一般人多为银质，量力而为。

（四）食俗

民以食为天，各地的食，有各地的特色，南三岛的饮食当然也有其自己的特色。如番薯丝汤和番薯丝粥，用净薯丝煲的称之为番薯丝汤，用番薯丝掺一点米煲的称之为番薯丝粥。大多数农民吃的是番薯丝汤。每年青黄不接或遇着番薯收成不好时，则吃黍粟糊或采海芷、家丁子充饥，菜一般是咸萝卜干、生萝卜、煨咸鱼或鲜鱼汤、蟛蜞汁、鱼汁（腌

鱼水），近海的靠采小海捉些鱼、虾、蟹放入沙煲用清水煮熟吃。只有少数富裕人家或圩镇商人每天三餐才有饭吃，称“净饭”，有时早餐也吃大米粥或薯米参半。

当时的饮食烹调不甚讲究，主要以煲（瓦煲）煮为主，甚少炆、煎、煮、焗、炸这类的烹调，尤其是煲最为普遍，不仅鸡、鸭、鹅、猪肉是煲的，鲜鱼、咸鱼、虾、蟹、青菜、萝卜、瓜等也是煲的，有时瓦煲摆满饭桌。

（五）宅居

新中国成立前，南三岛的民房 95%以上是茅草房（多数用禾草作盖屋面的材料），砖瓦房甚少，但不论哪种结构的房屋，在建房过程中都比较讲究习俗和礼仪，以达到“进人大吉，财丁两旺”，乃至“荣华富贵”的愿望。按建筑结构和材料分，主要有如下两类：

①茅草房。新中国成立前，南三岛民房主要是茅草房，其建造是以泥砖作墙体，泥砖的制作是先选择土质适宜的水田，取其泥做成泥浆，然后倒进模里压实后脱模，待晒干后便成。屋面是用竹条作桁条桷子，再盖上茅草或禾草，房屋高度 5 米左右，墙厚 0.5 米。建筑材料都是地方自产自制的，容易找，且造价比较低，因此，大多数劳动人民都是盖茅草房居住。有部分人没条件建造时，只好建造泥水篱笆房居住，所谓泥水篱笆是用禾草拌上泥浆，糊上竹篱笆，待风干后便成墙体，再用禾草铺盖屋面便成。更困难的只好住茅寮。新中国成立后，尤其是改革开放后，人民生活水平提高了，住房也大为改善，茅草房已逐渐被砖瓦房或楼房所代替。

②砖瓦房。砖瓦房的建造一般是以红砖为墙基墙体，用杉木条作桁条桷子，再盖上瓦和瓦筒，这些材料大部分靠外地供给，主要在吴川、龙头、坡头等地购买，因此造价比较高。新中国成立前能住上砖瓦房的人是极少数富有人家和祠堂庙宇。此外，还有舂墙瓦房，其墙体是用木板装成墙体框模，再用黄泥、石灰、草纸和红糖水，按一定比例（约 8：1.2：0.5：0.3），倒进框模，舂实干固后，拆模便成，屋面用杉木作桁条桷子，再盖上瓦和瓦筒。这类房的建造工序较繁，造价也高，故不多。还有泥砖瓦房，其墙基是红砖（火砖），墙体是用泥砖建造的，屋

面同样的用杉木作桁条桷子，再盖瓦面，便成泥墙瓦房。这种房子、材料价较低，一般富裕家庭多建造这类房屋居住。

在建宅居过程中，还有如下一些仪式：

①选地。农村建房的用地一般由村里安排或是祖宗遗留下的宅基地，如能自由选择应选择通风、干燥的好地方。民间传说，背山面水，山有来龙，水抢环形，名堂宽大，水口收藏之地，便是“好风水”之地，过去不论是普通百姓还是富贵人家，都追求择上好地，祈望居住者能“人丁兴旺、财源茂盛”。

②耙地。耙地是平整宅基地的重要活动，不管新旧屋地均先按例犁耙一次，以防地下有不吉祥之物。主家要先用熟公鸡拜祭山神，整平宅基地，然后择定耙地日期，请“命好”的男子赶牛耙地，耙地时牛角要挂上红布，从屋前墙的中点出发，沿直线向后墙行进，在宅基地范围内，按顺序耙成“丁财两旺”四字，意在“人丁旺、财源茂盛”。

③起首。这是建房首要一环。开墙脚前，富贵人家，大都率领全家男女拜祖宗神灵，宣读祝文；一般人家只简单从事，按例先拜祖宗神灵。待时辰到燃放鞭炮后，掘开墙基道，主家的男长者拿砖在前墙左角。放成一个“人”字形，再在前墙的右脚和后墙的左、右角各用砖构成一个“人”字形，这便是起首，也称行墙。构成一个“人”字和三个“人”字，表示将有很多人在这里居住，预兆人丁兴旺之意。

④升梁。墙体建好后，主家便举行升梁仪式。主家先用熟公鸡、熟猪肉拜梁，然后请村里公认的“命运好”的男人贺梁、抱梁。先是贺梁，用木架把梁垫在厅中，由贺梁人跪下捧酒贺梁。先斟满两杯酒，双手捧着，口中念念有词：“双杯酒贺梁尾，代代子孙出公侯。”然后将酒洒向梁头。又斟两杯酒曰：“双杯酒贺梁中，代代子孙朝中企(站)。”再斟两杯酒曰：“双杯酒贺梁中，代代子孙无忧穷。”将酒洒向梁中，祈望居住在这里后，子子孙孙荣华富贵，衣禄晋爵。接着是抱梁，贺梁人将梁抱起，连声说：“高升，高升。”把梁置正后，主家即点放鞭炮，升梁完毕。升梁是建房的重要仪式，同样要择好良辰吉日，梁要自左至右挂上红布，并用红布袋装上石米和钱币，用红纸写好“升梁大吉”贴在梁上，显示住宅的兴旺吉利。

⑤进宅入伙。新居落成后，主家便择好日子，举行入伙仪式，摆宴庆贺。入伙仪式在上午举行，一般在早晨3—6点钟，以取旭日东升之意。届时，主家人用已捆好的竹片或蜡烛，在原来居住的旧屋点燃火种，请村中的长辈为引火人，全家各人拿着火把，按先老后幼、先男后女的顺序排成一行，从旧屋进入新屋。在开启新屋门时，引火人一边开门，一边大声说“开门大吉”“新门新花开，新新贵子入门来”“一添贵子二添财”等祝颂语。入厅后，用手中之火沿厅四周墙壁照一圈，将煤油灯（或蜡烛）点燃，把点燃的灯火置于厅中央，让其燃烧一天，不能熄灭。之后带火把进入左房（又称大房）说“左边出贵子”，绕墙壁行走一周，又到右房说“右边状元来”，亦绕墙壁行走一周。完成以上程序后，点燃鞭炮，与前来凑热闹的人们，分吃煮好的糖饭。这天，新居内外处处洋溢着欢乐的气氛，新居门口贴上对联，亲戚好友、乡亲邻里纷纷带上礼品登门祝贺，至亲的亲戚还备上一担“谷松”（把谷磨出米不除糠），祈望亲人居住新居后日子温温暖暖，年年有余。主人摆酒席招待客人，酒菜的丰俭因主人的经济情况而异。富者讲究豪华、气派，贫者只求简便、节约。

龙女的民间传说与龙女庙

南三岛上有一座龙女庙，流传着美丽的传说故事。

相传南三岛上最早有人居住始于宋代，在新定村居住着王姓人，那时村庄遭受沙尘风暴的影响，厚厚的黄沙几乎掩埋新定村，村民生活非常困难，被迫迁往其他地方重新立村居宅。

村中某农家有一位貌美如花的姑娘，姓王名进，自幼聪慧伶俐，非常孝敬父母双亲，与左邻右舍和睦相处，村中乡亲自然疼爱她。从小王进就帮父母操劳家务，到田野放牛割草，备受乡亲交口赞许。白天她到龙溪河捉鱼摸虾，在附近砍柴牧牛，还采摘野果给弟妹吃。当她来到龙溪河某地段，发现一棵像龙角的枯木挺直在河边，她便用镰刀来砍，但砍来砍去，却无法砍动龙角木，从早到晚一直砍了好几个小时，全徒劳无益，只砍了一丁点刀痕。此间已过午时，王进感到精疲力竭，又饥又渴，但她坚持着。待砍到傍晚，再也无力砍伐，她只能收工回家，王进心想：这龙角树再硬，我也要想办法将它砍下来，可能得用更锋利的斧头才能砍掉。第二天，她带上午饭并拿起利斧便出发了，再用利斧猛砍这龙角树，从早到晚，坚持不懈地砍伐，在太阳已西沉时，才看见龙角树已经砍得够深了，而且树上渗出了血一样的东西来，但她还是继续砍伐。“功夫不负有心人”，王进终于把那龙角样的树砍断，那树不断涌出“血”，像喷泉一样喷个不停。

突然，天像被锅盖盖住一样黑暗下来，龙角般的东西却动起来，紧接着河溪中跃起一条巨龙，这时王进才发现她所砍的就是巨龙的角。巨龙痛得翻腾着，卷起漫天风尘，顿时雷鸣电闪，暴风骤雨，眼看巨龙就要奔向村庄，一场大灾难就要从天而降，村民将会遭殃。王进不容再想，她必须制服巨龙，将自己的生命置之度外，只见她毅然奋力一跃，骑上了龙背，并用力紧紧抓住龙角猛力向上拉，俨然骑上马背奔跑一样，龙也只好顺从她腾云驾雾，冲天而去。不多时，云散雾开，雷止电停，风沙全没了，天变得格外晴朗，但就在此际，王进却从乡亲们的视线里消失了。

父母见王进不再归来，顿时悲痛万分，哭天抢地，众乡俚男女老少都不禁落泪。人们纷纷分头去寻找王进，大家连续找了七天七夜，踪影难觅。最后捉鱼人发现王进坠落溪边砍龙角的地方，容颜和生前一样，乡亲都议论着，认为王进已经超凡脱尘，升上天堂变成仙女了。大家讨论如何安置她的尸身，后来决定将她的遗体葬在新定村原王进升仙处，为纪念王进勇救村民逃脱灾祸的大恩大德，决定在龙起滘西建庙，并命名为“龙女庙”，常年祭祀之，神号称为“乘龙得道仙姑王一娘娘”。人们还将巨龙跃起的地方叫龙起沟，田头圩又名龙起圩，龙起沟与龙起圩均与传说有关。

南三岛有两座龙女庙，原庙在南三岛龙起滘西，距龙女墓半里，在田头圩后新定村东南岭头。庙早已破败成为废垣，在现址重新修建，并立门头额匾“龙女庙”。（另一座庙在田头圩，历史上两间庙都被村民拜祭）

新庙建好后，村民将庙碑（清乾隆年间碑刻）迁入庙内，清光绪

《吴川志》卷三载："龙女庙在县治西五十里南三都龙起滘西，庙距墓半里，即今龙起圩（田头圩），后新定村东南岭，久废。光绪年间田头陈族建于田头圩。"

20世纪80年代改革开放之风吹到了南三岛，村民捐资将田头圩龙女庙拆迁重建新庙于田头圩东面。另外，龙女庙碑也迁入新庙砌于内墙壁。新龙女庙坐西向东，砖木结构，面宽一开间5.4米，进深一开间9.6米，建筑面积52平方米，庙额匾同样书"龙女庙"。

南三岛田头圩龙女庙碑记刻书的内容与《吴川县志》龙女庙碑文基本一样，佐证七百年前岛上已有先人活动。现录记如下：

国朝茂晖杨大使山阴吴绍祖记略：龙女者，新定村人也，姓王名进，事父母至孝。年十三放牛村外，好食刺果。方剖果，见地上挺一角，斩之出血，于时黑气漫天，一龙跃起，意欲为害，女即批鳞跨脊去。少顷风息，父母求之不得。阅七日，女坠故处，颜色如生，遂葬于此。以其有降龙之功，号曰龙女。七百年来，幽灵显赫，济困扶危，退灾降雨，民感其德，庙祀之。

绍奉命督理鹾政，厥邻墓侧，因为记而系之，以歌歌曰：龙兮，龙兮平地成溪，胡作孽而害民兮，天日为之昏迷！我神女兮，斩其角，捋其鬣，驱升天阙兮，不使害其田畦。既而云收雨散，种者种，犁者犁。登斯民于衽席兮，熟知厥功之难齐。吁嗟父母兮，望苍穹而悲凄；孝哉神女兮，念二亲之提携。去七日而复返兮，堕灵驱于滘西；且惊且异兮，实神化而不能稽。墓于斯，庙于斯，清风明月兮，鹤泪猿啼；祈于斯，祷于斯，千秋万载兮，德被群黎！

岁次乾隆甲辰冬月吉日重修邑人林晋堃书。

民间谚语

一年之计在于春，一日之计在于晨；一家之计在于和，一生之计在于勤。

一寸光阴一寸金，寸金难买寸光阴。

路遥知马力，日久见人心。

早起三朝胜一日。
要想有前途，莫做没前途。
傲气不可有，傲骨不可无。
树高千丈，落叶归根。
少壮不努力，老大徒伤悲。
上梁不正下梁歪。
平生不做亏心事，半夜敲门也不惊。
有风不可尽扯鲤，有钱不可尽“翘篱”（嚣张）。
须知有日思无日，莫到无时想有时。
若要人不知，除非已莫为。
善恶到头终有报，只将来早与来迟。
害人之心不可有，防人之心不可无。
洁身自爱，出淤泥而不染。
弄巧反拙，引火自焚。
勤为传家宝，慎为护身符。
惜衣得衣新，节俭米粮得过春。
先吃苦中苦，后有甜上甜。
积少成多，储水成河。
富贵缘因勤俭起，贫穷只为手头松。
家有千金，不如一日一文。
闺女做便媳妇鞋，天阴备落雨柴。
肥水不如瘦铺，瘦铺不如横水渡。
在家千日好，出外半天愁。
家无浪荡子，英雄何处来。
养子不读书，好似养大猪。
你待爹娘十六两，后底儿孙还一斤。
不养爹娘不剩米，不买香烧不剩钱。
稀稀粥好过“饮”（米羹），丑丑后妈好过姉。
养儿防老，积谷防饥。
保得青山在，不怕没柴烧。

不染烟和酒，活到九十九。

山中常有千年树，世间难逢百岁人。

有缘千里来相会，无缘见面不相逢。

忍得来，来日便知能忍好；和得到，到时方觉是和福。

君子不计小人过，需防小人不仁。

忍一时之气，免百日之忧。

作伪者，枉劳心。

好事不出门，坏事传千里。

和气生财。

穷无三代担柴卖，富无四代买柴烧。

七十二行，种田为王。

三分种，七分管，只种不管等于烂饭碗。

人误地一时，地误人一年。

肥是农家宝，肥多作物好。

耕田无下粪，勿在田边“瞬”。

有收无收在于水，收多收少在于肥。

一日西风三日雨，三日西风无米煮。

立春育种无出食，清明苗浪庆丰收。

过了惊蛰节，春耕不停歇。

夏至雷鸣秋内旱，三月之雨有虫灾。

六月秋，犁耙快快收；七月秋，犁耙慢慢游。

禾怕寒露风，人怕老来穷。

四月北风早禾易实，八月大水虫多伤稼。

初九廿三，去海不用篮。

初三十八，大流大刮。

水不紧，鱼不跳。

逆水摸鱼，顺水摸虾。

正月螺，二月蟹，三月黄鱼无人买。

几好草地也有瘦牛。

种田不养猪，好比养仔不读书。

冬牛不过瘦，春耕不愁。

老牛过冬，最怕西北风。

冬在初，冷无多；冬在中，十个牛栏九个空；冬在尾，卖了黄牛置锦被。

干冬湿年，谷米满田。

前人种树，后人遮阴。

十年树木，百年树人。

青山常在，绿树长阴。

东边熠熠，雨重重；西边熠熠，月头红；南边熠熠，三五夜；北边熠熠，水射射。

秋日有一点，田泛无使掩；秋日有一粒，田泛无使塞。

秋日有雷，三日又回。

商业谚语

薄利多销好钱，货不停留利自生。

不怕不识货，只怕货比货。

以诚待客，客自来。

货如轮转生意好，客似云来赚钱多。

两利之间择其重，两害之间择其轻。

有关南三岛的古代诗词①

（一）寄谢蕙兰五首

北战南征十六年，寸功未立苦心田。
倘能奏凯还乡日，共结三生未了缘。

①摘自黄振强《湛江古今诗词》。

岂让韶光逐逝波，剑锋继作笔锋磨。
常怀大志酬家国，起舞鸡鸣夜枕戈。

我非变志远求荣，岁月蹉跎春又春。
奋展鹏程图大业，岂甘长作异乡人。

当年只说暂分离，转战奔波岁月移。
白发频添颜已败，丹心长抱节无亏。

饱经霜雪人将老，际会风云自有期。
破镜重圆终有日，何须苦唱望夫词。

此为“安南王”陈上川（1621—1715，南三岛田头村）所作，描写公元 1661 年，南明桂王朱由榔被吴三桂诱杀后，陈上川潜回广东钦县（今广西）十万大山，以图谋东山再起。中秋之夜，陈上川给未婚妻谢蕙兰寄诗五首，表达自己反清复明的大志及决心，一个意志坚定不移的志士形象跃然纸上。

（二）故园情怀二首

衣锦登高望北京，心中常眷故乡情。
千言万语凭谁诉，独坐楼头待月明。

汉苑梁园作比邻，微风细雨浥轻尘。
寻巢燕剪双翎雪，出谷莺含一口春。
芳草绿嘶门外马，落花江立槛边人。
飘然物外浑无迹，坐赋仙城锦绣身。

此诗为“安南王”陈上川所作，表达其当上“安南王”之后，威望崇高，虽然衣锦至极，但仍然怀念故国、故园、故人，拳拳赤子心，眷眷故乡情，如说家常一般倾诉于纸上。

（三）复陈上川五首

独守空闺十六年，鸿音细读慰心田。
早期复国安邦日，共结三生未了缘。

请缨抗乱岂求荣，转战沙场十六春。
依弃粉脂从稼穑，不存忠节枉为人。

分飞劳燕叹长离，世道沧桑岁月移。
君抱奇才应大展，妾持贞节永无亏。

年年独对团圆月，岁岁空过乞巧期。
破镜何时能复合，怀情夜写慰夫词。

岂把青春逐逝波，闺中暗把剑锋磨。
待君奏凯旋归日，誓复京华共奋戈。

此为谢惠兰（南三田头村人）所作，作品是她答复未婚夫陈上川的五首诗，表明其对未婚夫的理解之深，感情之笃，表达坚贞不移的心愿，并鼓励未婚夫复国安邦、大展宏图，盼其凯旋。

三、硇洲岛文化

1. 硇洲岛概况

硇洲岛，是湛江第三大岛，位于北纬 20°51′9"，东经 110°32′9" —110°38′3"。面积 56 平方千米，最长约 10.7 千米，最宽 7.1 千米，总人口 4.3 万，耕地面积 2.9 万亩。硇洲岛是中国最大火山岛，在距湛江市区东南约 35 千米的海面上，是湛江港外最南的海岛。硇洲岛原名碙洲，后改硇洲，为湛江第一道天然屏障，控制湛江港湾入口航道要冲。硇洲岛由火山喷发形成，56 平方千米范围内均为火山岩覆盖，火山锥林高 82.5 米，是火山地貌较明显的海岛。环岛海岸曲折，礁石罗列，南港、北港、淡水、港头等处为渔船停泊处，为广东省著名渔区。

硇洲港，位于湛江市郊区硇洲岛淡水镇，硇洲岛中南水道，为古代雷州、化州的“犬牙相错处”，是历史上兵防要关。硇洲港形成于北宋以前，据北宋乐史载：“自雷东至海岸 20 里渡小海抵化州界，地名碙洲，泛海通恩州并抵淮浙、福建等路。”硇洲港自北宋以后，成为通航江苏、浙江、福建的航线，以及东南亚海外诸国来往运输的重要港口。清康熙二十三年（1684 年）解除海禁后，粤海关在此设硇洲口岸。硇洲港有泊船两处，一处为北港，港池长 1000 多米，口阔 200 多米，涨潮水深 3 米多；另一处为南港，又名淡水港，港池长 600 多米，潮涨水深 4—5 米，可靠泊千吨级货轮。20 世纪 40 年代，湛江市区至硇洲岛有小客轮来往运输。

新中国成立后，建有长桥码头，多为军用船、客运小轮和渔船停泊。20世纪70年代在东海岛筑海堤，建公路通汽车后，从市区往硇洲可乘汽车到东南码头，可搭轮渡过海抵达硇洲。硇洲口岸于1980年6月30日，经广东省人民政府批准为对外贸易装卸码头。

硇洲灯塔是世界第二大灯塔，位于湛江市区东南部、硇洲岛中部的孟岗（马鞍山）顶上，距湛江市霞山区40千米，因建于硇洲，故名。灯塔是1899年法国租借广州湾后在硇洲招募石匠所建，历时3年半才建成。1945年抗日战争胜利后，收归中国政府管理。

硇洲灯塔仅次于英国伦敦国际灯塔，是世上罕见的水晶磨镜灯塔。塔基为方墩，塔体呈圆锥形，塔身高23.2米，底宽5米，顶宽4米，海图标高103米。全部由花岗石块砌成，螺旋形的石阶楼梯，石柱石壁连成一体；石块形状不同，大小不一，有榫有槽，衔接得天衣无缝，弧度适当，工艺精湛。塔顶由10多层石砖环砌而成一个像花篮一样的圆形灯座室，它的中央底盘是一个内置水银、封闭式的能转动的托盘，托着整个灯座架。座架由160多条弧形水晶三棱片镜组成一个直径2米的扁圆体，两边相对装有凸透镜。在座架中央悬挂一盏400千瓦荧光灯。座架由马达带动，以每12秒转动一周的速度旋转，周而复始。强大的光束通过水晶三棱镜，以不同的位置和角度，互相折射，最后汇集在两片凸透镜上，以水平方向放射，射程26海里。塔顶灯室有门可通往环有栏杆的瞭望台。从塔底踏着由66块磨心状扇形花岗石砌成的柱阶盘旋而上，经斜梯亦可登上瞭望台。凭栏远眺，景如画帛，尽收眼底。硇洲灯塔是南海航道上一座极为重要的灯塔，为船舶进出港口和渔船出海捕捞起导航、避礁的作用。

1986年湛江市人民政府将硇洲灯塔定为市级重点文物保护单位，1996年列为全国重点文物保护单位。

硇洲岛是湛江港的要塞，因其地理位置的极为重要，历代都有重兵把守，明代时设硇洲巡检司。

康熙四十二年（1703年）两广总督郭世隆疏言：“吴川营隔海一百余里，有硇洲一岛，宜设立专营。龙门属之乾体营，名为水师，向驻陆地，可归并廉州营。将乾体营兵，令白鸽寨守备一员，千总一员，把

总二员统之，驻扎硇洲改为硇洲营。白鸽寨经以千总领营，照旧管束平海。”

康熙四十三年（1704年）设硇洲营守备，以防盗，其后建津前等5座炮台，每座炮台立千斤铁炮10门。

清道光年间（1821—1850），硇洲水师营驻防兵338名，法国、日本侵占广州湾时，就是侵占和控制此岛，作为侵占大陆的桥头堡。岛中部突起两峰，形如马蹄，名为马鞍山，海拔83.3米，地形险要，原山顶多乱石，东边高耸一石，据说指南针放在上面旋转不定。

硇洲岛是国家一级渔港，附近海面水产资源相当丰富，是广东主要渔场之一，名贵的海产品达数十种之多，鲍鱼、龙虾驰名中外，石斑、马鲛、鱿鱼、红鱼、对虾、大虾、红蟹、花蟹等极为丰富。硇洲是渔业重镇，也是全国海珍品科技养殖示范基地和沙蚕养殖基地。渔业年总产量达3.8万吨，销售收入3.5亿万元，产品销往全国各地（包括台湾、香港、澳门地区）以及东南亚各国。

硇洲镇政府设在淡水镇，隶属东海岛经济开发试验区管辖。1996年10月硇洲镇被列入全省第一批小城镇综合改革试点，1999年被列为全国小城镇综合改革试点，是广东省唯一升格为国家级小城镇综合改革试点的镇，也是全国唯一的海岛型试点镇。

硇洲岛是重要的旅游胜地。岛上有许多名胜古迹：硇洲灯塔、古炮台建址、宋皇村、宋皇坑、宋皇井、翔龙书院、三忠庙、津前天后宫、窦振彪古墓、宫保坊等。“硇洲古韵”于2001年9月被评为“湛江八景”之一。那晏海石滩火山岩是主要的火山地貌景观。

据地方志载：“宋景炎三年（1278年）夏三月，陆秀夫、张世杰拥益王赵昰、卫王赵昺避元兵至硇洲。四月，昰卒。五月，昺即位于硇洲，改元祥兴，升硇洲为翔龙县。”六月，元兵逼近，陆秀夫、张世杰等保护小皇帝昺逃往新会崖山。那时还有战船千艘，兵士10多万。第二年二月，叛将张宏范、李恒率领士兵到达崖山。宋军与之大战于银洲湖上，血战至全军覆灭，陆秀夫背着小皇帝赵昺投海而死。张世杰乘船突围，中途遇上飓风翻船而淹死。第二天海上浮尸10万，南宋就此灭亡。明代著名诗人吴国伦写了诗词《硇洲吊古》：“一旅南巡瘴海边，孤洲从樾系楼船。从容卷土天难定，急难防元地屡迁。丹凤未传行在所，黄龙虚兆改初年。当时血战潮痕在，长使英雄泪黯然。”哀悼宋朝灭亡，语气沉痛万分。

硇洲海域第一大礁“出水石”，距存亮村东南 5.5 千米，由大小不一的岩石组成，面积 4.5 平方千米，该海域是硇洲龙虾主要产地，年产龙虾一般为 7—8 万斤，丰年产量高达 10 多万斤。烟楼角以石在烟楼东边地角得名，长约 1 千米，宽 0.1—0.3 千米，周围水深 6—10 米，产鲍鱼、龙虾、海参等海珍品。海胆礁，距那晏村海岸 2.12 千米，以盛产海胆而得名，由大小不一的 10 多处岩石组成，长约 500 米，宽约 150 米，周围水深 6—10 米，产海胆、海参、鲍鱼等海珍品。波河南石、波河独石、河河东石、波河仔石、烟楼肚石、海头公石、南坡嚎石、牛乸石、皇帝殿等礁石均是当地著名海礁，其中部分海域盛产鲍鱼、龙虾等。

1984 年，广东省人大、省水产厅批准建立硇洲岛海珍品自然保护区，重点保护杂色鲍、龙虾、海胆、石斑鱼等。

2014 年硇洲岛被评为“广东十大美丽海岛”之一。

2. 硇洲岛自然景观

浩瀚的南海波涛汹涌澎湃，硇洲岛依傍南海、紧靠广州湾，与东海岛、南三岛并列为南海上的姊妹岛。硇洲岛面积 56 平方千米，是一座古老的火山岛屿，是中国最大海洋火山岛。

16 万年前，湖光岩等湛江组火山大规模喷发。而硇洲岛是 40 万年前经海底火山喷发后从海洋深部形成并抬升起来的火山岛。

绵亘 10 多千米的火山石滩奇丽多姿，变化万千，构成一组永恒的海洋火山交响乐。

驱车驰骋于硇洲岛，驻足那晏月亮湾，投目海石滩，但见伟岸上大面积的火山石林，棱形石柱冲天而立，像巨人屹立于惊涛拍岸的海岸线上。大面积麻花状熔岩下由流动状态的沙砾岩承托支撑着。那数以亿万计的滚圆火山石，表面黑中带褐，部分风化似龟背裂纹。有些石头也像陨石，布满蜂窝眼，这是火山岩浆经海水及时冷却而形成的泡状。有些岩质形状呈旋转状，有些呈翻滚的浆状，千姿百态。有部分黑石结结实实地陷入沙砾岩与之浑然一体。一层火山石、一层沙砾岩，再下面是流动状态的岩浆块状。

一湾细白沙滩分隔东西两区火山石滩，区与区之间火山石显然不同。西区岩石呈方块结构，有纵横交错的石沟，海浪如条条白练冲入石沟游蛇般迅猛冲刷而上，发出隆隆的巨响。巨大的石块有些像石床，有的像石台、石椅。更奇的是石滩上有许多大大小小的石窝，形成无数盛满海水的浴盆。人躺在其中泡海水观海景别有一番滋味与乐趣。迈步海石滩，偶然会发现"仙人脚印"及各种意想不到的形状。

壮美啊！一望无际的火山石滩给人一种难以忘怀的石趣回味。在这里玩石、赏石、画石、玩海、观海、听潮、踏浪，是人生一大赏心乐事。

3. 硇洲岛历史与人文景观

硇洲宋城涛声远

湛江市东南海面上有一座10多万年前形成的火山岛——硇洲岛，它像一颗绿宝石嵌在南海波涛中，这座宝岛在宋朝末代演绎着悲壮惨烈的历史典故。

硇洲岛古代为吴川县治，古称碙洲，现隶属湛江市东海岛经济技术开发试验区，是湛江港的天然屏障，是通往海外的重要门户，硇洲灯塔让硇洲岛成为中国南端的好望角，历史上曾是重要的军事要塞。

民国湛江市政府第一任市长郭寿华于1946年书写了一首诗《硇洲吊古》："最是令人凭吊处，硇洲宋室帝王城。波光照耀城头月，一片忠魂万古晶。"刻画宋朝末代那段历史和对一代忠魂的景仰之情，后该诗词载入其出版的《湛江市志》之中。

南宋都城临安（今杭州）于1276年被蒙古军队攻陷，南宋政权岌岌可危，宋臣张世杰、文天祥、陆秀夫等人只好护着宋度宗（已崩）的两个小儿子南逃，至福州拥立益王昰为帝，改元景炎，即宋端宗，时年11岁。但在蒙古军铁骑的追击下，他们又带领文武百官、战船一千余艘、兵民近二十万从福州乘船南下，于公元 1278 年（宋景炎三年）三月达硇洲岛。四月，昰帝疾崩岛上，忠臣陆秀夫、张世杰在岛上又拥立昰帝之弟赵昺为帝，是为帝昺年方 8 岁，就在硇洲岛今之宋王村开建帝畿。据传，帝昺登基时，当即海上升现黄龙，于是改元祥兴，升硇洲为翔龙县，正图匡复。时至 1279 年，元兵已经纵横驰骋于整个南宋版图，在元军的强大攻势下，六月被迫弃岛退至新会崖山坚守。但却遭到叛将张宏范亲率元军从水陆两路围追堵截，文天祥在海丰县五坡岭战败被俘，崖山阵地历经血战后，粮断水绝，终被攻破，忠臣陆秀夫先命妻子跳海，随即对帝昺道："国事至此，陛下当为国死……"遂背负帝昺投海自尽。皇宋天下至此告终。

硇洲岛上演的宋国魂，悲壮激昂，历史虽然距今七百多年，但历代名人学者无不著述诗章，予以追思。南宋灭亡之后，历代徙迁南来的朝廷贬谪名宦学士及本地的文人贤才都纷至沓来，登临南国边陲之宝岛，寻觅南宋皇室遗迹，凭吊英魂，也留下一批诗章，对发生在硇洲这段国殇悲壮的历史表达了无限的感慨和惋惜的哀思，以及对张世杰、文天祥、陆秀夫三位效忠朝廷的大臣表示深切的敬慕之意。明朝中叶时被贬谪南来的兵部给事郎中、著名诗人吴国伦（江西兴国人）就是其中之一，他于明隆庆三年（1569 年）到高州任太守，曾赴硇洲巡视地方，作了著名的诗章《硇洲吊古》："一旅南巡瘴海边，孤州丛樾系楼船。从容卷土天难定，急难防元地屡迁。丹凤未传行在所，黄龙虚兆改初年。当时血战浪痕在，长使英雄泪黯然。海门鲸浪吸硇洲，诸将当年扈跸游。赤岸至今迷玉辇，苍梧何处望珠邱。行朝草榭三千舍，故国烽烟百二州。争死崖山无寸补，独余肝胆壮东流。"清朝知县盛熙祥也作了一首凭吊先烈英魂的诗作："草草君臣鼍浪中，难将成败论英雄。当年马鬣无抔土，此地翔龙有故宫。寡妇孤儿亡国恨，捐生取义古人风。崖山仿佛英魂在，一体三忠祀典同。"清吴川李光昭作的《吴阳杂诗》中有一首诗："为吊南天一柱支，景炎家园拌迁时。双忠贯日空葵拱，旧县翔龙已黍离。假息纪延天水厉，偷生降逼李陵旗。孤州民尽崖门处，大有田横岛士奇。"清朝嘉庆三年（1798 年）吴川举人吴河光（官至云南江川知县，陆凉州知州）作了一首《硇洲怀古》抒发对南宋覆亡的感叹。清吴川举人李文泰作了《自江门航海至硇洲由怀宋臣遗迹》，诗云："天尽翔龙县，青山一发痕。石头凝战血，海角聚忠魂。穆满军全复，田横岛尚存。不堪回首望，风雨暗崖门。"他的另一首七律《硇洲》写道："一代兴亡问石头，硇洲谁误古碙州，诗人只讶迁崖速，曾未乘槎海上游。"清信宜岁贡林栋作了《硇洲感怀》，诗云："帐殿帷宫散晓霞，硇洲漂泊感啼鸦。天涯露泣龙须草，海畔霜寒凤辇花。万死孤臣空有泪，八龄冲主已无家。不堪更说翔龙县，零落西风起暮笳。"民国时期茂名县（今茂名市）人士梁金锋作了《过宋王台七律》，诗云："华屋山丘历劫灰，龙城空剩宋王台。小园斜日徐徐过，曲径闲花淡淡开。绕郭洪涛如带愤，凌风残碣尚含哀。堪嗟高庙藏弓策，赢得君臣渡海来。"民国李发文《过宋王台七律》诗句："存亡岂系关天命，不信仁贤宠佞才。"民国时期著名记者在其编著的《湛江概况》一书中写道："硇洲岛实为中华民族壮烈之史迹，若为民族之复兴，此殊定令人凭吊也。"

硇洲岛是历史名岛，它见证了南宋的演变历史，岛上的三忠祠纪念护宋名将张世杰、文天祥、陆秀夫的一代英烈，还有皇马踩开的古井泉、宋皇子读书的地方翔龙书院等等，给湛江留下了不可磨灭的南宋王朝遗落的圣迹胜景。如今硇洲岛依旧风光美丽，硇洲社会主义事业的建设如日中天，硇洲岛的渔港及各方面已发生深刻变化，旅游资源丰富，人文资源深厚，亟待进一步利用和开发。硇洲岛将是一座最佳的旅游岛。让中外游客登岛饱览风光，阅读经典历史，景仰英烈，届时，硇洲将以新的旅游包装成为游人的至爱。

宋朝硇洲卫皇诸战役

宋景炎二年（1277 年），濒于没落崩溃的南宋朝廷被蒙古元兵追歼。以左丞相兼枢密使陈宜中、参知政事陈文龙与刘黼、副枢密使张世杰、直学士陆秀夫、右丞相文天祥等大臣簇拥扶着幼帝宋端宗赵昰、其弟赵昺与太妃杨淑，率 17 万将士、民兵 30 万、淮兵万人沿着东南沿海朝占城（今越南）目的地逃遁。宋景炎三年（1278 年）三月，经海上长时间航运奔达，在位于广东吴川县硇洲岛（今属湛江市）附近海面遇飓风；载端宗的御船舟覆，宋皇溺水于海中，被众臣拯救，暂且登陆硇洲岛，权作避难之所。浩浩荡荡的宋皇船队驶入硇洲避风港，军队垒石修筑宋城垣，硇洲临时成为南宋皇都。但小皇帝端宗赵昰由于遇溺及一路惊悸至病而亡（时年仅 11 岁）。张世杰等众臣则拥其弟幼帝赵昺（8 岁）为皇帝，杨太妃仍同听政，改元祥兴年，升硇洲为翔龙县。在硇洲成为宋皇朝末代的小朝廷所在地前后的短暂时间内，周边连续发生过多次卫皇的大小战役。

（一）陈文龙护驾宋皇南迁之战

宋德祐二年（1276 年），蒙古元军攻陷宋都临安，翌年五月，南迁的宋端宗赵昰在福州登基，年号“景炎”。五月宋端宗为争取福建安抚蒲寿庚（世系阿拉伯穆斯林）的支持，任命他为福建、广东招抚使，兼主市舶。

早在攻陷临安府前，曾由统帅伯颜遣张世杰亲自指挥淮兵讨伐蒲寿庚。时下汀江、漳州诸路大盗陈吊眼（绰号）及其畲妇许夫人（陈文龙之女）统率诸峒畲族军会师，兵势稍强，震慑蒲寿庚，蒲寿庚闭城自守。张世杰即传檄文告知各路军队，陈文龙族叔陈瓒起家丁讨伐蒲寿庚。德祐二年（1276 年）十二月，辛酉朔月，宋朝江西制置使赵溍弃城逃往广州，副使方兴亦逃跑。降将王世强为向导，攻破福安。王刚中投降，壮大了兴化军，宋参知政事、知军事陈文龙斩王刚中，而纵放其副使，并强烈谴责王世强、王刚中叛国投敌，随后发动民兵固守兴化城。元军将领阿喇竿多次派遣信使招降陈文龙，被陈文龙斩之。有劝陈文龙投降者，都遭到陈文龙严词驳斥：“诸君特畏死耳，未知此生能不死乎？”陈文龙命其部将林华在边境防御元军，然而，林华反为向导，引元军至城门下，通判曹澄孙开门投降。陈文龙被元兵擒拿，元劝其投诚，但屡遭陈文龙拒之，宁死不屈。劝降无效，陈文龙被元兵用兵器押送临安（今杭州），陈文龙数日绝食而死。同年，陈文龙族叔陈瓒捐家财三百万资助皇家航海费用及张世杰军抗元兵，并发兵攻克兴化军斩杀判将林华，为其侄文龙复仇，宋皇封其为兴化知军事。元兵反复攻城，陈瓒竭力作战，最后被元兵攻破擒拿。但陈瓒宁死不屈，大骂元将：“文龙吾侄也，吾家世忠义，岂向胡狗求活耶！”被元将索多（一译唆都）用座车车裂五脏，壮烈殉国。张世杰整理他的材料向宋皇呈报，朝廷为表彰他光荣牺牲的壮举，特诏赠其为兵部侍郎，谥忠武，其衣冠墓在莆田壶公泉院左。陈瓒的儿子陈若水被张世杰召为督府架阁。

据统计，湛江地区仅陈文龙的后裔就有20多万人。

（二）马南宝迎接宋皇之战

宋景炎初，元兵大举南征，南宋小朝廷随宋端宗赵昰从水路躲避元兵追击，途经香山，当地富翁马南宝慷慨献米千石以犒劳宋军。宋端宗特赐任命马南宝为工部侍郎，并以马南宝之家为宫室。不久，元兵攻陷广州，宋廷招募当地百姓为兵，补足兵源，以图收复广州。马南宝设宴招待宋廷君臣，他敬酒说："痛饮黄龙府，就在此一举啊！"于是，高声颂吟岳飞的《满江红》词，以此激励斗志和鼓舞士气。后来，马南宝起兵到硇洲岛准备迎接宋皇帝赵昰，被叛徒出卖，中途被元兵围攻，马南宝率众奋起抵抗，终因寡不敌众，被打败擒拿，最后不屈而死。

（三）黄十九电白庄山之战

正当元兵大部队人马向宋皇逃亡的路线终点硇洲进军，日渐靠近南海这个边陲小岛，以扼杀这个亡命天涯的小朝廷之时，高州巡检黄十九挥师迎击来犯之敌，率领其兵士阻击凶猛的元兵。在位于电白县的庄山岭，他指挥其部队日以继夜地作战。敌人以数倍于他的兵员扑杀过来，黄十九与将士们背水一战，坚持战斗到底，宁死不屈、勇猛抗敌。最后，敌人以强势军事力量压倒他，由于黄十九孤军作战，没有救兵，寡不敌众，惨被元兵杀害。

（四）陈淮中井澳运粮海战

宋景炎初年（1276年），战船满载宋皇兵马沿着东南沿海逃至硇洲岛，宋端宗赵昰在硇洲岛登基，升硇洲为翔龙县。军伍甫定，但元兵追到，犯扰硇洲。时值宋进士、海南文昌县尹陈惟中督运皇粮船队到井澳，遭到元将刘深的追袭。刘深指挥其军队纵火烧船队。当时陈惟中与吴川司户何时正在进早餐，闻知此消息，一气之下投下筷箸，站立起来，冒着如雨般的利箭和石块，挥刀指挥抵抗。但敌众我寡，伤亡了很多军士。不一会儿风雨突然转变，陈惟中乘上游上风之势纵火反攻，击退元兵，元将刘深见势不妙，仓皇败走。陈惟中和军士们力战狂敌，终于保住了宋皇的粮食，安全抵达硇洲。陈惟中在战后作了一首诗《硇洲海战》，诗云："忽闻丑虏犯硇洲，投箸挥刀杀寇仇。海面大攻鏖战急，反风助我逐强刘。"描写了激烈的海战场面，充分体现了将士们效忠宋皇血战到的决心。

（五）张世杰雷州围城之战

宋景炎三年（1278年）四月，赵昰终因惊悸过度，登上硇洲月余便急病驾崩。其时群臣中有些人意欲乘机逃散，各奔东西。此时忠臣陆秀夫面对危在旦夕的南宋小朝廷，沉痛地说："度宋皇帝一子尚在，将焉置之，古人有以一成一旅中兴者，今百官有司俱在，士率数万，天若未绝宋，此岂不足国耶！"陆秀夫说完，乃与众臣共立8岁的赵昺为皇，改元祥兴。时下硇洲严重缺粮，如何保障几十万人的军粮成大问题，南宋临时朝廷遣将到海南琼州征粮。由于海道滩水浅且急，运输较难，则改道杏磊港进入。此时总管雷州的蒙古兵在陆地攻击，宋廷即派张应科、王用两将军率兵进攻雷州，但由于军事力量悬殊，张应科三次进攻均遭失败。元兵加紧进犯包围硇洲危及末代宋皇朝。五月，宋廷派张世杰亲自出马率兵围攻雷州城，进城后发现居民已跑光，粮仓空乏，其士兵只能靠割草食野菜充饥。元兵控制高雷廉琼的粮物，迫使张世杰只能放弃城池，突围撤退。此时的宋军不能自守，被元兵突破。后来，宋廷派曾渊子起兵占据雷州城，元兵加强力量反攻，曾渊子急忙弃城逃奔硇洲。

宋皇朝困难重重，粮食不能保障，而且蒙古元兵兵临城下，大有摧枯拉朽之势。大军压境，迫使宋廷众大臣护驾宋帝赵昺移师位于新会县城外西南大海之崖门，作最后的抵抗。在撤出硇洲的海上，宋军与元军对垒，宋军十多万人葬身于大海之中，海战悲壮惨烈，最后陆秀夫背着幼帝赵昺在崖门跳海自尽，以忠躯殉国而告终。

硇洲古石塔

清代道光版《吴川县志·卷二·古迹》有一条目："石塔在硇洲，元大德间，乡民谭伯袠建，久废。"硇洲元代属吴川。元代刘耿阳曾为此塔写过《硇洲塔》诗："卓耸奇观障碧川，势吞宝丽与云连。几来高处抬头望，撑起高凉半壁天。"作者用"与云连"三字来形容此塔很高。吴川古属凉郡，"撑起高凉半壁天"写出此塔气势雄伟。塔毁于何时尚未得解，究何因毁于一旦是个永远的谜，留给人们一个美丽的故事，更迷恋这宝岛，让游客来寻觅它的遗址，记下这千古绝唱。

硇洲满岛皆浑圆的黑石，经数十万年的激浪拍击冲刷，古人用此石建造巍峨大塔，为宝岛增添了奇景。也许它是照亮南海航帆的神灯？难道不是缅怀南宋那殉国的英雄壮歌？硇洲古塔的每一块石见证宋人的哀曲，它们散落在宝岛地上、沙滩边，任由渔岛之子在其身上踏出一条通往海洋之路。

由于硇洲是一个遍地皆石的岛屿，它勾起岛民的美梦，硇洲人是硬汉，和宝岛一样像巨人屹立于茫茫的大海，胸襟如历史长河，穿越万里江山，跨过七大洲四大洋。元朝的塔塌了，清末的塔在外国人的枪刀下高高竖起，硇洲人的塔梦又在自己的巨手中重建。

纪念南宋忠烈——陆秀夫庙

硇洲岛上为纪念南宋忠烈陆秀夫，建有一座颇具规模的陆秀夫庙。庙宇始建于明朝崇祯九年（1636 年），距今已有 300 多年，庙宇不但历史悠久，在全国也十分罕见。元朝禁止为抗元将臣树碑，直至元亡后明朝才追赠陆秀夫谥号"忠烈"。清咸丰八年（1858 年），清廷颁布全国孔庙配祀陆秀夫同祭，故单独建的陆秀夫庙极少，连其家乡及新会负幼帝跳海处，都无相关庙宇，可见黄屋村的陆秀夫庙是一处难得的文物遗址。

陆秀夫，今江苏省盐城市建湖人。20 岁时与文天祥同登进士榜。1275 年，元军南进攻破南宋都城临安（今浙江杭州），陆秀夫与张世杰等文武百官及十万士卒，护送年仅 11 岁的宋端宗赵昰避元兵追杀，于 1277 年三月，从水路逃至硇洲。赵昰年幼体弱，疲于奔命，四月在岛上病亡。陆秀夫等众臣又拥 8 岁的赵昺为帝，史称"宋帝昺"。陆秀夫为左丞相，继续组织抗元。后移师新会崖山，血战崖门，寡不敌众，全军覆灭。陆秀夫背着宋帝、颈挂玉玺投海，壮烈殉国，终年42岁。陆秀夫等拥帝，《宋史·二王纪》有载："景炎二年（1277年）三月昰硇洲。四月，昰殂硇洲，众立卫王昺为主，升硇洲为翔龙县。"陆秀夫受命于危难之际，殚精竭虑，颠沛流离，试图力挽狂澜，最后悲壮殉国，其舍身报国的精神，受万众敬仰，与张世杰、文天祥齐名，被称为"宋亡三杰"。

黄屋村位于硇洲岛北海岸，俗称北港。传说当年陆秀夫与少帝宋端宗由此登岸，宋帝昺登位后，陆秀夫多次到北港一带观察地形，加强防范，以图复国，虽壮志未酬，陆秀夫气壮山河的英烈事迹永留人间，他的精忠报国精神深受黄屋村村民爱戴、世代传颂，并成为心中敬仰的神。《黄屋村调蒙宫大事记》载，明崇祯九年（1636年），村民在陆秀夫诞辰400周年之际，建"调蒙宫"，雕陆秀夫像，永资拜祭和纪念。"调蒙宫"，含调教启蒙立德做人之意，并定于农历较大的五月初五端午节为祭祀日，与投湖报国的伟大爱国诗人屈原同祭。每年到这日，各家各户备猪肉、鸡、水果、寿饼等，前来到庙堂拜祭；在庙前搭台演戏，一般不少于3个晚上。歌舞声声、鼓乐齐鸣、热闹非凡。年年岁岁，世代沿袭。

陆秀夫庙占地面积230平方米，在民国十六年（1927年）曾修葺一次，1985年当地民众捐资又重修了一次。300多年来，虽然多次修葺，但庙的门槛青石、主体结构还基本保存原貌。墙体上的珊瑚青石块、黏土依然清晰可见，宫内的文化古迹仍然完好无损。庙门保留着当年的题联："扶宋山河，一片精忠昭日月；殉君崖海，满腔热血化波涛""节气凌霜万古长思大宋，丹心贯日千秋未泯孤忠"。

广东、福建水师提督窦振彪

清乾隆五十年（1785年）窦振彪诞生于硇洲岛一个渔村那甘村，少年勤奋好学，熟读百家之书，嘉庆三年（1798年）他父母双亡，便依附姑母抚养，以渔农为业。窦振彪在干活之余，也到邻南村拜梁师傅为师，学习武术，在师傅悉心指导下，练就一身武艺，弄枪舞剑戟一一

精通。嘉庆十年（1805 年），硇洲都司增招水勇，他跑回家征得姑母同意后，报名应征入伍，从此开始了他的戎马生涯。由于英勇善战，屡立战功，他逐步从士兵提升为总兵，先后镇守琼州、金门，任职期间，捕盗安民。

窦振彪是清代中叶驾战舰巡守海疆的战功显赫的“振威将军”（从一品官衔）。由于窦振彪久经沙场英勇善战，敬上司、爱士兵，屡立战功，嘉庆十九年（1814 年）春，被晋升为广东水师千总，半年又晋升为水师提标中军守备。嘉庆二十四年（1819 年）升为海口协中军都司。道光二年（1822 年）调任广海寨游击，道光六年（1826 年）升水师提标中军参将，道光八年（1828 年）为海口协副将，道光九年（1829 年）署琼州总兵。道光十二年（1832 年）奉皇帝之命，率领部队进驻台湾，消灭匪患，立下不可磨灭的功勋，受到朝廷的嘉奖，赏戴花翎。道光十二年夏季，台湾嘉义盗匪张丙、吴房和张詹，互相勾结，为非作歹，组织一批匪寇围攻县衙，朝廷告急。驻厦门巡道周凯闻警驰报，福建巡抚魏元良、总督魏方权就近署漳州府托泽布任台湾府事，并急令陆路提督马济胜率兵两千渡厦门、金门镇总兵窦振彪率兵一千二百渡泔江、副将谢朝恩率兵一千二百渡五虎，分道平道。巡按使风来亲临厦门，传令堵住海隘，断绝海路。初三日，马部又抵达郡城北门校场，举行誓师大会，士气大振。难民跪道呼冤者不计其数。窦振彪也驾船于当日抵达郡城，刚登陆，立即从鹿港疏通北路。副将谢朝恩率师从五虎渡到鹿耳门与马济胜会师。二十八日，马济胜整旅入城。刘总兵迎见，与窦振彪分兵四路搜捕。绅士义民也缚贼来献，或引兵捕贼。结果，俘获了黄番婆、刘仲、刘港等二百多人。后又擒获首逆张丙、陈办、江文等人，并将他们杀于军前。至此，由张丙、陈办等人在台湾嘉义县联合发动的祸国殃民的叛乱，遂告平定。捷报到京，因而受到道光帝所嘉奖，赐赏戴花翎。

在嘉庆、道光年间，闽、粤一带沿海，常有奸民私造船只，沿海肆劫。夏至风潮叠起，停泊沿海边乡，弄得鸡犬不宁，来往商船，常受到其害。窦振彪自从投身于水师以来，一直日夜奋战在闽、粤一带海域，捕获海盗数以千计。平定张丙叛乱归来，会同厦门巡道周凯、同安营参将双喜等，水陆并进，对同安县（今厦门市同安区）之清涂、杏林、木百头等乡的海盗进行围捕，捉获海贼一百七十多名，缴获船只三十多艘，缴获枪械一批。接着又出兵搜捕晋江的莲棣、白崎及惠安的獭窟诸乡盗贼，行至南安大盈驿，闻吕姓盗贼尤为凶悍，窦振彪与马济胜率师前往围剿，捕捉巨盗吕石、大讼棍李惠元等八十余名。又渡海至大坠山的曾营乡，捕获盗匪无数。当时最出名的海盗江扁雀、陈双喜，在窦振彪的穷追猛打下，最后率众至厦门缴械投降，闽、粤海疆，平靖无患。

清道光十九年（1839 年），举世闻名的“虎门销烟”由林则徐大臣在东莞的虎门拉开了广东禁烟（鸦片）之帷幕。这一事件让英国侵略者恼羞成怒，于是频繁地派出战船在我国东南沿海挑衅。十月，英国两艘战船侵犯我金门水城。年轻的水师指挥窦振彪奉命率领船队向英军侵略者奋起抗击，他坚持在战斗中以己之长克敌之短，并指挥战船迅速靠近敌船，发挥了我船队炮火利于近战的特点，把敌人的船队打得浓烟滚滚，慌忙逃遁。1840 年 6 月，鸦片战争爆发，在穿山洋，一场海战在金门水城展开。在战斗中，窦振彪的指挥船左舷被英军炮弹击中，他被震得从船楼摔下，右臂负重伤。他忍着剧痛，速登船楼，挥动着令旗，命令各船队火炮齐鸣，一时间海面红光一片，团团烈焰直射英军船队要害，其中一艘英船企图掉头逃跑，船身早已着火引起炮弹爆炸，在猛烈的爆炸声中葬身海底！强盗遭到了惨败的下场。1841 年 2 月下旬，英国侵略军不甘心失败，于是进攻虎门，在反击侵略者的战斗中，广东水师提督关天培等全部将士壮烈牺牲。清道光皇帝命窦振彪接关天培的职务任广东水师提督。旋即调任福建水师提督，统辖福建全省水师军务，驻厦门，节制金门、海坛、南澳三镇及台澎诸岛。窦振彪忠于职守，加强海防设施。后来，英舰几度窜扰厦门均不得逞。

1850 年，窦振彪卒于任所，享年 65 岁，厚葬于硇洲岛，道光朝廷因他曾建树卓著功勋，褒封其为振威将军，晋赠太子太保，赐谥“武襄”，赐御祭文盛赞他“素谙龙虎之韬，名驰岭表，久习鹳鹅之阵，声振炎方”。并命国史馆作《窦振彪传》，又于吴川梅菉建筑“宫保第”（梅菉镇红星街 22 号），在硇洲岛上街建“宫保坊”以示旌表。宫保坊楹联：“麟阁勋崇万里鲸鲵皆慑魄，羊碑思永八闽貔虎尽铭恩。”

清朝吴川籍山东登州总兵陈辉龙传略

清朝咸丰年山东登州总兵陈辉龙，字灵川。陈辉龙嘉庆年诞生于吴川县辖硇洲岛孟岗陈屋村，陈室宋代末期迁居硇洲岛（今湛江市）。陈辉龙幼年时家境贫穷，年轻时好习武、善射箭、懂水性。据《高州府志》《吴川志》载：道光二年（1822年），陈辉龙行伍于硇洲岛都司营，他入伍后即拔外委。道光六年（1826年）调吴川营左哨把总，十年升千总，十六年升海安营参将，亦为海安营中军守备，二十二年迁香山协中军都司，二十六年升广海寨游击，三十年署水师提督中军参将。咸丰元年（1851年）升澄海营参将，署大鹏协副将，咸丰三年（1853年）再擢山东登州镇总兵。按照清代的武职级别而论，总兵属正二品，为国家高级将领，仅次于从一品的提督。可见其深受朝廷及皇帝的器重和赏识。

《清史稿》列传《文宗咸丰实录》记载：太平天国时，陈辉龙奉令，配合曾国藩统率水师船队，共同进剿太平天国起义军，攻下岳州，后在进攻城陵矶下游的太平军时，因战船遭受风暴的袭击搁浅，陷入起义军重围，是役阵亡。

咸丰四年（1854年），太平天国西征军进军湖南，占领岳州、清港、湘潭，进逼长沙。清兵部侍郎曾国藩统率新组建的湘军迎战，于4月取得湘潭大捷，7月北上进攻岳州。太平军名将曾天养在此阻敌，与湘军水陆师大战，湘军被拒不得前进。8月曾国藩调登州镇总兵陈辉龙、广东游击沙镇邦统带广东水师前来助战。8月6日曾国藩乘船从长沙出发，太平军此时已撤到城陵矶，曾国藩的坐船便大胆地驶向湖南的北大门，于8月8日抵达岳州。胡林翼的部队也开到了岳州，与湘军会师。同一天，陈辉龙率领水师后队到达南津。

此时，曾国藩接到廷寄，向部下道："圣意焦灼，朝旨敦迫，我们可不能再缓了。"说着，忽报第三帮水师已到，曾国藩大喜。接着，军弁投进陈辉龙手本。适值广西知府李孟群率水勇千名，山东登州总兵陈辉龙率战舰数艘，同到长沙，都向曾营内投递手本，由曾国藩同时接见。曾国藩本是虚心下气、延揽人才的主帅，无论何人进谒，总叫他不要拘束，随便自陈。两人纵谈了一回，均是意气自豪，不可一世。陈辉龙睥睨一切，曾国藩暗暗嗟叹，只嘱咐他“小心”二字。辞出后，军弁来报，华容、常德、龙阳各县诚，统被太平军所陷。曾国藩道：“贼势至此，我军不能再缓了。”言未已，澧州、安乡等城又报失守，接连来了一支湖北败兵，保护着湖北巡抚青麟逃到长沙。曾国藩道：“巡抚有守城的责任，为什么逃至此地？莫非武昌已失守？”看官记着湖北巡抚本是崇纶，崇纶丁艰去职，由学政青麟摄篆，总督乃是台涌，接吴文熔职任。台涌出省剿太平军，太平军偏溯江而上，连破安陆府、荆门州，直逼荆襄。幸亏荆州将军官文，遣游击王国才，率兵勇一千七百人，击退太平军，太平军转攻武昌。青麟未谙军旅，又因城中饷匮，不能固守，只得弃城奔到长沙，武昌再陷。青麟投刺曾营，曾国藩拒不见面，入城去见骆巡抚，骆秉章亦不甚款待，遂绕道奔赴荆州，途次奉旨正法，台涌亦革职，并命曾国藩迅速进剿。于是曾国藩分水师为三路，褚汝航、夏銮等为第一路，陈辉龙、沙镇邦、诸殿元等第二路，曾国藩率杨载福、彭玉麟等为第三路。陆路师亦分三路，中路属塔齐布，西路属胡林翼，东路属江忠淑、林源恩。六路大兵，一齐浩浩荡荡地出发。

早有侦探通报太平军，太平军倒也惊慌，退出常林，专守岳州。褚汝航、夏銮，鼓棹直前，驶至南津。太平军开船出港迎战，正杀得难解难分。陈辉龙、沙镇邦、诸殿元复到，两路夹攻，太平军逐渐失利而退却。杨载福、彭玉麟，又督战船驶入，把太平军的战船冲作四五截。眼见得太平军大败，弃掷战船十数艘，拼命地逃去了。水师乘胜驱至岳州，守城的太平军还想抵御，谁知塔齐布亦自陆路驰骋而来，与水师夹击岳州城，一阵鼓噪，把太平军赶得无影无踪。随即迎曾国藩入城。安抚民众已毕，当即命令前哨侦探敌人行踪，回报太平军在城陵矶，陆军在擂鼓台。曾国藩道：“这两处离城不远，仍旧在岳州门口，还当了得。”急忙命令水师攻城陵矶，陆军攻擂鼓台。只有曾国藩在城留守，眼望旌旗，耳听消息。

陈辉龙听说彭玉麟和杨载福等人打了胜仗，这个风头正盛的清军水师大将，便以为太平军不堪一击。8 月 9 日陈辉龙向曾国藩请战，要求

率领精锐部队攻打城陵矶。当时南风大作，陈辉龙若要出征，便是顺风顺水。曾国藩对靖港战役的失败记忆犹新，恐怕顺风顺水不利于作战，便对他说："顺风出击易进难退，又没有陆师配合，万一打输了怎么办？"陈辉龙说："本总兵打了三十年水战，什么阵仗没见过？大帅不必担忧！"曾国藩想，人家毕竟是水师大将，而且船炮精良，顺风顺水，或许也能打赢。于是他勉强同意陈辉龙出战。天刚亮，陈辉龙下令发炮为号，船队出发。广东水师旌旗鲜明，刀矛闪亮，洋装铜炮声震山水，湘军水师自愧不如。褚汝航和夏銮请求同行，杨载福也想开开眼界，便乘小船前往观战。陈辉龙派沙镇邦率部打先锋，遇到太平军水师抵抗，果然将太平军击退。陈辉龙颇为得意，挥师前进。他乘坐的拖罟大船，到达中流，船在旋涡中打转，太平军埋伏的船只一齐杀出，陈辉龙陷入重围，力战身死。沙镇邦的船队已逼近太平军营垒，由于顺风顺水，无法返回。许多小船都去营救陈辉龙，但由于水急风大，想要返回，却都被吹到下游。太平军依岸遏止湘军，湘军左右为难。如果登陆，就会遭到太平军的截杀，如果开炮，又怕伤着自己的船只。却说褚汝航等进兵螺矶，遇着逆风，被太平军顺风纵火，烧掉了三十多艘战船，褚汝航等不肯退走，硬要与太平军拼命。究竟水火无情，一众英雄，陆续毙命。

话分两头。在曾国藩这边，第一次军报，城陵矶水师大胜，缴获战船七十六艘，毙死太平军千余人，生擒 130 名；第二次军报，陆师已攻破擂鼓台，战败太平军将领曾天养。曾国藩自语道："这次可直达湖北了。"过了一日，接到第三次军报，水师追太平军至螺矶，半途遇南风，使太平军占了优势，反败为胜。褚汝航、夏銮、陈辉龙、沙镇邦、诸殿元等，先后战殁。这消息传到岳州，令曾国藩大帅惊心动魄，亏得杨、彭二将，又差军飞速进见，报称退守陵矶，扼住要道，太平军此时已经败走，曾国藩稍稍放下心来。只想褚汝航等忠难至交，到此尽行战役，未免心如刀剐；随即命令同知俞晟代汝航，令他收拾余烬，图谋再大举进攻。

太平军纷纷来夺战船，褚汝航、夏銮和沙镇邦都受伤跳水而死。这一天的水战，陈辉龙和褚汝航的部队全军覆没，船炮全部丢失。太平军乘坐缴获的拖罟，得胜凯旋，回到城陵矶。拖罟是福建和广东水师的大舰。曾国藩初造船时没有这种大舰，陈辉龙来到时送了一艘给曾国藩，另一艘自己坐。自从打此一仗，所有舰只全部被太平军没收而告终。

事后，曾国藩将陈辉龙事迹禀告朝廷，着交部照例赐恤，皇帝谥为“壮勇”，嘉封都骑尉，世职袭次。其事迹于国史馆列传。而山东的登州、湖南的岳州一带老百姓建起了不少陈公祠、庙，烧香祀拜，永志缅怀，以纪念这位大将军。

据说，陈辉龙后人、嫡系玄孙、湛江市著名画家陈圻家里在广东解放初期时还藏有陈辉龙的官服、官帽等物品，可惜的是“文革”时荡然无存。家乡硇洲岛建有陈辉龙的墓园。

清朝金门镇总兵——杨元超

杨元超生于清朝道光年间，祖籍吴川县塘缀镇，宋代末年家族迁居硇洲岛孟岗杨屋村。

据清光绪二十三年（1897 年）《吴川县志·卷十纪述杂录》记载：“杨元超，硇洲人，未达时在邑城为铁工，城中老人梦土地神曰：‘杨大人终日在吾庙前打铁，令吾不敢坐。子盍为我建照墙于庙门乎。’老人从之。未，元超从军，积功至金门镇总兵官至，今人犹呼打铁杨云。”杨元超于清代道光八年（1828 年）从军于硇洲水师营，道光十年（1830 年）升水师营管带，道光十四年（1834 年）调任吴川把总，道光十九年（1839 年）升崖州水师营参将，后升福建金门镇总兵，授武功大夫，晋授武显大夫。

杨元超于公元 1843 年逝世。

清朝南澳镇总兵——招成万

招成万生于清圣祖康熙五十八年（1719 年），依据《清代官员履历档案》《清实录》及《南澳镇志》《电白县志》记载，招成万祖籍电白，清代初时迁居硇洲岛招屋村。行伍出身，功绩优著。乾隆三十八年（1773 年）五月间，招成万任碣石镇左营游击；乾隆四十三年（1778

年）十二月二十六日，招成万时任福建澎湖水师副将；乾隆四十六年（1781 年）三月二十三日，福建南澳镇总兵员缺，着招成万补援；乾隆四十九年（1784 年）十月钦命镇守闽粤南澳等地处地方总兵官；乾隆五十年（1785 年），追封为南澳镇的第三十五任总兵官，授予武显大夫。

招成万于公元 1784 年逝世，现硇洲岛招屋村东北边旁葬有“南澳总兵招成万墓”“二品夫人周氏墓”。村中保存着清代建筑完美的庙府，“招总兵府”香火敬祀，永垂千秋。

石匠招广裕与硇洲灯塔

硇洲灯塔是一座著名的航标灯塔，是世界三大灯塔之一，是一座与英国伦敦国际灯塔齐名、世界上罕见的水晶磨镜灯塔，射程 26 海里，是湛江港迎送世界各地往来船只和指引航向的重要灯塔。其坐落于硇洲岛中东部地势最高处——海拔 83.3 米的马鞍山巅，灯塔高约 23 米，全部是用硇洲火山石砌筑而就，塔结构非常巧妙，从外形上主要分为塔基、塔身和塔座三大部分。方形的塔基大约 5 米宽，2 米高；中间为圆形的塔身，高约 19.2 米，巍然耸立于塔基上，气势宏伟；塔顶上的灯座室略大于塔身，四周皆凌空外凸，状如鼓形，线条、弧形流畅优美无比。上面是由 10 多层石砖环砌成的玲珑圆形花篮状灯具室，有门可通绕有栏杆的瞭望台。塔内部中心呈垂直状挺立着的园石柱，螺形的阶梯绕着它直通塔顶。塔基、塔身、阶梯和塔心圆石柱，全是用成千块长而粗大的石板条，经精心雕琢，并利用榫头、榫眼相互衔接，一块一块经过雕琢打磨而成的石块层叠，累砌在一起而筑就。这些砌筑灯塔用的每一块石块材料，既有作为塔基或塔体部分，又同有作为阶梯和塔心圆石柱部分，它们一体紧密相连，使得整体灯塔牢不可分，成为一个坚实的整体。从塔底门踏着 66 块扇形磨心状花石组成的柱阶逆时针盘旋，经斜梯登上瞭望台。正由于采用这种结构工艺，因而使硇洲灯塔具备了与其他灯塔非常不同的特色。硇洲灯塔整体美观典雅、玲珑精致，塔身坚固无比，技艺巧夺天工，在国内外石塔建筑中堪称一绝。

硇洲灯塔的射光靠 160 多块水晶镜片（经人工打磨而成），底座是铜质灯座，机械构造，具有很高的文物价值。迄今为止已经历 100 多年了，它仍然能发挥其使用价值。硇洲灯塔已列入由国务院批准的国家一级文物保护单位。

参加建筑硇洲石灯塔的石匠招广裕，是地地道道的硇洲本土居民，在法帝侵入广州湾时期（1899 年），招广裕承接灯塔建造工程，带头筑起了闻名于世的硇洲岛上的著名建筑——硇洲灯塔。

招广裕出生于硇洲岛上的招屋村，这是历史上一座赫赫有名的村庄，曾是清朝乾隆时期著名水师将领——南澳总兵招成万的府堂。岛上民间相传着一首民谣："硇洲翔龙锅盖地，招屋（指招府）门头七十二。"可见招成万以及招屋村在硇洲岛上的影响之大。招成万的子孙在硇洲岛上繁衍生息，至今已绵延 200 多年，出现了不少才华卓越人士，招国栋、招国梁、招继祖、招步魁……至今仍为岛民称颂的，莫过于清末石匠招广裕，他是招成万的第六代孙。

当年招广裕在法国殖民者眼皮底下工作，要求甚严，条件苛刻，而招广裕凭着自己出色的手艺、一流的水平，完成了硇洲灯塔的建造任务，为国人争了光。如今硇洲灯塔，历经百年风雨，仍稳固如初，仍然尽职尽责，迎来送往，英姿勃发，雄视人世间，光芒不减。巍峨耸立的硇洲灯塔，显示了招广裕出色的建筑才能，令古往今来的游客及民间赞叹不已，他的伟业事迹，也因此更广为传播，民间流传一首歌谣（硇洲谣），名叫《石工师父招广裕》，诗歌赞道："法国鬼，起灯楼，招屋广裕做工头。腰不弄，眼打鸟，人无出众肠肚巧。带徒弟，打石头，尺寸没得差厘毫。灯楼光，通海照，照给船行看目标，照给鱼虾游自在，照给海燕飞入岛。人人都知灯楼好，只讲鬼佬起灯楼。本地姜，总没辣，没知师父是姓招。"这首广为传唱的确良黎歌，讴歌赞颂石匠招广裕，他以心灵手巧出色建造硇洲灯塔，做出了重要的、不可磨灭的贡献。回顾硇洲灯塔诞生的年代，当时落后的生产条件及环境是非常艰苦的，所能具备的施工方法是非常落后的，建筑材料虽然是硇洲本岛取材，但每块石板都重逾千斤，要开采并运到工地，没有先进的运输工具，谈何容易。开采主要工具是铁锤、钢钎等一些简陋的工具，而且运石的工具主要靠牛车、马车、人肩扛和手搬运等。而要雕琢尺寸相等且完全符合规

格标准的、严丝合缝的石板，再由下到上层层构筑垒砌起来，那就更是工艺繁杂、难上加难，可见工程之艰巨。而招广裕却是不畏艰难，率领指挥他的庞大石匠团队，群策群力、夜以继日地艰苦奋战在工地上。经过长时间的努力，一座耸立云端、闻名世界的硇洲灯塔拔地而起，成为国宝，永远耸立于美丽的南海宝岛硇洲岛之上。

1991 年硇洲灯塔被国家建设部、国家文物局和中国建筑学会公布为全国近代优秀建筑。1996 年，硇洲灯塔被国务院批准为全国重点文物保护单位。硇洲灯塔是世界三大著名的国际航标灯塔之一，与好望角、伦敦灯塔齐名，也是“湛江八景”之一。招广裕这个名字也与灯塔同辉。硇洲灯塔在中国的石塔建筑史上占有重要位置，也在世界航标灯史中永放光芒。

硇洲守塔老人陈义

硇洲灯塔有一位与灯塔风雨相伴 30 年的守塔老人陈义，他那闪光的革命品格与闪光的灯塔精神，塑造了他闪光的人生，在历史上写下了光辉的一页。

陈义出生于河南省安阳县一个贫苦农民家庭，1945 年 5 月他参加东北的革命武装组织——红军独立团（他所在的部队先后改编为东北人民自治军、东北民主联军、东北人民解放军、中国人民解放军第四野战军和中国人民解放军海军西营基地）。从此他转战南北，打日寇，锄奸细，抗击国民党反动派，过着戎马倥偬的军旅生活。

1945 年陈义参加四平战役中，与敌人战三天三夜，当爆破手的陈义在火线上被组织任命为代理营长。为了炸掉敌人的双层暗堡，几个爆破组的战友都牺牲了，这位浑身是胆的代理营长，毅然跃出战壕，带着捆在一起的 5 根爆破筒，避开敌人的火力，绕道前行，一举将敌人暗堡炸毁。

在东北的彰武战役，竟然只身连续炸毁日本鬼子 3 个碉堡，并俘获 30 多个敌人，受到组织通报表扬，并给他记功授勋。

陈义在抗日战争和解放战争时期，曾先后参加过解放东北、华北、中南和华南的大大小小共20多次战役。在战争中勇敢与敌人厮杀，所向披靡。陈义先后荣立大功4次，小功多次，并荣获勋章20多枚，1954年曾光荣出席了中南军区庆功大会。

新中国成立初期，军队还要深入各地进行剿匪、镇反等工作。直到1955年2月，组织上考虑到他已年届半百，而军队生活又比较艰苦，怕他吃不消，于是决定将他转业到城市某机关工作，当组织征求他的意见时，他却毫不犹豫地说："我服从组织决定，但我不习惯城市生活，更不是蹲机关的料，还是让我到艰苦的地方干点粗活吧!"根据他的要求，组织上便派他到当时属于海军管理的硇洲灯塔当管理员。

20世纪50年代的硇洲，还是一块没有开发的处女地，尽管这座灯塔是法国当局于1899年兴建的，岛内依然是怪石嶙峋，杂草丛生，交通不便，且长期缺水，生活条件很差。但陈义也乐意于此安家。当他一登上这座孤悬海外的岛屿，便立即用自己的工资买回铁镐、锄头，在灯塔周围开荒种植。经过他几年的努力，这座光秃秃的马鞍山变得绿浪翻滚，果菜飘香，成为硇洲一道亮丽的风景线。前来检查工作的领导和随行的同志，无不为他艰苦创业的精神所折服。

高耸于马鞍山上的硇洲灯塔，高约23米，从塔底到塔顶，要经过87级盘旋而上的石阶梯，陈义每天都要提水上塔擦拭透视镜座和挡风玻璃。在他高度的责任感驱使下，那160多条水晶镜片和铜质灯座被擦拭得一尘不染，一直保持着晶莹透亮。

陈义没有家眷，几十年来，他一直与灯塔风雨相伴，在他看来，灯塔就是他的家。

1980年，刮起了历史罕见的第七号强台风，风力达到12级以上。为了使灯塔不受损坏，陈义与其他管理人员搬来床板、门板，运上23米高的灯塔平台，冒着狂风暴雨加固灯塔门窗。狂风吹得他们直打哆嗦，暴雨把他们淋得全身湿透，但他们依然坚持，直到灯塔的门窗被加固好为止。在陈义和其他职工的努力下，终于使灯塔顶住了台风，灯塔上的灯光在狂风暴雨中依然如故地发出射向海域的光芒。

1983年初，陈义到广州参加交通部广州航道局召开的劳模表彰会，第二天刚开完会就要求离穗回岛，为了使他心情舒畅，组织上派车送他到公园散心，但过了一会儿陈义便又提出回岛，领导劝说他，他却说："大家都争分夺秒干'四化'，我的任务是管理灯塔，实在无心欣赏这些。"就这样，他在广州只待了3天便回岛。

1985年6月的一天，陈义值班时不慎在灯塔石阶梯上摔了一跤，眼皮也裂开了一条缝，进医院后医生给他缝了4针。在医院刚待4天，伤口还未拆线，他便要求出院，后经领导劝说才勉强在医院住了7天，刚拆完线便回岛了，航道局的领导和医院的医生望着他离去的背影，都发出由衷的赞叹声。

1988年7月的一天深夜，灯塔上的一只一千瓦水银灯泡的钨丝突然被烧断，正在值班的陈义顾不上用布垫手便拧下炽热的旧灯泡，又迅速安上新灯泡。灯塔及时复光了，来往的巨轮在塔灯的指引下平安地行驶着。可是又有哪个船员知道这位灯塔老人为了他们航行的安全，在换灯泡时手上被烫得起了几个水泡而阵阵作痛呢！

几十年来，他一直坚守在岗位上，从不因私事离开过海岛，每次因公出差内地或到内地开会，一办完事或一开完会便立即回岛。有一次，他因高血压而昏倒在地，组织及时送他到海军422医院抢救，当他刚刚能站起来走路，便坚决要求出院，为此，医生只好让他带药返回海岛服用。

1979年10月，一位姓王的副司令员到岛上检查工作，认出陈义是自己当年连队的老战士，便亲切地对他说："你老了，行动不便，管理灯塔的工作就让青年人干吧，跟我回内地休养去。"陈义紧握着这位首长的手说："我舍不得离开灯塔，在这里我已经守了20多年了，年纪是大了点，但身体还好，我还想在这个岗位上多干十几年哩！我死后，希望组织能将我安葬在灯塔旁，让我永远伴随着灯塔。"

陈义守塔30年来，灯塔从未出过事故，管理处因此多次被评为先进集体，他本人也先后荣立三次三等功。特别是1981年海军将硇洲灯塔移交给交通部广州航道局管理后，连年被评为广州船道局劳动模范，他的先进事迹也先后在《解放军报》《南方日报》《广东画报》《海军报》《湛江日报》以及中央人民广播电台、广东电视台报道。

陈义日常生活并不那么讲究。他是一个八级工，又是一个参加过抗日战争与解放战争的革命老军人，每个月工资近百元，这对当时来说已是一个了不起的收入，而且他孤身一人，生活上没有大的开销，平时穿的都是部队发的军装和地方工作服，破了自己补了又穿，盖的也是部队原来发的被，脏了洗净又用。他整个家产只有几件旧衣服和几个装着公家器材的自制木箱，他说："我们不能认为富裕了就图享受，要知道勤俭节约是我们的优良传统啊！"平时他那么节俭，他的钱全用于帮助困难户。他常对人说，一个人不能只为自己，见别人有困难就应该帮助，这才是中国人的本质。

灯塔附近村庄有这样一位姓陈的村民，因为孩子多，平时生活很困难，陈义知道后，便决定帮助他，接济他。

一位叫梁妃华的"五保户"得了风湿病，由于无钱医病而造成半身不遂。陈义知道后，亲自请医生给他看病，并给钱为他买药，直到这位"五保户"康复为止，村里人都说他是"济世活佛"。

1969 年 6 月的一天，陈义因公外出，路过硇洲岛淡水镇卫生院时，看到一位中年农民因无钱给孩子医病而站在卫生院门口流眼泪，陈义问明原因后，当即将身上仅有的 30 元交给这位农民，这位农民接过这笔救命钱后，感动不已，连连道谢，他的孩子也因为有了这 30 元而得救了。

20 世纪 60 年代初，硇洲灯塔管理工朱其源的爱人得了病，久医不愈，钱也花了不少。并且家里养有 3 个孩子，的确难以维持一家五口的生活。陈义看在眼里，痛在心里，于是决定资助这位患难的职工。当天便将锅碗瓢盆全搬到朱其源的家里，和他们一起生活。从这以后，陈义把大部分的工资用来分担朱其源全家的困难。陈义的事迹传遍了祖国的大江南北，陈义的灯塔精神散发在全国人民的心中，一封封感人肺腑的信件如雪花般寄给这位灯塔老人，中山大学陈晓燕等 6 位学生于 1985 年 8 月 25 日来信说陈义的事迹将激励着他们发奋学习。可惜这一封信来迟了，这位 80 岁高龄的灯塔老人在这封信送达之前的 1985 年 8 月 25 日已经安然离世。来信的 6 位中大学生，知道陈义去世后悲痛不已。陈义去世后，南海舰队副司令员杨玉书以及广东省各级党政机关领导也为这位去世的灯塔老人题词，以表哀思。组织上为了勉励后人以及为实现他的遗愿，将其遗体安葬于灯塔旁，并建起纪念亭，作为对这位为共产主义事业而鞠躬尽瘁的灯塔老人的凭吊与追思。

陈义在平凡的岗位上做出不平凡的贡献。在几十年的革命生涯中，他始终贯穿着对党的无限忠诚，他的事迹和精神，将永远像灯塔上闪耀的照光灯，光芒四射，照亮着、激励着、鞭策着我们前进。

4. 硇洲岛风俗民情

硇洲岛的景观与风俗

硇洲岛是中国最大的火山岛，广东唯一的火山岛。大约 20 万—50 万年前由海底火山爆发而形成的海岛，以岛上遍地青石且坚硬而闻名，宋代之前称“硭洲”，又称“碙洲”，南宋末期，逃亡岛上的宋皇二帝为表抗元复国的心愿，更名为硇洲，旨为“以石击匈奴赐以硇洲”。岛面积 56 平方千米，海岸线长 43.98 千米，为雷州湾前哨，扼守高雷，严把进入湛江湾航道，襟控南海，护卫海上贸易，历为兵家重地，硇洲与南三岛、东海岛等岛屿形成湛江港的天然屏障。岛上有马鞍山，清光绪八年（1882 年）《吴川县志》记载：“马鞍山在硇洲，去城一百三十里海中突起二峰，形如马鞍，其地最为险要，上多乱石，东二石最高耸，以罗盘置其上，指南针旋转无定。西二石大五六尺，西北一角置罗盘，针皆指北。地理特征奇异。”

宋朝廷迁到硇洲，给岛上留下无数历史遗迹，如：皇皇井、宋皇村、翔龙书院、三忠祠等。人文胜迹厚重，自然环境优美，为名贤仁宦留下铿锵诗句，李光昭写道：“为吊天南一柱支，景炎家国播迁时，双忠贯日空葵拱，旧县翔龙已黍离。假息纪延天水历，偷生降逼李陵旗。孤洲民尽崖门赴，大有田横岛士奇。”硇洲绅民为凭吊忠魂，在岛上筑立天平庙纪念文天祥，筑立调蒙宫纪念陆秀夫，筑立高岗庙纪念张世杰，一体三忠祀典同。清光绪十八年（1892 年）《吴川县志建置》中记：“三忠祠，在县治后东偏南向，祀宋名臣文天祥、陆秀夫、张世杰，前明时建祠硇洲，后祀。康熙五十五年（1716 年），知县何美改建于县学崇圣祠右，乾隆间学宫改建，迁祠于吴明义学之左。湫隘不治，光绪十三年（1887 年）七月，官绅集捐改建今所，正寝三间，大门称之中为拜亭一、客厅二，知县毛昌记。”

津前村的天后宫是硇洲历史悠久、规模宏伟的古庙，始建于明朝正德元年（1506 年），重修于清朝咸丰六年（1856 年）。庙坐东北向西南，临海南，为砖木结构，建筑三进，进深 67 米，祀奉天后像，内有明代遗存下来的“海不扬波”匾额，还有铁钟、宝鼎等各种珍贵文物。在遍布世界几十个国家和地区的几千座天后庙中，硇洲岛的奇异祭典和古老独特的遗俗引人瞩目，尤其是津前天后宫庙。庙中天后坐轿，楹联刻着：“像是莆田尼山吴祖；庙居津前正德元年。”每年农历三月二十日，岛上渔民进行斋戒，执庙内仪仗轿抬天后坐像及簇拥着轮流在十二个坐主家中供奉的行像“上坡”，回上街尼婆亭山墩前的天后宫“娘家”“朝堂”，供斋上香祭拜，演戏酬神。至廿三诞日下午拜完“朝离”卜头始“下坡”回津前天后宫庙开斋，并继续在庙前演戏酬神。青年男女纷纷结成十兄弟、十姐妹祭拜许愿，祈求如意吉祥。远嫁他乡的硇洲妇女和到外洋捕鱼的渔民都成群结队地赶回岛上，共庆妈祖的诞辰“拜坡祭祖”。

津前天后庙的像台下有块谜一样神秘的青石板。古老传说，青石下为古墓，有红衣红裙桃面女尸，千年不化。而庙祝每晨必置清水毛巾于神台供天后娘娘洗面，相沿成习俗。明万历三年（1575 年），雷州推官顾以锡为报天后显灵庇佑他在硇洲洋面战胜海盗之恩而在庙前建石碑坊一座，并书“海不扬波”坊额。道光年间，硇洲振威将军、福建水师提督窦振彪也专门献福建石雕狮子酬谢天后神恩。同治年间，吴川状元林召棠还亲临岛上，题书天后宫庙额。楚南王近仁官任硇洲巡检，仰慕先贤，亦仿顾以锡笔迹书“海不扬波”四个苍劲大字。逢初一、十五之晨，清朝官员则鸣锣祭祀天后，祈求保佑顺风安全，并在船上供奉天后神位。

硇洲岛津前天后庙亦经修复对外开放，游人络绎不绝。不少港澳台等地同胞也赴津前天后庙进香许愿，有的还专程将石狮、石香炉献给津前庙。天后宫旁还有观音庙、关公庙，集佛、儒、道为一体，实属罕

见。

津前海岸天后宫前，还有展示驻硇洲解放海南岛渡海作战指挥部图文的纪念馆，记载当年指战员训练准备渡海的情景，还有一座渡琼战役纪念碑和军民赴琼渡海作战的雕像。

“广东最美丽的海岛火山玄武岩就在硇洲。”著名摄影家谢墨先生在硇洲采风时如是说。那晏湾可见高大的火山岩，遍布沙湾之东南两处。巨浪拍岸，陡峭的石壁雄伟壮观，那晏海石滩成片大型柱状玄武岩是世界上迄今发现较为典型的火山玄岩，其六角柱形的柱状节理，是由于岩浆冷凝收缩而造成的裂缝，最为奇特的是每个冷凝中心发生向三个方向的裂隙，形成正六边形柱子。整个陡崖像一根柱子挨着一根柱子，排列而成一幅巨大的面海大屏风，是自然界极为罕见的奇观。

那晏海石滩，奇景迷人，半月形银滩和怪石嶙峋的石林、石山，被大浪不断冲刷的巨石、乱石堆，构筑石滩奇特景观。黑色的海石，大小高矮不一，有的像山鹰展翅，有的像猛虎扑羊，有的像一只仙人遗落的巨靴，有的活像雄鸡报晓，有的更像老龟爬山，等等，景象万千，引人遐想。这万千大石头被浩如烟海的潮头大浪冲击着，发出声声巨响，形成天地交响乐。

走进那甘古村落，有一座已逾数百年的珊瑚古宅，也可能是世上最悠久的珊瑚屋，它是古人用石头、珊瑚和红泥土混合物材料砌筑的墙体，用瓦盖顶，虽然部分墙体已脱落，但建筑物依然牢固完整。珊瑚古宅布局合理，分三大部分组成，设 3 个大门口，里面的所有房子共 72 个门。从每个大门进入，内有 2 个大院子，从院子再进到各间房子，里面类似四合院，俗称“四口包窗”，每间房子进出口处有活动空间，房与房之间，人们互不影响、互不干扰，这里面空气流通，采光很明亮。这座珊瑚大宅现在居住着几百户人家，形成 1000 多人的大村。村内有座窦氏宗祠，已有 280 多年的历史，据记载清代水师提督窦振彪曾在祠堂读书。

在这座岛上还有福建水师提督窦振彪的陵墓，清朝还出了福建南澳总兵招成万、福建金门总兵杨元超、山东登州总兵陈辉龙，有“一提督三总兵”史迹昭示人杰地灵。扫屯村还出土过战国时期水波纹陶盂罐和青铜剑等生活用品和武器，见证了硇洲岛历史的厚重。硇洲岛上有 18 座纪念妈祖的天后宫，宋代还驻屯过 10 多万军民，他们当中有相当一部分在硇洲及雷州半岛各地隐居下来，繁衍了他们的后代。

走在硇洲的火山土路上，到处是绿色的世界，香蕉林、果林，还有岛民居住的“小洋房”，碧海蓝天下，构成一幅锦绣图帛。如果你能登上最高处的硇洲灯塔，扫视全岛，俯瞰之下，整个海岛就像漂在碧海中的绿色翡翠。据镇领导介绍，不久的将来，硇洲岛将是湛江市的后花园，届时它就是一个集海鲜美食、人文景观及海洋火山综合观光的旅游岛，将迎接来自中外各地的游客。

有关硇洲的古代诗词摘录①

（一）硇洲海战

忽闻丑虏犯硇洲，投箸挥刀杀寇仇。
海面火攻鏖战急，反风助我逐强刘。

此为宋朝进士陈惟中（吴川县吴阳那蒙村人）于宋宝祐四年（1256 年）所作，作品描写实战的情景。作者是见证与经历者，当年他指挥运粮船队，与元将刘深进行你死我活的战斗，为保护皇粮而挥刀杀敌寇。全诗将海战场面刻画得淋漓尽致。

（二）吊祥兴帝二首

翔龙宫殿已蓬飘，此日伤心万国朝。
目击崖门天地改，寸心难与夜潮消。

黄屋匡扶事已非，遗黎空自泪沾衣。
众星耿耿沧溟底，恨不同为一少微。

此为南宋侍郎马南宝（广东香山人）哀悼已亡宋王朝而作。表达作者对宋朝廷的忠心赤胆，以“寸心难与夜潮消”句，十分形象而又绘声

①摘自黄振强《湛江古今诗词》。

绘色地描写了作者当时的心境，是两首悲恸万分的感言诗。

（三）望海

吴川望海水溟溟，万斛龙骧一羽轻。
沙碛煮盐凝皓月，潮痕遗贝丽繁星。
硇洲夜露金银气，神电晴岚鹳鹤鸣。
玉节南来天北极，安边归颂海波平。

此诗为明朝洪武进士解缙（1369—1415）所作。描写他自己坐着南来的大船，轻快地到了南海边上的硇洲岛，海面闪烁着的渔光与天上的繁星互相辉映，气象万千，好一派南海风光，体现当地一派祥和平安。

（四）硇洲吊古

一旅南巡瘴海边，孤洲从樾系楼船。
从容卷土天难定，急难防元地屡迁。
丹凤未传行在所，黄龙虚兆改初年。
当时血战潮痕在，长使英雄泪黯然。
海门鲸浪吸硇洲，诸将当年扈跸游。
赤岸至今迷御辇，苍梧何处望珠丘。
行朝草树三千舍，故国烽烟百二州。
争死崖山无寸补，独余肝胆壮东流。

此为明朝吴国伦［1517—1578，江西兴国人，嘉靖二十九年（1550年）进士］所作。作品是怀念南宋王朝的抒情诗篇，描写了宋室悲壮殉国的画面，表达了对南宋灭亡的悲悼和惋惜。

（五）硇洲

草草君臣噩浪中，难将成败论英雄。
当年马鬣无抔土，此地翔龙有故宫。
寡妇孤儿亡国恨，捐生取义古人风。
崖山仿佛英魂在，一体三忠祀典同。

此诗为清朝盛熙祥（浙江嘉兴人，吴川知县）所作。作品描写南宋末年小皇帝避难硇洲，最后在新会崖山与元军决战失败，投海殉国。表达作者“难将成败论英雄”的观点，敬仰南宋爱国英雄文天祥、陆秀夫、张世杰这样忠心耿耿的大臣。

（六）硇洲

一代兴亡问石头，硇洲谁误古硇洲。

诗人只讶迁崖速，曾未乘槎海上游。

此诗为清朝李文泰（1840—1913，吴川县吴阳人，清代广东十大才子之一）所作。作品描写南宋末代皇帝迁徙硇洲登基，但守住孤岛难御来犯元兵，移师那里过于“速”，而考虑不成熟，犯了战略上的错误。作者创作的本意是以此为鉴引起后人的警醒。

（七）望海·次解缙韵

茫茫无际见瀴溟，急浪飞催市舶轻。

万斛潮来喷粒雪，片帆高去拂天星。

螭龙出没随波舞，鹤鹭蹁跹傍屿鸣。

北阙久歌清晏曲，硇洲四望颂升平。

此诗为清朝吴川县令李球随所作。叙述作者站在硇洲岛上眺望南海，岸边汇聚赶集市的船只。在此间依稀听到那远方宫殿北门清晏的歌曲，及看到依傍着岛屿鸣叫的鹤鹭飞舞蹁跹，这一片歌舞升平的景象，让他产生对硇洲岛的美景致以夸张的手法抒情于纸上的想法。

（八）翔龙县

乱石围孤岛，龙翔想故宫。

极天鲸浪黑，白日鲎帆红。

朝夕云烟变，蓬瀛远近通。

已无泉客泪，慎尔蜓船风。

此诗为清朝沈峻［天津人，乾隆五十二年（1787年）吴川县令］所作。作品描写南宋最后皇都硇洲，周边是望不到边的像鲸鱼涌起的波浪，过往的帆船似鲎帆那样红，像蜻蜓那样轻飘飘。暗示这里早晚都有变化。其实远近都是可以通蓬瀛仙岛，但现今南宋小朝廷、小皇帝已成泉下之客了，只是没有眼泪。提醒人们要注意风云变幻，是一种政治暗示。

（九）硇洲感怀

帐殿帷宫散晓霞，硇洲漂泊感啼鸦。

天涯露泣龙须草，海畔霜寒凤辇花。

万死孤臣空有泪，八龄冲主已无家。

不堪更说祥兴县，零落西风起暮笳。

此诗为清朝信宜岁贡林栋所作。作品描写宋朝硇洲小朝廷已是暮日，最后的龙宫已成为历史，诗中感叹的字句，让人们在生活中注意风云的变化，这钟声长鸣留下无限的思念。

（十）硇洲·次沈峻韵

一洲环若掌，万户瞰龙宫。

渔舍茅多白，沙田土半红。

扶胥千里接，儋耳片帆通。

尽地存炎社，长怀国土风。

此诗为清朝吴川教谕欧阳梧所作。作品描写硇洲虽然似巴掌大小，但它曾是南宋皇帝的社稷之末都，千家万户都眺望这里的“龙宫”。人们永久缅怀和敬仰像文天祥、陆秀夫、张世杰这样国中之俊杰的人物及其风范。诗词赋予硇洲以更多更具体的现实政治意义，充分肯定它的历史价值。

四、特呈岛文化

1. 特呈岛概况

特呈岛是湛江第五大岛，位于北纬 21°09′1″—21°09′9″，东经 110°22′5″—110°25′00″。南北宽 1400 米，东西长 2700 米，面积 3.6 平方千米，海拔 8.4 米。特呈岛是一个美丽的海岛，坐落在湛江港湾内，距湛江市霞山区东南 5 千米，东北面与南三岛相邻，南与东头山岛相望，西与湛江港第四作业区相对。在霞山长桥码头乘摩托快艇只需 4—5 分钟，坐轮渡 20—30 分钟就能到达特呈岛。

2. 特呈岛自然景观

全岛原来与大陆相连，后因地壳变动与大陆分离而成此岛。宋代以前是一个荒岛，地势平坦，地表为沙质土壤。周围是金黄色的沙滩和蜂窝状的红色砂质角砾岩以及大片红树林带，岛上有近百棵参天古榕和断续分布的热带灌丛，还种植木麻黄、棕榈和青竹，浓荫蔽日。特呈岛的沙滩全长 3 千米，这里的海滩可供游客游泳、晒日光浴等。

岛南部沿岸海滩分布着面积 1000 亩的原生红树林，有红海榄、木榄、白骨娘、桐花、秋茄等树种。有的红树树围粗大有几十厘米，树高几米，已有百年以上树龄。沿岸海滩肥沃、水质洁净、阳光充足，是红树林生长的理想区域。1998 年特呈岛红树林由省级自然保护区升为国

家级自然保护区。

3. 特呈岛历史与人文景观

历代行政与其他

特呈岛在宋朝以前是一个荒岛，与南三岛（十岛）自明洪武九年（1376 年）到清光绪二十四年（1898 年）属高州府吴川县，统称南三都。清德宗光绪二十五年（1899 年）11 月 16 日，清政府派广西提督苏元春与法国海军提督高礼睿签订《广州湾租界条约》，吴川县南三都被划为法国租借地，统称广州湾。从此，特呈岛属于法国租借地范围。1943 年 3 月，日军侵占广州湾，特呈岛与其他岛屿均为日本所统治。但其行政区域、机构设置仍沿法租界不变。1945 年 8 月 15 日，日本投降后，法国交回广州湾主权由中国政府接收，国民政府将广州湾改名为湛江市，特呈岛同属南三，归湛江市管辖，称北渭区（后改称南三区）。第二次世界大战后，美国和蒋介石曾计划在此岛建立海军基地，作为远东地区重要战略设施之一，后来此计划破产。

特呈岛于 1954 年 1 月由湛江市西营区划归雷东县四区。1957 年 3 月雷东县撤区建乡，雷东县第四区（南三）分设灯塔乡、田头乡、巴东乡及保留特呈小乡，直属雷东县领导。1958 年 9 月 25 日，成立南三人民公社。1961 年 6 月，南三公社改称南三区。1963 年撤销南三区，复名南三公社，隶属湛江市郊区。1970 年 8 月，湛江市郊区撤销，南三公社由市直辖（其中特呈岛于 1971 年 8 月从南三公社析出，划归海头公社）。1973 年，恢复湛江市郊区，特呈岛复归郊区管辖。1983 年 6 月南三公社改称南三区，属湛江市郊区，特呈岛属海头区。1990 年后特呈岛属霞山区管辖，隶属海头乡人民政府。

特呈岛从南宋末年开基始祖移民算起，已有 700 多年历史，据《陈氏家族谱》记载，特呈村民来自福建莆田，陈文裕、陈文礼兄弟分别到特呈岛东西部，择地建宅逐渐形成村落。初以农渔耕为活，后以海洋捕捞为主，繁衍生息，引聚集居。

特呈岛历史悠久，吸引文化名人登岛并赋诗。明朝著名大臣、翰林学士解缙于永乐五年（1407年）曾登上特呈岛，赋七言律诗《题特呈山温通阁》一首，诗曰：“峰濯沦溟应斗魁，波澜绕翠浪头排。火烟光起盐田熟，海月初升渔艇回。风送潮声平乐去，雨将山色特呈来。地灵福气生天外，自有高人出世才。”全诗情景交融，挥洒自如，描绘了特呈的地理景观和人文景观，特别是把特呈岛的重点生产项目煮盐和捕鱼写入诗中，给特呈岛留下非常珍贵的史料。清朝乾隆二十一年（1756年），生盐池漏开始从福建经粤东传入粤西，逐步改煮盐为滩晒生盐。技术改革，盐产量大幅提高，盐业迅速发展，其中茂晖场管辖的南三、乾塘、特呈等盐区就有池漏300余口，建有盐仓26间。从清康熙六年（1667年）起，官方的盐税机构盐课司署就设在特呈岛。

2003年4月10日，胡锦涛总书记考察广东，第一站就到了湛江，亲临霞山区特呈岛坡尾村就解决海岛存在的“交通难、避风难、卖鱼难”等问题做出重要指示。后来又给村民陈武汉回信，指示要“早日把特呈岛建设成为文明生态旅游新海岛”。湛江市委、市政府认真贯彻落实胡锦涛总书记的精神，在霞山区特呈岛掀起了建设文明生态旅游新海岛高潮，并带动全市生态文明村创建活动深入发展。

在各级党委和政府努力下，在岛上打了两口200米深的机井，解决了岛民饮水难的问题。还投资580万元，加强绿岛的交通和渔业基础建设，计划修建环岛公路14千米、水产码头长1000米、水产市场2000平方米。目前已完成了车渡码头二期工程，购置一次能容纳8部汽车的渡船1艘，完成水产码头建设150米长。同时，迈步大力开发特呈岛红树林的旅游资源，做好冼太庙等历史遗址的保护工作，使特呈岛成为理想的海岛旅游区，人们休闲的乐园。特呈岛已由中鑫公司建成了温泉休闲度假村，景观蓝图与布局规划由著名画家柯国强总设计。景区内的海岸沙滩停泊着帆樯屹立的古船，花丛树林间石溪流水，别墅窗外绿树成荫、古榕参天、修竹敲韵、花果飘香、蝶影逐飞、海鸥翔集，构成了一幅美轮美奂、蔚为壮观的图帛。

特呈岛有9条自然村，以渔农业为生，有渔船480多艘。近年由捕捞走向养殖，放养石斑鱼、红鱼、曹辉鱼等，捕捞和养殖水产品远销广州、深圳、珠海、港澳等地区。岛民还大力发展农林业，植树种果，绿化覆盖率达到99%。由于渔、农、林业并举，改变了生态环境，也改善了岛民的生活，岛上人家普遍建了新楼房，许多渔民还买了摩托艇，过上美满幸福的生活。

明臣解缙到特呈

解缙（1369—1415），江西吉水人，才学渊博，19岁中进士，官至内阁首辅，翰林学士，永乐元年（1403年）受命为《永乐大典》总裁，组织3000学者编书，这是世界史上最早的一部百科全书，也是我国最大的一部类书。解缙性格刚正不阿，不与邪恶同流合污，屡遭权贵陷害，降职罢官，大典尚未完书，就被贬谪到广西任布政参议，途中加刑发配到交趾（今越南）兼任督饷化州一职。

特呈岛属高州府，历史上盛产海盐，是明朝著名的茂晖盐场所在地，也是朝廷重要盐税的缴纳地，朝廷直派大使驻岛督理盐政税收。永乐五年解缙回京奏事，沿雷州、广州驿道返京。当时必须经过平乐渡。湛江现存最早一部《雷州府志》［明万历四十三年（1615年）编纂］有载："平乐渡，东西十里，二十一都，原有官舟，编夫。"又云："平乐步东五十里，二十二都平乐村，自吴川等海至此泊舟，路西通本县（遂溪）。"平乐渡斜对面是特呈岛，设有盐税机构盐课司署，是解缙化州督饷管辖范围，也是职责所在。解缙平生风流倜傥，加之海岛风光"峰濯沧溟""波澜绕翠"，令解缙浓意盎然，便顺道泊船登岛游览一番，写下七律《题特呈山温通阁》。诗中所提"温通阁"，现存最早的清康熙八年（1669年）编纂的《吴川县志》，有具体条载并介绍解缙《题特呈山温通阁》一诗。清光绪十四年（1888年）编纂的《吴川县志》卷三古迹记载："温通阁在南三都特呈山上即古茂晖场，今圮。"圮即毁灭。古汉语解释，亭指有顶无墙的建筑；台指土筑的高坛；楼指两层以上的屋；阁指架空的楼，不住人。温通阁应是架空的两层建筑，用作观看海面和观察盐民煮盐。

温通阁虽毁，但在历史上留下名人遗风，有史书记载，十分宝贵。

解缙的登岛诗，描绘了特呈的地理景观和人文景观。诗句“火烟光起盐田熟”，令茂晖盐场煮盐作业的壮观场面跃然纸上，给特呈岛留下珍贵的盐业生产史料，名人登岛赋诗也为茂晖盐场增添了独特的历史底蕴。解缙只活了46岁，遗下诗作不算很多，小小特呈岛能触动解缙留下名人遗篇，非常珍贵。

茂晖盐场与特呈岛盐史

特呈岛是广东最早的规模产盐地区之一，宋代已采用草灰或晒沙取卤熬煮工艺生产熟盐，即民间所说“煮海为盐”。特呈岛四面环海，光热丰富，海水盐度较高，岛上原有特呈山岭，山林茂密，柴火充足，煮盐条件优越。高雷地区现存最早一部《高州府志》［明朝万历四十一年(1613年)］有载：“吴川县南六十里日特呈山，青秀峙于海中。”茂晖盐场设于元代，属广海盐课提举司管辖。清代，茂晖盐场因在法租界广州湾内被撤。从明朝到清朝，特呈岛一直都是著名的茂晖盐场所在地，其制盐业是当时的重大生产项目和经济社会重要活动内容，也是朝廷重要的盐税缴纳地。特呈岛设有盐税机构课司署，时间长达百年，朝廷直派大使驻岛督理盐政税收。

清康熙八年(1669年)，《吴川县志》《地表志》有载：特呈山在南三都，形园而势小。青秀耸起，上有温通阁，壁间题咏，其下即茂晖场。所载明确特呈岛是茂晖盐场所在地。据清乾隆年间编纂的《吴川志》记载，官定年产盐数额为1060包，每包75公斤，合计79.5吨，共征课银一百七十六两八钱，民间的盐税征收尚未计算在内，可见当时特呈岛盐业十分兴旺。

(一) 盐民崇尚的“三宗”

盐业作为古代的一个重要产业，和其他产业一样，产生了自己的“祖宗”崇拜。同样，特呈岛古盐场盐民崇尚自己的“三宗”。盐业发展的历程漫长，其间出现过为盐业生产、发展做出突出贡献的人物，他们是盐民心中尊敬的人物，自然也就成为心灵的寄托享祭拜。过去盐区崇尚“三宗”，即产盐之宗夙沙、经盐之宗胶鬲、管盐之宗管仲。三位人物，分别在产盐、贩盐、管盐上各有独特建树而尊为盐宗。“三宗”寄托盐民对盐业开拓者、贡献者的崇敬，也代表盐民的祈愿。

夙沙，传说古时第一次用火煮海水为盐的人，他是人工盐的首创者。据记载，夙沙氏原是一个古老的东夷部落，夙沙是部落以最善于煮盐而出名的能人。海水煎盐之法，盖始于此，被尊为“产盐盐宗”。

胶鬲，殷商时代的一个鱼盐商贩，是我国历史上最早见于史载的盐商。文王曾举胶鬲为重臣，他对盐业发展颇多贡献。胶鬲是中国经营食盐收购和运销第一人，被尊为“经盐盐宗”。

管仲，春秋初期著名的政治家，齐桓公重臣。管仲大力进行改革，使齐国力大振，成为春秋第一霸主，他确立盐专卖，实行盐的生产、税收、运销统一管理，最早提出盐政，被尊为“管盐盐宗”。

（二）煮盐生产流程

千余年来，海盐生产进行过三次技术革新。第一次从唐代开始，改直接煎煮海盐为晒沙士淋滤制卤，再煮卤成盐；第二次在宋代开始，改煮卤成盐为晒卤成盐，进一步利用阳光和风力进行盐业生产；第三次从明代始，改晒沙士淋滤制卤为晒海水制卤，充分利用阳光和风力进行盐业生产，从而完成了天日制盐法。特呈岛古盐场盐业生产，沿用传统的制卤和将卤水熬煮成盐方法，即《汉书》所说的“煮海为盐”。整个生产过程有10余道工序，大致包括几个：

①开辟纳潮制卤滩场和设置煮盐结晶工场：近海筑堤御潮，建水闸纳潮排淡；开沟筑成方块滩场，贮海水制卤。在附近打灶架锅，开设煮盐工场。为防风吹雨淋，盐灶之上还要搭起灶寮，如同厂房。盐灶有一灶一锅或一灶多锅。煎盐的锅，汉代叫“牢盆”，宋代以后，一般称作“盐盘”。煮盐锅有两类，一种是“鼓铁为之”，用生铁铸造，比较耐用，但成本高；一种是用竹篾编织，内外用壳石灰厚厚涂层，其状似盘，虽易烧坏，但可就地取材，成本低廉。煮盐的工人，叫灶丁，也称灶户。

②制卤。有两种方法：方法一，首先准备柴草灰，在海边滩地先铺上草灰一寸左右，以吸收盐分，到次日中午扫取灰盐，然后淋卤灰制卤。挖深坑，四周及坑底垒筑坚实，横架竹木、上铺席苇，将充分吸收了盐分的草灰放在席苇之上，用海水淋浇出浓度较高的盐卤流入坑内。

方法二，海沙制卤。在海边潮水可到之处，铺满细沙，耙松，使沙能充分吸收海水。待风吹日晒干后，成为卤沙，然后淋卤沙制卤。设置盐漏，一般方形，高深视需要，四边砌石，架上竹木铺席苇盛卤沙，用海水淋浇成盐卤渗漏入池内。

③将卤水熬煮成盐：制成饱和卤后，进行煎炼。采用鸭蛋测试卤浓度，蛋浮为浓，蛋沉为淡。将盐卤置于铁锅或竹编的盐盘中用柴火加热蒸发煎熬成盐。最大的锅可装五担卤水，小锅一般可装一担卤水。随着水分的蒸发，盐卤渐渐增浓，最后结晶析出固体盐食。

煎炼时收取食盐有两种做法：一种是将水完全烧干；另一种是随时捞取食盐，同时再加新卤水，再蒸再捞，连续出盐。这种连续作业的方式，有效地利用了热能，节省了工力。一口大锅昼夜可出盐 200 斤左右，一口小锅昼夜则可出盐 60 多斤。

（三）特呈岛古盐场、盐政与盐官

自古以来，盐务始终是执政者最为关心的重要政务，特呈岛古盐场受到严格的盐政盐官管辖。盐是人类日常生活中不可或缺的东西，开门七件事，柴、米、油、盐、酱、醋、茶，盐被冠之“百味之祖”“国之大宝”称号。因其与国计民生息息相关，历代盐税均是国家财政重要组成部分，统治者极其重视盐政。自春秋时期管仲推行“管山海”，出现中国最早的盐专卖后，历朝历代，相继沿袭，至明朝的管理系统更加完善。在全国主要产盐区设置转运盐使司、盐课提举司，下设不等的分司，由朝廷直接委派盐官负责管理盐务，执行盐法。特呈茂晖盐场属海北提举司管辖，设大使，掌铜印、配协理盐务员一人执政。大使级别待遇甚高，与知县同为八品；年俸银四十两。明永乐元年（1403 年）以后置巡盐御史，巡视私盐，督催税款，官方严格控制盐业生产。

据乾隆五十五年（1790 年）故宫珍本《吴川县志》所载，朝廷直派茂晖盐场大使，从明朝洪武二年（1369 年）计起，先后明朝有昌晋、郑仙、张珮、杨寿、程尚官、曾可传，清朝有牛冲斗、杨延桂、陈美、刘之玺、郑健、蔡以谦、王进禄、张明另、朱振声、赵继兴、孙灏、吴绍祖、常瑛、朱朝栋、马良、焦瑾、纪履中、毛栻、杨瑢、陶必榕，共 26 人之多。

（四）特呈岛古盐场盐业的营销

在中国盐业发展史上，明朝是一个很重要的时代。特呈茂晖盐场正是在这一时期进入鼎盛阶段。据记载，明代海盐资源分布在全国10省250个市、县，供给范围广阔，是一种跨区域性行销的盐种。特呈茂晖盐场生产的海盐，堆放在“海场盐仓”或“转搬仓”后，借助四面临海这一便利海运交通优势，将原盐运送出去，再由官方调拨各地。

盐业作为中国古代社会的一项支柱产业，一直受到历代王朝的重视。明朝前期，沿海制盐业全部由官方一手经营。对私盐定罪较重，灶户按丁计税，必须完成国家规定的产额，完成后官方则给予工本米钞，超额的余盐也要交给国家，不能私自支配。明朝后期，改为商买商卖的包销制度。商人先向政府购买盐引（食盐的专卖证、执照），每引中缝盖印，后部叫“引纸”，给商人；前部叫“引根”，用以存档。商人凭盐引到指定盐场收盐，又到指定地区销售。其后，令盐户将应纳课额（盐税），按引缴银，谓之“仓盐折价”。至清朝，实行中央户部管理全国盐务，盐政之权分于各省。官督商销，即召商办课（盐税），商人向政府缴纳引税后领取盐引，盐商中收盐者为场商，买盐者为运商，垄断了盐的收买、运输和销售。

4. 特呈岛风俗民情

春　节

春节又称“过年”，是我国民间最隆重、最热闹、内容最丰富的传统节日，普天同庆。特呈人对春节时间的界定，一般从农历十二月二十三日至次年的正月十六日，统称为春节期间或过年。有“未过正月十五都是年”之说，也就是说到了正月十六日才算春节结束，故节前有“年晚”“挨年”的叫法；节后有“年初几”“年十几”的称谓。特呈岛旧时的春节习俗，有着中华民族的传统内容和形式，又有自身的风俗和特色，其中闹元宵、过年例十分奇特。

（一）节前三件事

特呈人节前三件事：送灶神、大扫尘、备年货。

农历十二月二十三日，称之送灶神日，这天人们把灶君神位打扫干净，置酒、糖、果、糕，焚香祭灶。希望他“上天禀告人间善恶，下界保佑平安”。灶君升天后到大年初一清晨才回来。相传灶神掌管一家之福祸，故特呈的农俗很重视送灶神。

十二月二十四日，大扫尘，家家户户搞清洁卫生，做好过春节的准备。扫尘时，人们习惯备新扫把，打扫墙壁、屋顶的灰尘和蜘蛛网，通过扫尘，把疾病、晦气、祸害一齐扫出门外。扫尘和搞清洁，延续至二十八，俗称“年二十八，洗邋遢”。除里外打扫外，还把家具、碟碗、床铺蚊帐洗刷一新，个人洗头理发，添置新衣，以全新面貌迎接新年。

十二月二十五日至除夕前，忙于办年货，浸米舂粉，备过年的食物，包粽、炸煎堆、蒸年糕、做木叶夹籺。这些糕点，除自家吃外，大部分备作走访亲友，此外备好团年晚饭所有食物。

（二）除夕三件事

特呈人除夕三件事：贴春联、团年饭、守新岁。

除夕是一年最后一天，午后每家每户开始贴春联。春联用红纸书写，也有印刷品。内容都离不开表示喜庆、吉祥和对未来期望、祈求。贴春联的同时，还有贴门神、年画及倒贴“福”字的习俗。门神贴在两扇大门，传统都是历史上威武有杀气的显赫人物，达辟邪挡灾之意，如唐代的魏徵、尉迟恭，三国的关公、张飞。年画布置房厅，增添节日气氛，内容除福、禄、寿外，历史题材较多。倒贴“福”字则把大大小小的福字，倒贴墙壁、门楣、房门，表示“福气已到”。

除夕的团年饭，也叫“吃年饭”，除合家团圆，聚天伦之乐外，也祈求一家大小平安。吃团年饭前先祭祖或拜神，香烛烧完才开饭。席上一般有鸡（寓有计）、鱼（寓年年有余）、蚝豉（寓好市）、生菜（寓生财）、腐竹（寓富足）、蒜（寓会算计）等以求吉利。团年这顿饭，一般故意多做些，吃不完，留到明年，表示丰盛有余有剩。特呈人对年饭十分注重和讲究。

守新岁，通常大人围坐畅谈、通宵不寐，取意精力充沛、龙马精神，对新的一年充满期望。午夜12时，父母长辈叫醒小孩，踏新年地，穿新衣服，给压岁钱。压岁钱，又称“穿衫带”，多数称“利是”。由长者给后辈，以儿童为主，未结婚的成人与儿童同等看待，也可收取。压岁钱意在镇压邪祟，希望小孩快长高长大、聪明进步。收利是是儿童最高兴的一项活动。子时一到，爆竹齐鸣，宣布进入新的一年。

（三）年初三件事

特呈人年初三件事：开年、弹赤口、人日。

正月初一是新年，到处张灯结彩，喜气洋洋，大人小孩都穿上最好的衣服，见面多道“恭喜发财”，互相祝福拜年。初一是一年的开始，又引申为一年。时时处处小心、图吉利、忌丑话、避错事。偶然说半句不吉利的话，也立即补上几句“逢凶化吉”“丑事不灵，好事灵”来补救；不小心摔破一个碗碟，马上连声道“落地开花”“花开富贵”。

初一的开门很隆重。一清早，敬香祖先，给长命灯添油，便放鞭炮开门，意开门红、吉星高照、五福临门。这一天流行三忌：忌杀生、忌倒水、忌扫地，习惯吃素。

年初二称之开年，全家人吃完开年饭，便带上礼物，携儿带女串亲访友，多数是妇女回外家，女婿拜见岳父岳母。

年初三，天未见亮放爆竹送邪恶，俗称“弹赤口”，祛除“赤口白舌”毒咒。燃放鞭炮，并加点盐，“盐”与“言”同音，即把是非流言除掉。

年初七是人日，即人的生日，合家吃大餐。有吃七种菜做成的“七宝羹”的旧例，因太繁杂，一般杀鸡杀鸭，特呈是海岛，更离不开大鱼大虾肥蟹等海鲜。

（四）元宵

特呈人闹元宵三件事：入社分肉、迎神游神、添丁吊灯。

正月十五是元宵节，通常家家户户吃元宵，即吃汤圆。用糯米粉裹花生、芝麻糖馅做成。元宵是圆的，表示全家团圆；糖水甜馅，表示好日子越过越甜。村中则进行入社分猪肉活动，各户主登记入社，买回生猪，分成“刀肉”以及猪头、猪脚、猪内脏，全部放入大锅煮熟，捞起抬到庙中拜祭后，按份数分“社肉”，连同“社饭”带回家中，全家齐食，家中的六畜也要喂些。相传，吃了“社饭”“社肉”的人家人畜兴旺。

迎神游神是特呈岛闹元宵重头戏。岛内的一些村落，虽有庙，却是几条村共同供奉神像，每年的元宵有轮流迎神游神进村习俗。他们按传统规定的次序和时间，把车公、圣母、五兄弟、座公等神像抬入自己村子的庙宇祭祀。迎神进村这一天，全村男女老少齐出动，敲锣打鼓，舞龙舞狮，燃烧香烛，欢呼放炮，此间的互相迎神送神长达 10 多天，形成岛内天天都有元宵，高潮迭起，锣鼓声不断、鞭炮声不绝、欢呼声不停，场面壮丽奇观。

“吊灯”是特呈岛元宵盛行的旧例。凡新添男丁者，在本村祠堂、庙宇、土地神前搭灯棚，吊挂各种花灯，向老祖宗禀报氏族增添一员，日后上族谱，俗称“吊灯”。一般从初十至十二开始吊灯，一直吊到正月十五。吊灯时，请来亲戚朋友，摆上几台乃至十数台，饮宴庆贺一番。宾客也少不了要给新生婴儿送红包和礼品。乡村几乎年年有人生男，故吊灯风俗经久不衰。

正月十六为“完灯”，人们把游神时抬出来的菩萨，举行拜祭仪式后，恭敬地送回庙宇神台，宣告春节降下帷幕。

年　例

特呈人年例三奇特：年例日、海鲜祭品、绝技表演。

湛江地区的年例是广东乃至全国极其独特的传统习俗，历史悠久，世代传承，所谓年例，即是年年有例。以村为活动单位，沿袭祖宗律定的年例日，通过敬神、拜宗、祭祀、喜庆，祈求风调雨顺、国泰民安、五谷丰登、人畜兴旺，表达人们美好吉祥的愿望。年例过去通常为期三天，第一天叫作“起年例”，干塘捉鱼，杀猪分肉，出嫁女回娘家，村口搭牌楼、村中搭台做大戏。第二天叫“正年例”，清晨开始，客人纷至沓来，主人备足饭菜开席招待客人。中午前后，开始祠庙拜祭，抬神像游村，家门社祭坛迎拜。晚上看演出，即神诞戏，有雷歌、木偶戏等。第三天叫“年例尾”，客人吃完早饭，陆续散去，年例宣告结束。

特呈由于海岛偏僻，受海阻隔，岛内自成一体形成独特的海岛年例文化，展现着农渔盐耕遗风，展示最具原生态的民俗风情特色。

（一）年例在年头又在年尾

湛江地域的年例，基本上集中在正月，以元宵期间最多，各地按祖上律定的神诞日当天进行。特呈岛的年例却很独特，定在年头的初十，年尾也有，定在十一月廿四冼夫人诞辰日，又分两天进行。过去因交通靠木头小船，亲戚朋友来往不便，为利于分流，岛内7条自然村的年例，划分为二十三日、二十四日两天，其中人口较多的新屋、坡尾为二十三日，其余为二十四日，各村按规定自觉执行。这样的年例日，全粤独一无二。

（二）海鲜为祭品

湛江地域的年例，祭祀一般以三牲（鸡、鹅、猪）为主。特呈村民多以出海捕捞为主，为祈求顺风、顺水、顺利，祭品除三牲外，还备有大鱼、对虾、青蟹同祭。这些习俗，在湛江地区可谓独树一帜。

（三）年例三绝

①穿令箭——特呈年例巡游表演的一项绝技。令箭用金属特制，实心，上粗下细，尾部呈针状，一般1米左右。村中精挑出来的数名青壮年齐聚冼太庙前，按照预定的时辰，村中长者从庙内端出一盘“圣水”，将令箭放入“圣水”中“净化”。然后将令箭逐一从穿令者脸颊穿进口腔，再从另一脸颊穿出，脸颊被扎穿而不痛不流血。穿令者站在神轿后杆，用手扶着令箭外露部分，由轿夫抬着环绕全岛巡游，自始至终神态自然。经过近一个时辰巡游，来到村中广场，由长者逐一拔出令箭，穿令者的脸颊均没有洞口、流血和痕迹，令人惊叹。习俗认为：穿令箭出游，显示有神灵庇佑，逢凶化吉，保一方平安。

②滚簕床——岛内年例的传统活动，在村中特选的公场进行。簕床长度约10米、宽度1米、高度80厘米，用乡间野生的带硬刺的植物铺扎成床，簕条尖锐锋利无比。表演前，主持将深井“圣水”沐浴簕床。在鞭炮声、锣鼓声、吆喝声中，数十名村民轮番在簕床旁颠轿祭事。颠轿结束后，数名表演者赤着上身，扎着红腰带，把簕刺高举示众，验证簕床是真实材料制作，然后运气，侧卧簕床翻滚。公场人山人海，村民

在旁助威呐喊，表演者越滚越有劲，花样也越来越多。表演持续半个小时，结束前向众人展示上身，安然无恙，无伤痕、无血痕。滚簕床显示不畏险阻、披荆斩棘、奋勇直前的精神，深受村民欢迎。表演结束，村中专人负责将床上簕条抽出按户分发，每户 2 支，各自带回家插在大门两旁，意为荆棘驱降鬼魔、保佑平安吉祥。

③捧犁头——特呈独有的年例活动。傍晚，在空旷的坪场，长者持火种，点燃当天在山林中砍伐架成堆的木柴，并在熊熊火焰中将 5 个犁头投入火中猛烧，众村民抬着 4 座神轿围绕火堆颠轿显威。半夜时分，木柴燃尽留下赤红火炭，犁头也烧得红软，村中选拔的 5 名壮汉在火堆前进行简短的祈祷仪式，开始表演抱犁头。锣鼓齐响，鞭炮齐鸣，在村民一遍遍“抱犁”“抱犁”的呼喊声中，一个个壮汉双手赤裸，从火堆中刨出发红的犁头，双手抱住，转身冲向 20 米远的神案前放下。壮汉双手安然无恙，全场一片欢腾。活动结束，村民蜂拥到火场，铲回灰烬返家，置于厅中，倒到自己猪圈、后院，习俗认为，这些炭火，可驱魔辟邪，秽气不侵。

有关特呈岛的古代诗词摘录[①]

（一）题特呈山温通阁

峰濯沧溟应斗魁，波澜绕翠浪头排。
火烟光起盐田熟，海月初升渔艇回。
风送潮声平落去，雨将山色特呈来。
地灵福气生天外，自有高人出世才。

此诗为解缙所作，作品为特呈岛温通阁而题，写特呈山峰，洗濯在大海之中，与天上的斗魁星相应。海风送来一阵阵潮声，又渐渐远去，天雨把洗过的山色带来给特呈。好一座地灵福气的宝岛，自然会有杰出的人才从这里出来。全诗以写实彩笔描绘特呈岛的山色海景，给人回味无穷。

①摘自黄振强《湛江古今诗词》。

（二）特呈山

地极东南水拍天，层波还拥翠峰连。
星悬北阁承朝露，影到前村起暮烟。
飒飒潮风岚气靖，崚崚石径浪花圆。
巨灵惟恐狂澜倒，特敕崇峦障百川。

此诗为清朝举人陈景廉（吴川县吴阳人）所作，描写特呈岛独特风景。古时海浪滔天，簇拥着青翠的山峰，传说有一巨大精灵唯恐狂澜翻倒，所以特敕崇峦来阻塞百川为海。全诗动与静均匀结合，将海岛写活起来。

五、调顺岛文化

1. 调顺岛概况

调顺岛是湛江市赤坎区唯一岛屿，位于赤坎城区东北部，四面环海，南面与金沙湾相峙，东面与坡头区隔海相望，西与滨湖公园相连，北与遂溪连通。处于北纬21°16′01″—21°19′01″，东经110°20′02″—110°25′02″，陆地面积3.5平方千米，是湛江渔村小岛。调顺辖区面积6平方千米。调顺村是革命老区，为解放战争时期游击根据地。

该岛原为偏僻小岛，调顺岛名称取“风调雨顺”之意。调顺为古越语，意为舌头地。昔日岛上交通落后，信息闭塞，基础设施较差，岛上居民进出海岛靠乘小船。1966年起，根据周恩来总理指示建设了湛江港第三港务区调顺码头，修筑了进港铁路、火车站，同年修建调顺北大堤（团结大堤）。1969年修建了调顺南大堤（军民大堤）。军民大堤和团结大堤均可连通国道325线，结束调顺岛没有公路直通赤坎市区和遂溪县的历史。1998年赤坎至调顺8线公共汽车线路开通。2000年调顺港务局三区建有万吨以上的深水泊位6个，码头岸线1200米，铁路专用线39千米，仓库面积6万平方米，堆场面积30多万平方米，堆存能力200多万吨，与美国、澳大利亚、新加坡、委内瑞拉及中国香港、澳门、台湾等近80个国家和地区建立贸易往来。湛江渔业公司拥有可停泊1万—5万吨各类船舶的码头670米，万吨级冷藏库1座，千吨级以下冷藏库4座；湛江火车东站通过黎湛线与湘桂、南昆、黔桂、京广和三茂线相连，使之成为中国西南各省区对外贸易的重要门户；调顺岛的邮政、电信网络等通信畅达；1990年投资装机容量为120万千瓦的湛江发电厂，是湛江的纳税大户，为地方和城市经济发展打下坚实的基础。港三区建有水厂一座，为居民的生活、生产和经济发展提供了方便。

驻岛工商企业单位60多家，其中大中型企业10多家，具有港口货运集散产业、农海产品加工出口、餐饮业等4个基地。20世纪40年代兴办了调顺小学。新中国成立后，先后办起2所中学和1所小学。2000年调顺小学与湛江港务局第三中学合并，现岛内有港务局三中、渔业一中等2所中学，有小太阳幼儿园、春晖幼儿园、港务三区幼儿园等3所幼儿园。

调顺村地处岛上北端，先民黄昱于元朝天历二年（1329年）从福建莆田赴石城（廉江）任县宰，任满定居石城上县村。其孙黄文举于明朝建文二年（1400年）率家属南迁首先开发调顺岛，择临海而建村落，在岛内过着农耕捕鱼的生活。村民祈祷农渔作业风调雨顺，故取名调顺村，距今已有600多年。

调顺于元代隶属海北海南道化州路吴川县，明洪武九年（1376年）降化州路为化县，调顺村属广东承宣布政使司岭西道高州府吴川县，调顺村归吴川县南一都上甲。清光绪二十五年（1899年），法国租占广州湾，调顺岛划入法租界属赤坎管辖。民国三十四年（1945年）9月国民政府收回广州湾后设立湛江市。调顺岛属市郊麻章，1972年春调顺大队划归赤坎区。1973年改为调顺农村管理区。1999年建立调顺村民委员会，属调顺街道“城中村”。

调顺村自明朝中叶就盛行舞龙活动，村民舞龙成风。民国时期，调顺岛因交通不便，村民每当年例便自制草龙进行舞龙活动。他们就地取材，以稻草、渔网、竹篾等材料编扎成草龙、网龙应节。清朝后期，村民已有能力租用色彩斑斓的布锦龙回来过年例，费工费力的草龙、网龙也日渐式微，能工巧匠先后谢世，技艺逐渐失传。直到1950年，村民黄兰芬凭记忆重制草龙、网龙各一条，在年例节庆进行舞动应节。以后调顺村逐渐恢复草龙、网龙制作，并将年例提升为“农民文化节”，在调顺街道办和调顺村委成功举办调顺村首届农民文化节，再度制作出具有草龙和网龙特色的新式草龙。

2013 年湛江市政府提出将调顺岛建设成文化岛，建设新图书馆、新博物馆、歌剧院等一批文化旅游设施。另外计划建一座调顺岛跨海大桥连通坡头区。

2. 调顺岛自然景观

调顺岛四面环海，处于北纬 21°16′01″—21°19′01″，东经 110°20′02″—110°25′02″，地处亚热带，属亚热带海洋性季风气候，夏长冬短，雨热同季，春秋相连，气候温和，年平均温度 22.8℃—23.5℃。

1966 年，为配合港务局第三作业区在岛东岸的建设，首先建成一条雄伟而宽敞的北大堤，使铁路、公路直通东岸深水码头。后期（1969 年）又将调顺岛南端和沙湾之间的南大堤（军民堤）修筑起来。两大堤建成后，使孤岛和大陆（赤坎）连在一块。

地面分布着玻璃陨石，主要出现在 35—45 米的阶地面上，埋藏在地层中的玻璃陨石，高程可达海拔 20 米。

环岛周边原生长分布着大面积红树林，一般为常绿灌木和小乔木，它在海水淹没时能生长，随着潮涨潮退而时隐时现，很有能屈能伸的气度，有几十厘米到 1 米多高的树，枝繁叶茂，是海岛的保护神。潮退时有很多如小螃蟹之类的爬行动物在走动，因而也吸引着很多如白鹭等鸟类在此栖息。

3. 调顺岛历史与人文景观

革命老区村庄

调顺村是湛江市革命老区，有着光荣的革命斗争史。

抗日战争初期，时任中共遂溪中心县委委员支仁山，组织 10 多名知识青年到调顺村开展抗日救国宣传活动，散发抗日救国进步书刊，发展“遂溪县青年抗敌同志会”会员。1942 年至 1945 年间，中共遂溪县

委先后从遂溪师范学校、雷州师范学校委派共产党员朱日成等到调顺文举小学任教，以教师为公开身份，积极开展抗日救国活动，收集驻赤坎的日伪军情报，及时送达遂溪人民抗日联防队，支援遂溪抗日游击战。

解放战争时期，调顺村黄科精等进步青年投身到中国人民解放军粤桂边纵队，随支仁山任司令员的粤桂边区人民解放军第二支队进行东征作战。黄保星、黄合全在部队东征作战到恩平途中英勇牺牲。1946 年 9 月至 1947 年 4 月，黄可等人受中共遂溪东区支部的委派，回到调顺村建立游击小组，发展游击队员 40 多人，以大刀、长矛、手雷为武器，暗中巡逻放哨，监视敌情，收集情报，筹集资金，购买武器，展开武装斗争。1947 年冬，调顺村建立地下交通站，黄国英、黄秀珠分别任正副站长，不时派人打入敌伪密组织，获取敌情。1948 年 7 月，调顺地下交通站派伪保兵队长的堂弟黄祥丰打入伪保政权内部，充当副保长，改组伪保政权，为建立调顺民工政权作准备。同年 8 月，调顺村建立民主村政府和农会、妇女会，发动民众抵制“三征”（征兵、征粮、征税），进行“二八”减租减息斗争。同年 10 月，中共遂溪县东区党支部吸收调顺村进步青年黄可等 3 人为中共党员，建立调顺党小组，领导调顺人民坚持武装斗争。同年 12 月，调顺党小组发现调顺村伪保长及保兵队长有反叛活动，当即报告上级党组织，并于大年三十夜间，由黄志英带领本村游击队员黄秀珠、黄惠英配合遂溪东区武工队逮捕了伪保长和伪保兵队长，经过激烈战斗，攻下伪保兵队部，缴获一批武器。1949 年春，调顺村改游击小组为调顺武工队，有队员 40 多人，配备枪支弹药一批，在村中巡逻放哨，监视敌情，维护治安，巩固调顺革命阵地。1949 年 2 月，中共调顺党小组配合村政府成立调顺小学，组织师生开展革命宣传活动。还在调顺东西村分片举办夜校，动员 160 多名男女农民入学，读革命书籍，唱革命歌曲，讲革命道理，做革命工作。1949 年 8 月，国民党特务将调顺村参加革命斗争的 40 多人的名单送给国民党遂溪县党部，企图将这批革命同志抓捕杀害。内线潘全同志得知情报当即通知转移了大部分人员，保护了调顺村革命人士的安全。

在长期的革命斗争中，调顺村民捐粮献物，参军参战，不惧艰难困苦，不怕流血牺牲，为抗日战争和解放战争的胜利做出了重大贡献。

1993 年，调顺村被评为“抗日战争游击根据地村庄”和“解放战争游击根据地村庄”。

丰富的文物资源

调顺村建置 600 多年来，黄氏望族在各个年代给调顺后人遗留下众多历史文物古迹，诸如黄氏宗祠、名人故居、三面石狗、古庙、古井、古亭、古树等。其中三面石狗是国家珍贵文物，黄氏宗祠、名人故居及古庙、古井、古树渊源深远，底蕴深厚。

调顺村的开基祖祠黄氏宗祠，位于调顺村东面，占地面积约 600 平方米。始建年待考，于清康熙末年改建。宗祠坐北朝南，砖瓦木结构，布局为二进五开间，五井两厢回廊式细合。后座分左中右三列龛殿；中座拜亭，中井八檐合木；前座连两边耳房开三门正向，前后座均为直山式博古头垂脊，正脊饰纸筋灰瑞兽花鸟浮雕。拜亭原貌为歇山式饯脊博古头，正脊灰雕鸟兽虫鱼极为精致，是一座具有明代岭南风格的古祠建筑。

调顺村东面有一座名人故居，由法国租占广州湾时期曾任广州湾西营咨议员、公局长的调顺人黄衡初于 1939 年兴建，占地面积 500 平方米，砖木瓦结构，布局为二进三回右包廊三井四合院式，具有南洋风格、西欧特色，是一座中西合璧的民宅。1950 年起，这座民居是调顺村的办公场所，2008 年调顺村委出资重修，改为文化活动中心。

调顺村有古庙天后宫和大王庙。天后宫分岛东天后宫和岛西天后宫。岛东天后宫于清嘉庆年间由雷州农民义军首领麦有金（又称乌石二）率众所建，而积 100 平方米，单间二进，供奉妈祖（林默娘）；岛西天后宫于清光绪年间由调顺村民黄必公出资兴建，供奉妈祖。诞期是农历三月廿二、正月初八至初十（年例）游神节。清末民初海盗多次想来洗劫调顺村，但到海边见到天后宫灯光闪闪和灯笼火把来回巡逻，故数次不敢登陆进入调顺村。大王庙原址在调顺岛海边（今湛江港三区码头处），清嘉庆年间由雷州农民义军首领乌石二所建。诞期是农历二月廿二、正月十五放红船，“劫蔗节”，正月初九、初十游神节。正月十

五祭祀海口大王的“劫蔗节”时，村民造大纸船装满甘蔗和稀泥在大王庙拜祭，拜祭之后把蔗和稀泥撒向人群，让大家争抢，抢得甘蔗及稀泥沾得多的人则财运亨通。20世纪60年代，国家在调顺岛兴建湛江港三区码头，天后宫和大王庙被拆除，庙里的神像寄奉在村民家中，每年设临时神坛，让村民祀奉。2009年，调顺村集资兴建占地约3.3公顷的调顺民俗文化园，在园中建起面积1300平方米的“调顺神庙”，将被拆除的天后宫和大王庙及村中心的临时神像合为一体，让村民祀奉。

调顺有三口古井，即北边井、后田井、下边井。北边井，始建年代不详，是调顺村最早的饮水井，六角形，深3米，直径1米多，井口与地面平，周围有护栏。后田井，建于清初，圆形，深约4米，井口与地面平，周围有护栏。下边井，建于清代中期，六角形，深约2米，井口与地面平，周围有护栏。水井沿用至今，有几百年历史。

调顺村现有百年树龄以上的古树7棵。其中在黄氏宗祠后面的软枝小叶榕有700多年历史。如今这棵小叶榕独木成林，十几棵由它的气根形成的树木围绕着它，冠幅20多米，远看去像一位儿孙满堂的慈祥老人。

爱国乡贤——黄衡初

黄衡初，字赓铨，广东省湛江市调顺村人，出生于清光绪年间，卒于1950年。他历经了清王朝、法租借地广州湾时期、解放战争直至新中国成立。黄衡初传奇一生，爱国倡学、仁济社会，堪称爱国乡贤。

黄衡初出生于世代儒商的复森家族，幼年聪敏博学，数学超群，及长从商，以创办“广吉祥”商行而闻达当时广州湾商界。每当遇上战乱、瘟疫及各种自然灾害的艰苦年景，黄衡初都与叔父黄祥端慷慨捐献钱、米、药等赈灾救危济贫，且以销赊无数称誉乡里社会。

在法殖民统治广州湾初期，黄衡初曾因反抗法殖民官“三划”的凌辱，打了“三划”被拘审处，所幸得到商友、士绅、社会名流及各界的合力援救，才得以胜诉无事。黄衡初在法殖民地广州湾，力主华人自主自治，维护民族尊严。他资助、举荐许多华人俊彦到重要部门任职主事，其中就有乡亲黄荣光（学成后曾经任法殖民官的法、粤、雷语翻译官）、族亲黄章甫（革命烈士黄保星的父亲，于公局任职，湛江解放后被处决）。这些都为华人在法殖民统治下自主自治、扼制法殖民者的倒行逆施起了一定的积极作用。

抗战时期，日寇占领了广州湾，黄衡初非常痛惜国土沦陷，坚守民族气节，不肯做亡国奴，不为日寇利用，遭到了日军的围捕，险遭杀害。在危急之际，得到其堂弟黄庚勋夫妇及黄章浦等族亲冒死救援，才逃离了日寇的魔掌，同时亦避免了日军的毁村之灾，暴戾却无可奈何的日军在围搜调顺岛时只是腰斩了一棵木瓜树，便泄愤地溜走了。

1945年，驻广州湾的日军无条件投降，黄衡初才能复出西营经商。他毕生都以爱国倡学、馈报社会为己任。早在1924年就协同当时广州湾的名人富绅捐资创办了当地最早的华人进步学校——益智学校，且与著名爱国人士许爱周先生自始至终坚持资助该校至湛江解放前夕。1940年黄衡初为了提高家乡调顺村的教育，资助倡办了文举学校，主张男女平等、同学同教，倡导青年学习新文化，参加社会改革。文举学校最早外聘了当地的宿儒名师任教，如苏良等。稍后，任用调顺村有理想、有知识的青年为教职骨干，其中有书香世家传人黄自强等。

文举学校的创办，传播了革命思想和新文化，造就了一代革命者和专业人才，其佼佼者有：革命烈士黄合全、黄保升、原广西南宁军分区副司令员黄科精等革命同志。文举学校及其倡办人黄衡初为祖国的解放和建设事业培养人才，做出了不可磨灭的贡献。

解放海南筹备时期，调顺是支前筹备的分部，平生历经战乱，这时已年届花甲的黄衡初，盼望祖国的统一和安定，率先联合族叔黄祥丰等暨解放军将领，祭祖祈祷解放军及支前乡亲渡海作战报捷，以鼓励战士和家属、调顺村的乡亲。调顺村的乡亲在解放海南的作战中，涌现了一批功勋人员和积极分子，其中有黄骏新（解放军将领功臣），支前嘉奖人员有黄那八等多人。

1950年底，黄衡初在湛江西营逸仙路黄宅逝世，当时香港报界亦登载黄衡初逝世的讣告。

湛江“东方明珠”

调顺岛名取“风调雨顺”之意，是一座人口近万的典型海湾小岛。以工业和港口业为主的调顺岛将逐步转移岛内的港口、工业，搬迁调顺电厂和湛江港集团三区码头，利用调顺岛生态资源和区位优势，整合土地资源，引导其发展成为以居住和休闲旅游为主的生态城区，建设湛江北部湾区的城市综合体，建设湛江市文化中心，包括大剧院、博物馆、图书馆、艺术中心、美术馆等五大项目，打造湛江“东方明珠”。

4. 调顺岛风俗民情

别具一格的民俗文化

调顺民俗充满乡土气息，别具沿海岛屿特色。尤以“元宵拜蔗、抢蔗、押灾下海”习俗海味十足。据说，清乾隆末年，雷州的贪官污吏与土豪劣绅互相勾结，欺压百姓，大肆搜刮民脂民膏，民愤极大。世居雷州房参镇乌石村的麦有金（又称乌石二）与胞兄麦有贵（乌石大）、堂弟麦芝吉（乌石三）聚众奋起反抗，从“见义勇为”走向“劫富济贫，除暴安良”。在雷州秀才黄鹤的帮助下，举起抗清义旗，义军迅速发展到数万人，拥有大小船只1000多艘，活跃在北部湾至阳江沿海一带的海面上，同驰骋于东部沿海的几支抗清大军互相呼应，有力打击了清军及土豪劣绅。随后，乌石二的队伍来到调顺岛与调顺村民联合设据点，并在岛上建“海口大王夫妇神庙”（大王庙），以保佑义军民众平安。从此，每年元宵节调顺村民就抬着“海口大王夫妇神像”及竹纸船巡村，进行“拜蔗、抢蔗、押灾下海”闹元宵活动。这个活动在“文化大革命”期间停办，改革开放后恢复，沿袭至今。近十几年来，每年农历正月初十办年例、正月十五闹元宵时，调顺村都进行“拜蔗祈福，押灾下海”活动，家家户户摆酒庆贺，男女老少参加抢蔗、拜蔗、沾泥浆活动，热闹非凡。

调顺传统文化众多，最引人注目的是调顺网龙。它是由黄氏祖先承传闽文化的民间舞蹈。每逢节庆，村民都以渔网、稻草、麻绳、竹篾等材料编扎成网龙起舞娱乐。在明清年代，舞网龙颇为盛行，后息舞多年。2005 年，调顺村年过七旬的老人黄车炳凭自己在孩提时代见过舞草龙的印象，编织出 4 条网龙，在 2005 年春节期间的调顺首届农民文化节上演出，全岛沸腾。由于调顺网龙原始质朴，造型粗犷，龙体通透，舞姿轻盈，扬名海内外，引起各方关注。调顺网龙是广东省非物质文化遗产。中央、省市媒体，海外有关华人报刊网站都做过报道。网龙已成为调顺乡土民俗文化的品牌。为了让老祖宗传下来的网龙文化代代传下去，调顺村成立了“舞龙队”，由网龙传承人黄车炳任队长。黄车炳自编了一套《调顺网龙教材》，让岛上的孩子们学习。现在，网龙课程已在岛上的中学开起培训班，学校经常在课余时间开展调顺网龙特长训练。网龙队长兼教练黄车炳不时到学生舞龙队进行技术指导，不断完善舞龙套路、技术，把杂技、武术、舞蹈、音乐、美术等新元素融入舞中，让调顺网龙这个传统文化获得新生。

调顺草、网龙舞

（一）制作

网龙是用稻草、渔网、竹篾等材料制作而成的舞具，网龙舞以扭、刚、猛为特色，通过扭、转、穿、腾展现岛上渔民在大海的风里浪尖勇敢奔放的精神面貌。

调顺人的祖先是元明时期来自江夏、闽南的移民，保留了中原民俗的龙文化。因调顺是孤岛，居民以农渔为业，与外界的交往相对闭塞，且早期开发艰巨，经济力量薄弱，要购置一套龙具极不容易，最佳的年景也只能到城镇租用一套龙具来庆贺年例，所以平时都是就地取材，以稻草、渔网、竹篾等材料编扎成草龙、网龙来应节。因材料不易保存，只能年年制作。此习俗自明代中叶起到清代中期颇为盛行。清朝后期，随着对岸的繁荣，增加了调顺村与外界接触的机会，生活逐步充裕，也就有能力租用色彩斑斓的布质彩龙回来过年例了。原始简朴的网龙也日

渐式微，编扎网龙的能工巧匠先后谢世，自此网龙制作技艺逐渐失传。1950年，村民黄兰芬凭其惊人的记忆和丰富的想象力，带领乡亲制作出草龙、网龙各一条，参加庆祝解放的游行活动。仅此一次之后，弃龙息舞几十载，草龙制作技艺再度失传。2005年春，赤坎区调顺街道和调顺村委联合举办调顺首届农民文化节，发动群众吸取传统工艺的精华，再度制作出同时具有草龙和网龙特点的新式网龙，使这一独特的本土民间艺术重放异彩。

调顺网龙在2005年调顺首届农民文化节的亮相，引起中央电视台、中国新闻网等国内媒体的广泛关注，并在网页上发布。马来西亚、美国旧金山有关华人报刊、网页下载刊登有关网龙的照片资料。随后，调顺网龙在2005年9月参加湛江红土艺术节展演获得银奖，其资料被市上报广东省民间文艺协会。①

调顺村历来都有舞龙和制作草龙、网龙的习俗，过去的草龙和网龙都是就地取材，以竹枝为骨架，用稻草和渔网包裹，以麻绳连接起来而成。因每年都要制作一次，所以制作工艺十分粗糙，只是勉强近似龙的形状而已，即粗又重，整条龙有100多斤重，只一个龙头就有30多斤，所以只适宜于举着巡游，不宜灵活舞动。

从1950年起调顺村不再制作网龙，一直停止了55年。2005年春，在市政府的关怀下，市群众艺术馆朱卫国馆长亲自到调顺了解文化情况，鼓励村民把“网龙”这项传统艺术重新挖掘出来。村干部在组织过程中遇到困难，因早年制作草、网龙的能工巧匠均已谢世，现时又无样本可参照。此时村民黄车炳自告奋勇，领下这宗任务。

村民黄车炳凭儿童时期的模糊记忆，自己设计了制作方案，剔除了过去的草龙太重、稻草和网牌容易断裂脱落、形状不雅观、不适宜舞动等缺陷，大胆改革创新，用稻草编成草绳，缠绕在以竹篾扎成的龙头龙尾上，又以渔网为底料，把草绳顺着网眼绕成鳞状作龙身，这样就可以大大减轻了重量，适宜起舞，且舞起也不容易破裂撕散。因为就是草龙

①引用史料出自赤坎区2004年12月编辑《广东省县域历史文化资源》。

和网龙的结合体，所以不再分草龙和网龙。

网龙制成参加调顺首届农民文化节之后，到中秋要参加市红土文化艺术节之时又出现了新问题：稻草已受潮变黑腐烂，竹棍、竹笼已被虫蛀，必须全部更换。为此，于2006春再次大革新，采用在海边生长的一种杂草“关草”来代替稻草，染上红绿颜色，用水管代替竹棍，用铝网代替竹笼，用铁线扎成龙头代替竹篾，把原来有30多米的龙身裁减到20多米，结果做出来的龙只有50多斤重，龙头只有9斤重。这样既可以免除了变腐、虫蛀等麻烦，又减轻重量，舞龙时除了龙头需换人之外，其他位置不需再换人，同时用一些有色布料装龙脊、龙肚等，已差不多可与布龙媲美。

（二）舞龙

调顺村的舞龙活动始于明初，是每年正月年例必不可少的活动，一贯以舞草龙、网龙为主，清代后期引入布龙。布龙鲜艳耐用，质轻易舞，舞起来的招式容易操作，但贫困渔村很难有机会购置布龙，故仍以舞草龙、网龙为多。一般情况下都是挑选身强体壮的大汉舞龙。到1950年舞了一回草龙和网龙之后（无钱买布龙）因种种原因停止了这项传统的舞龙活动。

1992年，应村民的要求，经村领导同意，黄车炳制作了2条简易布龙，由老村民黄利生（已故）牵头组织了20多名老年人的舞龙队，于年例之日游行表演，从此调顺村的舞龙活动又延续了下来。舞龙队员也由老年人逐渐转变到中青年，舞时分男队女队（女队亦由男队员扮演）。到1996年，队员已全部更换成中小学生，其中有近一半是女性，这才真正成立女子舞龙队。

同年，黄车炳对传统的舞龙套路进行革新，删除了重复太多的招式，把各不连贯的招式连接起来，还设计了部分新的套路，如：双龙争珠、双穿龙身、绞结龙尾、双龙绞身等，这样舞起来就没那么单调，再把超过半个小时的套路压缩不足20分钟。到2003年又创造出4条龙同场混舞的套路“群龙贺春”，深受群众赞赏。

2005年，成立调顺网龙队，男、女队员共60多人，仍是中小学生，在继续改进原有套路技巧的同时，还邀请了赤坎东山龙狮团的队友

们来临场指导，丰富了舞龙技巧，使舞龙队在湛江市首届红土文化艺术节上获得银奖。

2006年春，几年前的舞龙队员黄钦銮从华南师范大学深造归来，带回来国家规定的竞技套路，队员练习情绪高涨，黄车炳更把这些新技巧融合到传统套路中，使4条龙混舞更具特色，新编套路如：双穿龙尾、正反向游龙赴伏园场、高低位行进穿插、双绞龙尾、高低首尾盘西半柱、交叉腾越、混合龙脱衣、越障碍追珠、双龙舟造型、逆向行进跳龙、蝴蝶造型、跪卧反手舞8字、螺旋结顶龙尾盘柱、山字造型、中字造型、小艇造型、8字磨转、高塔盘柱造型等。

拜蔗、抢蔗闹元宵

调顺岛的先民于元朝天历年间从闽南移民到此，择临海而建村落，在岛内过着农耕和渔耕生活，距今已有600多年。由于地处偏僻，受海阻隔，交通不便，信息较为闭塞，岛内自成一体形成不少独特的民俗文化。20世纪60年代，尽管筑堤与赤坎市区连成一片，日益繁华，但岛上农渔耕文化遗风仍随处可见。供奉三面石狗、舞草龙网龙、划艇仔龙舟、拜蔗抢蔗祈福等习俗，成了调顺的特色文化。

调顺岛的元宵节那天，不像别的村庄敲锣打鼓，舞龙舞狮，一片喧闹，而是举行一种原始质朴、乡土气息甚浓的拜蔗抢蔗活动。全村男女老少参与，气氛热烈，场面壮观，堪称是湛江元宵一绝。正月十五大清早，每家每户忙碌着各自精选斩成节的甘蔗。10时左右，村大祠堂鸣锣，宣布拜蔗仪式开始。族人抬着海口大王神像和竹扎祈福纸船巡村，象征收集村民的愿望和祈求于船内，并停留在村内的5个拜蔗点。家家户户端出甘蔗鱼贯拜祭，口中念念有词，祈望生活像甘蔗一样，从头甜到尾。祭后进行抢蔗活动。抢蔗十分奇特，拜祭过的甘蔗与祭点之前准备好的污泥一齐抛向人群，让人们蜂拥争抢。村民反映，抢蔗象征追求甜蜜生活，污泥代表甘蔗生长不可缺少的肥料，人们要勤奋劳动才能发家致富。意义深远、哲理深刻。村民视抢到甘蔗或沾上污泥为可祈求到幸福吉祥，故十分投入，从刚会走路的小孩到八九十岁的老人都乐于参与，即使衣服弄脏沾满污泥也哈哈大笑。

抢蔗结束后，村民代表把祈福船抬到海边付之一炬，宣告全村的美好愿望已托海口大王带到天上，庇佑全村如意吉祥、心想事成。调顺岛的元宵拜蔗抢蔗习俗，世代沿袭，已有200多年历史。

生态文明建设成就

2005年，调顺村成功举办了调顺首届农民文化节，同年，调顺村先后被评为“湛江市生态文明村”“湛江市特色文化村”“广东省民主与法治示范村”。

近十年来，调顺村大力推进文化设施建设，先后办起文化活动中心、调顺民俗文化园，建起人工湖、万福楼、湖心亭、九曲桥、文化楼、历史文化陈列馆、传统体育健身馆、民俗活动体验馆及农家书屋，成立调顺网龙艺术团、调顺曲艺社，不时开展各种文化娱乐活动。2013年10月29日晚，第八届湛江市艺术节暨首届雷剧节优秀节目《黄飞虎》在调顺村文化楼演出，时任湛江市委书记刘小华、副书记邓振新、秘书长胡海运等领导前来观看，与调顺数百名村民，一同领略本土文化魅力。

六、其他岛屿文化

1. 北莉岛文化

北莉岛概况

北莉岛又称北簕岛，因在新寮岛之北，且长路兜簕，黎语“簕”与“莉”同音，故名。该岛位于徐闻县最东北角约 48 千米海中，西北与大陆相距 0.4 海里，东北与硇洲岛相望，东南有新寮岛，西南有冬松岛。全岛最长 2.3 千米，最宽 1.2 千米，总面积 8 平方千米，其中人住面积 3.76 平方千米，海拔 15.6 米。此岛属徐闻县和安镇管辖，有 8 条自然村，分别是竹园村、东塘村、西村、坑尾村、北坑村、北村、下寮村、港仔村。全岛只有竹园村与东塘村之间有一座海拔 16 米的岭。

北莉岛是雷州府城东隅的海防门户，康熙年间设有防卫机构——北莉汛，并筑有阔 6 丈、高 1.4 丈的赤尾炮台，从这个时候起，岛上才有四间茅房和一间狭矮的瓦房作为汛兵的营房。岛境之内，涨潮时候分 2 个岛屿，退潮时连成一体。西边是人住岛，面积为 3.76 平方千米。东边是一个风沙常飞、野草丛生的荒岛，面积 4.4 平方千米，地势平坦，无河流，无小溪。岛上土质干旱，疏松渗透度大，一年四季，耕作十分困难。地下矿藏有锆英、钛铁，海岸线迂回曲折，长达 10 千米。

明崇祯十一年（1638 年）开始住人，清乾隆六年（1741 年）张姓迁入岛。清康熙年间（1662—1722）新寮岛人迁居到此岛扎基安屯，清光绪三十年（1904 年）陈姓搬建港仔村。自从有人进岛居住至今有 300 多年。

陈光保同志在解放战争年代是北莉岛的革命地下党人。渡海英雄黄妃四配合中国人民解放军第四野战军，组织海船编队，运载大军渡海解放海南岛，战后记一等功。北莉岛王奇，13 岁参加革命，1949 年参加解放海康县雷州城的战役，其家庭是革命堡垒户，本人是徐闻县第一个画家，1958 年考上广州美术学院。

岛上居民主要以打鱼为生，附近海域盛产大虾、马鲛鱼、鱿鱼、石斑鱼、白鲳鱼、马友鱼、曹白鱼、白鳝鱼、黄花鱼、鲨鱼、青蟹。还有海马、海龙、乌贼、章鱼、海蜇、沙虫、海参、海胆、文蛤、泥蚶、江蛎、牡蛎等。外来游客到岛上千万不要随便下海游泳，因附近海面常有鲨鱼出没，三五成群；若要游泳，则必须在导游要求下，在浅海安全区内游泳。

北莉岛属热带季风气候，夏日长冬日短，日照充足，土地长期干旱，种植农作物全是旱粮，如番薯、花生、眉豆、玉米等。据不完全统计，岛内植物有 39 种。药用植物有良姜、血根藤、酸根藤等 21 种，树木有苦楝树、木麻黄树、铁楛树等；牧草 30 多种。

北莉岛是一座带刺的岛屿，岛上长满簕古树，全岛进行大力造林 4000 多亩，村民筑起三条海堤与后海沙相连，围海造田，养殖 1400 亩，渔民以捕捞、养殖、耕种、植林并举，取得了明显的经济效益。

1975 年后，大队自筹资金建造了一艘 60 座位的客运机船。1998 年国家投资建筑了一座标准的二级交通码头，投资 32 万元装置 2 艘大渡轮，解决交通问题。2002 年国家投资在岛中心建筑一个自来水塔。

北莉岛滩涂广阔、平坦，全岛潮间带面积 8500 亩，其中红树林面积 1200 亩，可人工利用养殖面积 5800 亩，能天然繁殖的 1500 亩。该岛是徐闻最偏远的小岛，也是闻名遐迩的长寿之星岛，估计 80 岁以上的有 80 人，90 岁以上的有 30 人，100 岁以上的老寿星就有 2 人，其中有一位 108 岁的老寿星，还能亲自喂鸡做饭等。

北莉岛上有一个后海滩，呈长方形，南北长约 3600 米，东西长约 2800 米，土质全是白沙，俗称后海白沙滩，位于东北面。由于飞沙的沉积，荒滩逐年加高，从1964年开始，到1996年底止，在荒滩上育树造林，林业总面积达4800多亩，从原来的一片荒滩变成一片绿洲，构成了一道岛上沿海绿色长城。

北莉岛是亚热带风光的小岛，游人上岛可以品尝当地的海鲜，若有机会可随渔民驾船出海打鱼，在岛上村庄，也可以了解老寿星们的生活习惯，从中一探长寿的秘诀。岛上天气好的时候，也可以站在海边看南海旭日东升，带上相机可摄下灿烂与辉煌的景观和留影。

北莉岛婚嫁习俗

昔日的北莉岛是个“十年九旱，一贫如洗”的地方，更是“风起沙漫天，飞鸟不栖身”的孤岛。过去外地姑娘曾对北莉岛有这样的讽刺歌谣：“打死不嫁北莉猪，过海过洋吃又输。不嫁得出去就不嫁，我娘断不去吃薯。”

北莉岛的习俗跟大陆差不多，岛上的婚嫁也是沿袭大陆的。湛江解放前，讲究“父母之命，媒妁之言”，说不上男女相亲、谈恋爱。女人生了一个孩子，还不敢在众人面前跟丈夫打招呼，怕别人评头论足，说品行不好，是桃花女人。女孩子出嫁前七天邀集村中姐妹多人“哭嫁”，内容一般是诉说别人之难舍难分，诉说不知嫁后命运如何的担忧。有的婶嫂姨姑等长辈也加入哭几句，叮嘱新娘要顺从丈夫，听好“鸡啼狗吠”（意思是说鸡叫了要按时起床煮饭，洗好筷子和碗碟；狗吠了是提醒黑夜了，注意防盗闩好门）。封建婚姻给青年男女带来人生的苦难，特别是给女孩子带来的灾难更为深重。所以民间流传有三首雷歌是这样唱的：①“铁嘴媒婆拿人诳，父母青盲并青光，拿嫜推下牛粪堀，浸不死人堀死人。”②“拿着媒人咬边耳，这世我娘都恨她，做蒯我娘没可恨，该得做个岁同年。”③“罐仔煲屈坏米，小夫当然屈坏妻，也似高田缺雨水，等待雨来春又迟。”旧社会，贫穷人家嫁娶是用竹编织的轿涂上黑色作婚轿，称为“黑轿”，由两个轿夫把女孩子从娘家抬到婆家，随轿带去几件衣裳，轿后还跟随着媒人。富裕人家娶老婆则是抬“红轿”的。所谓红轿是用木头打造的，很坚实，在轿的周边画彩，多为红绿色调，也有彩条之类。新娘家还要为出嫁女儿装置几箱的嫁妆随轿扛出，随轿的还有打锣鼓吹唢呐的队伍，好不威风。

有雷歌这样唱：“共产解放是这样，解放头锣与红轿，解放红衣和红扇，解放官人没打娘。”旧社会姑娘一嫁过门，丈夫给她第一个见面礼，就是重打几个扇头，显示男方的威风，警告女方一切要听从丈夫的，要三从四德。湛江解放后这些礼节便废除了。

2. 新寮岛文化

新寮岛概况

新寮岛位于徐闻县东北部约 45 千米海中，东临南海，南濒外罗港，西与锦和镇连接，北与北莉岛相望，是雷州半岛东侧的一个堆积岛，沿岸多滩涂。该岛是湛江市除了东海岛、南三岛、硇洲岛之后的第四大岛，是徐闻县最大的岛。原本除了新寮岛外附近还有南湾、后海两个小岛，后由于围海造田，建筑海堤 4 条，把新寮、南湾、后海三岛及大陆地区的和安半岛连成一体。新寮全岛最长 9750 米，最宽 4000 米，土地总面积 46.1 平方千米，距离徐闻县城 65 千米，属热带季风气候，日照充足，夏秋炎热，多雨、多雷、多台风，年均气温 23.5℃，年均降雨量 1813.1 毫米，年均日照量 1870.8 小时。新寮镇共有 10 个村委会，81 条自然村，是徐闻县唯一的海岛建制镇。

由于距离县城较远，以往交通又不便捷，所以有此说：不去过新寮岛，等于没有到过徐闻。

相传明代以前，新寮辖地为荒岛，明初始有福建莆田人漂泊到此岛上，以浅海捕捞为生，搭棚盖草寮定居，以双联村为最，故称之为新寮。明清时期，此岛行政管辖权隶属广东省雷州府海康县延和乡，民国初年属海康县调风乡，新中国成立前夕至 1955 年前属海康县第三区；1956 年 2 月划入徐闻县第六区，称为新寮乡；1958 年属徐闻县锦和人民公社（也称上游公社）；1959 年 5 月从锦和人民公社析出，成立新寮人民公社；1983 年改为新寮区；1987 年改为新寮镇。全岛地势平坦，土类以沙壤土为主，滩涂资源相当丰富。岛上水运方便，跟大陆最近距离仅 0.4 海里。环岛四周无礁石，船只均可靠岸下锚。

新寮岛虽说是偏远的岛屿，但却是一座富有特色的岛屿，其物产丰饶。人们常说新寮岛有两宝，一是这里的香甜可口的番薯，其中的千里香番薯，正如它的品名一样，香进县城，甜遍省里，全岛种植番薯有 1 万多亩。花生是新寮的第二个品牌，因岛上盛产一种红苡花生，其产出的花生油，香喷喷，色味俱齐。除了新寮两宝外，新寮对虾所加工成的虾米、虾仁，远销国内外；新寮牡蛎甜润可口，泥蚶味清滋补。岛上遍种椰子树，还盛产菠萝，滩涂养殖的青蟹、贝类可一饱口福。

新寮岛又是华南地区较大型的湿地沼泽区，原因是新寮岛南端和大陆之间形成一定面积的红树林滩和淤泥滩，陆上为熔岩红土台地，沉积物类型为海积物和风积物，部分区为河流冲积物。淤泥滩四周为沙质海滩，只有几条狭窄水道与海相连，海潮水直接影响不大，四周只有几条小溪流入，夏季的河流泛滥水相对较多，对淤泥滩有一定影响。沼泽植被以红树林占绝对优势，优势种为红海榄和白骨壤，有多种红树林伴生，如秋茄、桐花树、老鼠勒，向陆高潮线以上有海漆、黄槿等。新寮岛湿地沼泽区又是行鸟、鹬、鹭等鸟类的越冬地和驿站。但近年可惜的是由于围海造田，挖塘养鱼虾，大肆砍伐红树林，使得红树林面积大减，失去功能效益，导致自然生态平衡失调，灾害频繁。

尽管资源较丰富，但十几年前的新寮岛却曾是广东沿海最贫困的海岛。据 1991 年进行的广东省海岛资源综合调查分析，专家组认为徐闻县新寮岛是广东沿海最贫困的海岛。当时这个巴掌大的岛上可供耕种的土地非常少，大部分人守着“六沙一（海）水三分地”，靠着可怜的一亩多地瓜和水稻过日子，过着窘困的农作生活。展眼望去，整个岛可以说是个一穷二白的穷乡僻壤，几乎家家户户住破旧的茅草房，人们过着极为贫穷的生活。当时海康和徐闻两县都有民谚形容新寮岛：“风来沙滚滚，雨下白茫茫，飞鸟不歇脚，来客不过夜。”

从 1995 年开始，过怕了穷日子的新寮人打破传统农业的桎梏，徐闻县政府也重新审视新寮岛的海洋资源开发问题，确定以海洋经济为增长点发展经济，积极采取措施，营造各种有利的条件，使新寮岛周边的浅海滩涂得到充分有效的开发。在徐闻县政府的引导下，岛民先是养泥蚶、青蟹，后又大力发展养虾业……现在，全岛养殖品种有对虾、青蟹、泥蚶、镜哈螺、贻贝、珍珠、牡蛎等。目前在全岛已形成了以对虾、泥蚶为主，种类多样的规模养殖格局，海洋经济逐年递增。新寮人齐心协力把"鸟不歇脚"的新寮岛打造成"天堂之岛"。

事隔 16 年后，专家组重新踏上新寮岛调查研究时惊讶地发现：目前新寮岛发展海洋产业，促进海洋经济发展已迈出了可喜的一大步；农业结构已大规模调整，能源、交通、通信全面改善，人均收入逐步增加，这里发生了深刻的变化，人们靠着勤劳的双手和聪明才智，一天一天地改变着生活的面貌。走进新寮岛，看到尽是渔民耕波犁浪收获鱼虾的情景；进入岛中，映入眼帘的是一条条平坦宽阔的水泥路横亘在平坦的绿野稻田中，农民新建成的瓦房、楼房，其中漂亮的小洋房就有 500 多栋，点缀在椰林绿野之间，格外引人注目。进入镇墟，笔直宽阔的大街上，各种机动车辆往来穿梭，道旁是一幢幢漂亮的楼房……到处呈现出一派生机勃勃、欢乐祥和的景象。而在新寮岛上的乡村，近五年掀起建路热潮，昔日只有弯弯曲曲的人行小路现全变成砂砾路、水泥路，岛内 10 个村委会都开通了沙砾土和水泥混凝土公路，总里程达 63 千米。有 5 个村委会通水泥路，16 条自然村通硬底化水泥混凝土路，总里程达 35 千米。这样，全岛实现了村村通路，逐步构成了四通八达的交通网络。

2006 年，对于新寮岛人来说，又是不平凡和欣喜的一年，喜讯频传：得天独厚的新寮岛成为全国风电潜力最大的地区之一，2006 年 7 月 11 日，洋前风电项目正式启动。新寮岛洋前风电项目，年发电量约 9500 万千瓦时。据了解，徐闻县将在今后三年内投入资金，打造广东最大的风电基地。几年前该岛开通海岛公路后，全岛掀起了开发热潮，水泥路纵横交错，投资环境日益改善。为促进海岛旅游开发，徐闻县政府决定投资完成全岛共 46.6 千米的环岛公路建设。

现在的新寮岛已从一个贫穷的茅寮岛变成了盛产经济作物和海产的"番薯岛""对虾岛"以及闻名全国的"风电岛"，而且有条件建成一座生态旅游岛。

新寮岛革命史

烟楼村位于新寮岛的南部，在革命战争时代是雷州半岛一个声名鹊起的革命村庄。现在烟楼村建起一座“三雷地下革命联络站”纪念馆，厚载当地抗日革命斗争历史，展示“青抗会”开展的革命斗争活动。

民国三十二年（1943年），日军继登陆海康之后，大举入侵广州湾，在雷州半岛各地烧杀掠夺，激起当地的抗日怒潮，接着各县市的抗日救亡运动风起云涌，新寮岛也不再清静，烟楼村的热血青年也积极投身到轰轰烈烈的抗战运动中去。

在新寮岛上，有一间新寮一小，中共地下党组织派来的教师占了大多数，他们以教书为名，在岛上广泛宣传抗日救亡思想。1944年5月，从东海岛来了一位共产党员身份的教师，名叫陈锦伦，他与村民王恩森、李时用、唐家秀等人倡导成立了“青年抗日救国会”（简称“青抗会”），村中青年邱文雄、邱德谋义无反顾地加入了“青抗会”。在地下党组织和“青抗会”的领导下，烟楼村举办了“民众夜校”，进行了抗日演讲，教唱抗日歌曲，并通过授课、印发传单、书写抗日标语、绘制漫画、办墙报等形式进行大张旗鼓的宣传活动。在抗日救亡火种烧得越来越旺的形势下，烟楼村成立了抗日游击小组，邱文雄为正组长，邱德谋为副组长，村民邱朝为、邱德敬等29人先后加入了抗日游击小组。

烟楼村抗日小组要发展壮大，必须有经费投入才行，邱德谋在会上对队员们说：“大家不要为难，办法总是有的。”于是他与邱文雄带头回到家中，翻箱倒柜，把平时积攒下来的钱物掏出来，还变卖了很多结婚礼品、金银首饰等细软物件，用来购买了驳壳枪1支、子弹10发，并发动队员采取强制措施，收缴村中地主、土豪劣绅及宗祠的长枪5支、猎枪3支、长矛4把、小刀5把，同时派队员到附近村庄动员群众自觉献出武器弹药。经过两个多月的艰苦筹备，烟楼村抗日游击小组一共拥有长枪8支、手枪3支、小刀11把、子弹900发、土炮2门、猎枪4支、火药20多斤。抗日队伍武装起来了，他们不畏强暴，开展反对苛捐杂税、减租减税、惩治土豪劣绅的活动。

民国三十三年（1944 年）11 月22 日，日军飞机空袭新寮岛，南部的堰头仔、南海头、烟楼等村庄变成火海，焦土一片。抗日游击小组组织力量奋力抗击敌人，抢救群众生命财产，但由于武器落后，抵抗不了日机的轰炸，烟楼村 3 艘木帆船、20 多头耕牛及生猪、27 亩农作物，全部被炸毁。烟楼村民对日寇的狂轰滥炸无比愤怒，他们做好充分的战斗准备，时刻关注敌情，随时还击日寇。1945 年 5 月初的一个傍晚，新寮岛的东部海面潮水退去，正在此时，“雷打滩”上搁浅着两艘日军运输船，船上的日本兵急得呱呱叫嚷，刚好被烟楼村游击队员邱朝为发现，赶紧跑回村里报告敌情，村游击小组一面派人装扮成渔民，直奔那里侦察，一面制定克敌制胜的方案。烟楼村游击小组和邻村渔民兄弟联手组织 200 多人全副武装，在新寮地下党领导人王恩森、李时用、唐家秀等人指挥下，趁着黑灯瞎火之际，利用熟悉地形优势，以迅雷不及掩耳之势，采取海陆围歼等措施，直扑上日军运输船。面对突如其来的游击队伍，日军和伪军猝不及防，个个吓得魂飞魄散。但他们还想垂死挣扎、负隅顽抗，不过日寇觉得难以对付，只好抱头鼠窜，举手投降。2 艘日军运输船上 30 多人当场就投降了，其中日军 12 人、军官 3 人、伪兵 20 多人。缴获轻枪一挺、步枪 12 支、手枪 3 支、手榴弹 15 枚、战刀 3 把、军狗一只、弹药一批。1945 年 7 月，日军战船从雷州东平（东坡）一带沿海出发，一路杀人放火，奸淫掳掠，然后向新寮岛进犯，在紧急关头，新寮岛地下党组织火速组织 200 多人准备伏击。当日军战船依仗他们强大的火力向新寮岛北岸进攻时，地下党的武装游击队毫无畏惧，土枪土炮对着敌船猛烈开火，炮火硝烟弥漫，还以吹角螺、放鞭炮虚张声势，助威呐喊，日寇见状胆战心惊。同时，游击哨船在海面形成剪刀形，乘胜追击。当向敌船逼近之际，在烟楼村前坡墩防守的邱德森、曾妃友、邱明家等人举枪对空射击，喊杀声如雷，海陆配合，日寇晕头转向，乱成一团。这次战斗把日军驱逐出和安镇，从此日军再不敢登陆新寮岛了。

1945 年日本投降后，蒋介石调兵遣将“围剿”共产党武装力量，广东南路特务队长、粤桂南区“剿匪”指挥官戴思委派莫荣光率部队登陆新寮岛，并进驻烟楼村，企图扑灭在抗日中点燃的革命烈火。但在地

下党组织的领导下，村民邱文雄、邱德谋等人与国民党反动派斗智斗勇，并于 1946 年成立了烟楼村革命联络站。该联络站除了徐闻武工队、新寮武工队的队员常驻外，还先后接送来自四面八方的革命志士数百人。其中，解放军八团团长朱强和南路特委沈斌等领导人也多次来到该联络站摆兵布阵，还有徐闻革命领导人谭国强、张宗红、三六等人，也常驻该站指挥徐闻革命斗争，直到全国解放。

1950 年南下解放军准备解放海南岛时，烟楼村民组织船工、水手、艄公报名参与渡琼作战，为解放海南岛做出了积极的贡献。烟楼村许多参战者均立功或嘉奖，其中邱文雄、邱明威、邱德杰等被授予勋章各一枚，邱明就、邱明养、邱德三等人被授予渡琼作战功臣。

赶草鸡

赶草鸡是新寮岛渔民传统的一种简朴的赶海（渔业生产）习俗，相传源于明代，分布在新寮岛的大村、六湾、明塘、烟楼，他们的祖先都来自福建莆田。

用麻绳连成一条近 200 米长的绳索，每隔一二米的距离用干稻草捻成草结扎在当中，草尾扎得像鸡尾，当地把这稻草结称作草鸡。赶草鸡一般要 20 人左右，都是选择男性，老幼皆宜。赶草鸡的领头称作“草鸡头”，“草鸡头”剽悍、习水性。赶草鸡的收尾人称作“草鸡尾”，其他的称作“草鸡仔”。

赶草鸡选择在最寒冷的冬天邻近的小海滩，由“草鸡头”赤着上身，用足部缠着 200 米长的草绳，泅水穿过港湾，一边游，一边放绳。“草鸡尾”也用足缠住草绳的一端，“草鸡头”脚扯一扯，“草鸡尾”也相应拉一拉，这样做主要是把浅海的馏鱼（龙过鱼、虫鱼、白牙子）赶到浅海去。被赶的鱼都被草鸡赶到“草鸡头”和“草鸡尾”两端，这时，岸上的“草鸡仔”就背着鱼篓和提着一种当地人叫作“担”（用箭竹子制作，像一只罩，高 50 厘米，底半径 40 厘米，上半径 20 厘米，有口，这种担很坚固，可坐人和站人）的工具来罩鱼。分鱼时，“草鸡仔”罩到的鱼必须每人分 3 份给“草鸡头”，“草鸡尾”自己负责。分完鱼，这时“草鸡头”已冻得不可开交，大家都赶紧把他抬到篝火旁。这样的活动，一般持续十多天，而且都是合流水、涨潮的时候。

赶草鸡是一种非常古朴原始的渔业活动，这项活动中有许多很原生态的舞蹈动作，而且充满谐趣，是提炼民间民俗舞蹈很好的素材，有关部门还据此创作了别具特色的民间民俗舞蹈。

3. 罗斗沙岛文化

罗斗沙岛概况

罗斗沙属沙洲岛，形成于清康熙年间。该岛介于徐闻前山镇与海南文昌市之间，位于前山镇东南海域，距离前山镇三石村 9.782 千米。该岛长达 8 千米，最宽达 1.5 千米，原面积 4.9 平方千米，如今只有 2.78 平方千米，是湛江最大的无人岛。罗斗沙岛也是中国海洋局公布的第一批开发利用的无人岛之一。

罗斗沙呈东北—西南走向，东高且宽，西低且窄，整个岛就像一只漂浮在水中的香蕉。罗斗沙岛是一座守护村庄的天然屏障，很久以前岛上有 2 个港湾，40 吨级船只可在岛上避风停泊，后因泥沙侵填而败废。

罗斗沙又称新沙岛，虽不算小，但遇上大台风和特大风潮，仍有被浪潮淹没的危险，加之离大陆较远，深入南海的腹部，因此，罗斗沙至今尚未有常住居民，只偶尔有临时落脚的渔民于岛上小住。这个海岛深入南海，远离大陆，到那里游览最为刺激。在岛上，偶尔可以观赏到海市蜃楼奇景。盛夏时节，罗斗沙上劲吹西南季风，天气湿润，不会太干燥。在茫茫的沙滩中行进，可以无拘无束地进行海水浴、日光浴、沙滩浴。在白沙滩上跑步，还能听到海滩发出的奇妙声响，当地人称之为“响沙滩”。在那组织野炊，美滋滋地饱尝鲜美的黄花鱼。罗斗沙岛周围海域怪礁连环，潮声如鼓，却是广东省内最主要的黄花鱼场之一。岛附近盛产黄花鱼、石斑、大黄鱼、马友鱼、海鳝、九节虾等。每年春汛，渔舟往返，撒网垂钓，一片繁忙。

罗斗沙岛具有休闲、美食、海水浴、野营等旅游资源，偌大的岛上

除了几百亩木麻黄林和几片稀疏的绿草地外，便是一片白茫茫的沙滩，有“海上戈壁”之称。岛上有一座高耸入云的50米灯塔，这座航标塔也是岛上唯一的建筑物，走进罗斗沙犹如进入宁静的童话世界。罗斗沙地处亚热带海洋性气候，冬暖夏凉，气候宜人，光照充足，周围环境层次分明。岛上由于很少人烟，这里还是小鸟的天堂、海鸥的乐园，可称得上是湛江地区最著名的海鸟岛。一年四季都有海鸟栖息繁衍，每年的5—6月份，海鸟集中于岛上产蛋，一个个沙窝里的鸟蛋，颜色各异，偶尔几只拳头大小的白色海鸟从头上掠过，不时发出嘎嘎叫声。这里的鸟产卵，它们将蛋藏在沙窝里，海沙的温度便把鸟宝宝孵出来。有时海沙温度过高，海鸟就用嘴含来海水给海沙降温，的确是大自然一大奇观。

罗斗沙岛与汉代海上丝绸之路始发港、灯楼角珊瑚礁自然保护区形成徐闻县旅游布局的掎角之势，对旅游经济的发展有极大的推动作用。罗斗沙岛与海南岛遥遥相对可见，乘快艇只需一个小时。

开发罗斗沙依然路漫漫，但徐闻整合罗斗沙、青安湾、白沙湾、国家级珊瑚保护区、祖国大陆最南端等旅游资源，打造黄金海岸线的金色旅游之梦拭目以待。

罗斗沙岛与零式战机

1941年11月26日，在雷州半岛徐闻县上空有两架日军飞机因燃油耗尽后，迫降到荒无人烟的罗斗沙岛的海滩上，当时正值涨潮时，两名日军飞行员随海流冲向对岸前山镇的山海村港湾，被渔民捞起押送到前山的乡公所。

不久，4名携带武器的政府人员开车到乡公所，汽车在乡公所门前的坡上抛锚，4人走向乡公所，带走了日军飞行员。

美国王牌飞行员，时任纽曼所在战斗机大队指挥官的 Bruce K. Holloway 也证实日本的2名零式战斗机飞行员是在“雷州半岛东南海岸的 Tei Tc（徐闻县前山镇的日语发音）附近”被抓获。前山的抗日武装将飞机分解后装运，送到柳州。在中国军民的帮助下，零式战机很快被纽曼修好，并试飞成功。飞机通过柳州—桂林—昆明—卡拉奇的航线到了美国。

纽曼在其回忆录《从飞虎队员到通用电器总裁》一书中记载：陈纳德将军对他说："纽曼，我们搞到了一架很好的零式战斗机，是中国农夫在海南岛对面，日本人占领的海滩上捡到的，他们把飞机拆卸后所得到的所有零件都突破日本封锁线拉到内地来了，你能不能设法拼装出一架完整的零式飞机?"

零式飞机飞到美国后，很快美军便成功地找到了对付日军零式飞机的密码，美国地狱猫 F-6F 战机很快被研制出来。1944 年 6 月，F-6F 战机投入太平洋战场，取得马里亚纳群岛空战的胜利，夺回了空战的主动权。

1945 年，该机的机身在加利福尼亚举行的一次战争债券发行时被拍卖，后来这架飞机又在军火库中神秘地消失。

中共中央党史研究室研究员庞松认为："南路人民为飞虎队运送零式战机，为抗战做出了贡献。"

4. 东头山岛文化

东头山岛概况

东头山岛，位于广东省湛江市霞山区东南 10 千米，在湛江港湾内，东海岛之北海面上，离东海岛最近，属东海岛经济开发试验区管辖。全岛长 3.4 千米，宽 1.2 千米，面积 4.08 平方千米，人口 4000 多人。岛的东面有土堆隆起，当地人称"山"。

山上有座镇龙神庙，传说是纪念一位渔民——将军郑龙而建。相传古时，港湾风平浪静，水族繁衍兴旺，渔民丰衣足食。突然闯入一条恶龙，张牙舞爪，把港湾搅得天昏地暗，船翻人亡，鱼虾贝蟹死亡无数。附近村有一渔民郑龙，挺身而出，勇斗恶龙，被恶龙打昏在海上。玉皇大帝知道后，即托梦传授郑龙制服恶龙之法，并封郑龙为镇龙将军。郑龙醒来，胆气力量顿添，奋起与恶龙血战三天三夜，终于制服了恶龙，并用一块大海石把恶龙镇压入海底。过了不知多少日子，那块镇龙巨石浮出水面，变成了东头山岛。

东头山岛，古称“鹿渚莲洲”，据说曾是一个野鹿出没、莲花盛放的世外桃源。东头山和特呈岛大小相仿，人口相近，地理相似，是湛江港湾的一双明珠。岛东头台地最高，故名东头山岛。

有这么一个传说：很久以前，天界一位神仙很同情风波浪里艰难揾食的打鱼人，于是瞒着天帝下凡，连夜从远方挑土来此营造一个平静港湾。当大功将近告成之际，忽听一声鸡啼，仙人以为天亮了，匆忙扔下肩上的担子逃回天界。被扔下的一担土就成了后来的东头山和特呈岛。

当地人为了怀念仙人的功绩，惩罚早鸣坏事的公鸡，从此盛行过年必吃白切阉鸡的习俗。久而久之，吃出了远近闻名的湛江白切鸡。

坐落在岛内有600年历史的古庙——天后宫，庙前一双石狮，遥望大海，古朴威武。村民们为出海捕鱼的船只祈福，在此载歌载舞。李氏开基始祖坟，建于乾隆乙卯年（1795年），占地500多平方米，气势宏伟，结构保存完好。名人墨客留下的“山明水秀”四个大字还闪耀生辉。据《遂溪县志》记载：古时此地莲花盛开，香飘十里，并有茂森修竹，山容耸翠，盛产麋鹿。素有“鹿渚莲洲”之美称。人杰地灵，曾是“雷阳八景”之一，吸引了无数名人墨客。

《雷州府志》载：“东头山在遂溪县东南八十里，其地沃腴，盛产莲花。多洼地，荒林产鹿，居民百余家。”故曾名莲花洲（岛），又名鹿洲，“鹿渚莲洲”为遂溪县古八景之一。

岛的东面为进出湛江港船只必经航道，东侧多礁石，北面设灯桩与特呈岛、石头村灯桩隔海相对，成三角形灯标。海岸曲折，港湾宽阔，岸边银沙平展，千帆鼓浪。岛内有渡船通霞山区及东海岛。

东头山岛属东海岛东山镇辖，村以岛名，明初成村，聚落南北向呈块状。岛民以渔业为主，现有渔船数十艘，是东山镇较大渔村之一，岛内有小学校。1950年有20多名船工曾参加解放海南岛战役，为支援解放军解放海南岛做出积极的贡献。

东头山岛的祖先在元末明初迁徙至此，至今已有六七百年的历史，村中居民5000余人，除外出打工的年轻人外，常住约3000人，却始终保持着原始生态风貌，岛民日出捕鱼，日落为炊。村中也有不少人家建起了崭新的铁窗砖房，这些多为在外打拼的乡贤回乡所置。

放眼望去，岛上的最高建筑是法国殖民广州湾时期所建的两座灯塔，高约50米，作为东海上的航标。登上塔顶，可以一览整个东头山岛的景貌，俯瞰全岛，只见田野葱郁，阡陌纵横，小屋鳞次栉比，海平面上笼罩着薄纱般的水汽，不见边际。远处海滩上遍地呈现出红黑色、蜂窝状的“怪石”，是岛上独特的景观，据介绍这是多年来被海水冲刷淘洗得百孔千疮的铁姜石。

在这钟灵毓秀之地，有一棵500多年的大榕树，葱郁翠绿，老人们经常过来围聚一堂，有的老人带着孙子，给他们讲述这座海岛的往事。多年来，他们一直保持着早睡早起、饮食定时的习惯，并且只要能够下地耕种，即便岁数大了也不愿在家待着，这是他们的长寿经。村中的老人十分长寿，村中90岁以上的老人有9位，70岁至89岁的老人有170多位。

古代诗词摘录①

鹿渚莲洲

幽芬回出复何时，几度人间不老秋。
面似大郎香更远，步怜妃子色长留。
仙姿不受尘埃点，玉骨任教风雨稠。
羞向吴宫竞秀丽，清凉剩有百花洲。

此诗为洪泮珠（麻章庐山村人，明崇祯举人、清顺治进士）所作，描写东山岛上莲花的仙姿玉骨及色香，全诗以拟人手法写莲花，作为东头山岛的芳踪，留下历史一笔。

①摘自黄振强《湛江古今诗词》。

5. 冬松岛文化

冬松岛位于徐闻县和安镇，面积 4.8 平方千米，岛最长 3100 米，最宽 900 米，面积 2.8 平方千米，海拔最高 10.2 米。岛上地势平坦，属沙质土，距县城东北方约 75 千米。冬松岛共有 10 条自然村，多以海洋捕捞为主，共有渔船 399 艘。

冬松岛得名于很久以前岛上东部的一棵大榕树，该树四季常绿，而且挺拔坚强。雷话“松”与“榕”同谐音，因而岛上居民给它起了一个名叫“冬松岛”。岛上道路硬底化达到 70%，仅 10 条村庄的海岛就有下坑村、葛斗村 2 条自然村被评为“生态文明村”。

徐闻县和安镇的生蚝闻名国内，而冬松岛的蚝更胜一筹。俗话说：“靠山吃山，靠海吃海。”岛上居民就凭着挖蚝致富。趁着海潮退去，他们手持蚝刀和竹篮在海滩上穿梭往来，寻觅野生蚝，总是提着竹篮满载而归。岛民说：“这一带海域水质特别好，只要将挖剩余的蚝肉扔到海滩中，随着潮涨潮退，几个月后蚝壳里又重新长出蚝肉来。”如今岛上除了挖野生蚝的，还有养殖蚝的。岛上的网箱养殖业不断发展，全岛网箱养鱼每年收入颇高。

海岛的渡口早上异常热闹，小商贩从船上搬着大米、紫菜、腐乳、腐竹、饮料运往岛内，而岛民也将一袋袋生蚝、白贝、海虾等海产品运出海岛，销往各地。

冬松岛周围海域盛产对虾、青蟹、鱼类等，海滩涂产沙虫、泥蚶等，海产资源丰富，是徐闻县一个负有盛名的渔业大岛。

20 世纪 50 年代末当地人修筑了全长 3 千米多的 2 条海堤，把冬松岛与水头、公港连接起来。如今行走在岛上感到处处焕发着社会主义新农村建设带来的新气象、新面貌，每条自然村中小洋楼一幢幢拔地而起，渔民富裕起来，也给海岛增添了现代化的气息。

6. 金鸡岛文化

金鸡岛位于徐闻县东北约41千米海域中，长1650米，宽950米，面积1.9平方千米，形状长方，海拔最高6.4米，表层为白细沙，底层为多色土壤。岛上有山，古时灌木丛生，林中常闻金鸡啼鸣，故得此名。

该岛属和安镇管辖，有1条自然村。岛民以渔、农、盐业和船运为生，附近海域盛产章鱼、花蟹。20世纪50年代末筑建2条海堤，把金鸡岛与公港岛和安圩连接起来，并围海造田2000亩。过去岛上的人来往陆地是靠摇船摆渡。

金鸡岛海堤立有一块石碑并刻着：广东湛江红树林国家级自然保护区。海堤坝长达1千米、宽约4米，是通往金鸡岛唯一通路。在堤上眺望海边，一望无际的红树林，犹如一座绿色长城，将金鸡岛紧紧环抱。一条水道宛如白蛇藏匿林中，蓄势向海边游去，整个金鸡岛红树林面积达5000亩，蔚为壮观。

堤岸一边围筑虾塘养殖鱼虾，岛民在此围养鱼虾，增加财富。岛民说："红树林也保护了虾塘及堤坝。"这里的红树林品种不但有白骨壤，还有桐花树、红海榄、秋茄和木榄等，台风再强也推不垮这里的海堤，同时村子里的房舍及村民的生活财产也得到了保障。

金鸡岛红树林国家级自然保护区，可开发生态游，人们可以从红树林内的滩涂观看海生小动物，也可在岛上渔家品尝海鲜美食。如能在金鸡岛的小山丛林闻金鸡啼鸣可是一大幸事呢！在金鸡岛环岛一圈，可观望对岸的5座岛屿与海中渔舟，也能看到岛上的多色土，可真是一个七彩世界。

7. 雷打沙岛文化

雷打沙岛位于徐闻县东部海域，属于农林渔业用途的海岛，坐标在20°39′N，110°29′E，陆上面积1.66平方千米。地势平坦，砂质岸滩，现仍不断淤积，植被茂盛。经人工挖沙围垦，已与新寮岛主体相连，外

围分沙堤改为虾塘。岛上植被茂盛，生态奇异，沿岸还分布大量风车发电机组。雷打沙岛入选 2011 年中国公布的首批开发无人岛名录，该岛面向南海，风景秀美，可开发旅游兼农林渔用途的岛屿。从徐闻县城出发驱车一个多小时，便可到达该岛。

登上岛屿，放眼看去，地面被绿油油的植被覆盖，各种藤蔓的植物到处攀爬并纠缠在一起，顽强地生活着。岛上还有很多叫不出名字的植物，多是漂洋过海的外来物种。由于有这些植物的纠结，才将原来松散的海沙集合在一起，有效地防止水土的流失和植被物种的消失。

沙滩到处都是各种各样的贝壳，圆的扁的、长的短的、叫出名字的、唤不出名的，五彩缤纷，在灿烂的阳光照耀下，显得那么美丽可爱，令人沉醉。在那些分布在海滩的礁石中，还有无数的小螃蟹在蠢蠢欲动。

雷打沙岛的名字缘于该岛的雷电出奇地多，在雷雨天气的季节，一打雷，就会看到闪电在雷打沙岛上空闪过，有的时候，甚至直接打在该岛上。据曾到岛上的渔民说，久而久之，岛上有一个地方就是因为经常遭到雷劈，竟然被雷电“打”出了一个水湖。雷打沙岛名称就缘于此。至于究竟是什么原因让该岛总遭雷“光顾”，有待科研探究。

雷打沙岛由海沙堆积而成，而且面积不断延伸和扩大。那么该岛最初是怎样形成的呢？新寮岛镇政府工作人员说，昔日过往的船只发现雷打沙岛越来越容易搁浅，探究原因后才发现海面下已经有大量的海沙堆积在一起，于是就有人搬来木头堆积在一起，久而久之，围绕着木头堆积的海沙越来越多，就出现海岛雏形。后来又有人在沙面上植上植被，滩涂渐渐形成后，植被也越来越茂密，雷打沙岛就因此诞生了。

徐闻地处雷州半岛最南部，三面环海，海岸线长，既有来自南海的东风，又有琼州海峡特殊地形而形成的强大气流掠过上空，常年吹 3 级以上大风。徐闻近海域有丰富的风能资源，风力发电潜力很大。因此，在岛上建起了一排巨大的风力发电机。据介绍，该风车机型是我国首批具有自主知识产权的沿海型 1.5MW（兆瓦）的风力发电机组，高度为 110.7 米，相当于 30 多层楼的高度，其中风机高 75 米，风叶长 35.7 米，风机直径为 4.5 米。该机组可以抗 11 级台风，每台每小时可产生 1500

千瓦电能。每台风机年发电量约为500万千瓦时，一年下来，加上白母沙岛的风力发电机共33台年总发电量可达16500万千瓦时。据计算，这33台屹立于海岸线上的风车发电机组，不但是装点无人岛的一道亮丽风景线，还满足了周边数万个家庭的日常用电的需求。这是不折不扣的低碳工业、生态工业，不但充分利用了徐闻的近海风力资源，还对环境牺牲小、效益大，典型的事半功倍。风力发电机点缀徐闻的绿色海岛，成为一幅亚热带生态海岛图帛。

雷打沙岛是农林渔业用途的海岛，海滩美到极致，各种贝类、螃蟹数不胜数。如单一发展渔业，则制约特性。自古以来周边的渔民却极少从该岛出海捕鱼或以捕鱼为生。因为该岛滩涂太长，地势平缓，因此即使是再小的渔船也会搁浅。这样渔民也只能在离岸很远的地方就下海推船才能靠岛，需要花很大力气和时间才能将渔船拖上岸。也因为海滩平缓，小岛极易受到海浪海风的侵袭，因此停泊在岸边的渔船会遭到损坏。由于该岛地形没有优势，但优良的海水清澈可见底，远近闻名，有专家学者专程到雷打沙岛与白母沙岛海域，对这里的海水进行化验。化验结果显示，雷打沙岛周边海域的海水水质优良，不但污染少，还含有大量微生物，海水咸度也比湛江其他海域的海水咸度要高得多，适宜养殖对虾。很多邻近渔民看到这一得天独厚的自然条件，在此养鱼养虾，久而久之，这消息不胫而走，附近村民纷纷来岛上承包虾塘，一些虾苗厂也从外面搬到这里，形成了一个集对虾养殖、虾苗培育和销售为一体的产业链，与新寮、白母沙岛拓展连成一片。

8. 公港岛文化

公港岛属徐闻县和安镇，是距徐闻县城东北44千米的一个海岛，占地0.12平方千米，与陆地最近距离2千米，岛长2100米，最宽600米，现面积1.26平方千米，地势南高西低，表面为细沙，底层为砖红壤。有4条自然村，1985年筑堤与大陆相连。

因岛南有山丘长期被潮水冲刷成赤色断层，又名赤坎岛。1934年属海康县管辖时改名为公港岛，1953年划归徐闻县。岛附近海域盛产对虾、章鱼等，村民以浅海渔业和船运业为生。1971—1980 年松树港围垦工程，把公港岛、水头村和雷州市井仔村连接起来，围垦面积达 1.3 万亩，现开发为徐闻县最大对虾养殖基地。

公港岛濒临南海，属热带季风气候区，四季温和，雨量充沛，水源丰富。年均气温 23.5℃，年均降雨量 1813.13 毫米，年均日照量 1870.8 小时。

赤坎村是公港岛的最大村庄，村道已硬底化，修路修到家家户户门口，建起雄伟壮观的文化楼，并设有综合市场。村民靠海吃海，大部分从事水产养殖业，一小部分以捕鱼为业，并到海边挖沙虫以增加收入。村中有一条 100 米长的榕荫路，独具特色。

9. 六极岛文化

六极岛在徐闻县东北 40 多千米的海域中，是一座极小的岛屿，邻与新寮、北莉、冬松、公港等岛中，它排行第六，面积最小，只有 1.5 平方千米，全长 2500 米，平均宽 600 米，呈两头小中间大，地势东北高西南低，最高处海拔仅 5.5 米，土壤为砂质。六极岛属锦和镇管辖，有自然村 5 条。岛上耕地 819 亩，其中有 560 亩是新中国成立后围海造田形成的。成岛上居民以渔业、农业、船运业为生。交通方面主要以小轮渡为主，每天都有小渡轮往返陆地与海岛之间。

岛名取于“六福极至”意境，指长寿、富贵、康宁、好德、善终、吉祥，寓意“六福极至”的福地。六极岛上 85 岁以上的寿星 60 多人，最长者 105 岁，成为一个名副其实的长寿岛。

六极岛虽然是弹丸之地，是小岛极致，但沿岛海边四周却长满了密密匝匝的红树林冠丛，而且品种繁多，绿色植被几乎覆盖全岛，岛上古树众多，一年四季绿意盎然、生机勃勃。迈步其中，顿感淹没在绿色的海洋之中。

六极岛的滩涂上螺蟹贝类极多，“赶海马”是岛上人们一种生产方式，亦是一种娱乐。“赶海马”就是晚上在海滩上拿着手电筒追赶沙滩上的小螃蟹，与它们斗智斗勇，腿长灵活的“赶海马”能手屡屡满载而归。岛民用这“海马”煮上一锅粥，让游客也垂涎欲滴，这些小螃蟹被岛民用古法制作美味可口的“蟛蜞汁”。

该岛冬天不冷、夏天不热，属热带季风气候，温和湿润，空气清新，环境幽静，是徐闻县东北海面的一个世外桃源。

10. 南屏岛文化

南屏岛，称之为排线岛，素有粤西“玉带滩”之称，该岛呈长条状，长度约 7 千米，最宽处不到 1 千米，面积 2.58 平方千米，海岸线长达 1.74 千米，位于广东湛江市西部海域。从东海岛东南码头出发，坐船 10 多分钟可登上岛。该岛已列入国家首批无居民海岛开发名录。

岛上有一条长长的洁净的沙滩，仿佛一条玉带，镶嵌在海与天的画卷中。南屏岛北面与东海岛隔海相望，南面就是一望无际的南海，湛蓝的海水、洁净的沙滩、明媚的阳光、旖旎的海底世界等等，无不尽显这个亚热带海岛的魅力。只有少部分渔民在岛上搞养殖，基本上属于尚未开发的原生态岛屿。

据民间传说，南屏岛的来历是南海白龙王子为救护海瑞灵船回海南而献身成岛的。海瑞，海南琼山（今海口市）人，明代著名清官、好官。他任浙江淳安知县时，清丈土地，均衡徭役，深得民心。任应天巡抚时，疏浚吴淞江，推引一条鞭法，受到攻击、诬陷，被革职。后来起任南京吏部右侍郎和南京右都御史，他执法严厉、平反冤狱、严惩贪污，深得百姓爱戴。因日夜操劳过度，得痼疾而殉职。明朝皇帝嘉奖他对朝廷的忠心，准其回故乡安葬，并旨令船载海瑞灵体顺江浙临海西下至琼山。当船行驰至东海岛与硇洲岛之间时，突然海面刮起了风暴，灵船有被巨浪吞没的危险。这一情况惊动了南海龙王，即派白龙王子前往护船。白龙王子从海底横空而出，用自己身体挡住风浪，让灵船安然驶过。然而白龙王子却在风浪袭击下挺立不动，慢慢地变成了一座小岛，这就是南屏岛。

南屏岛的长沙滩由来，还有一个神奇的传说。

道光三十年（1850 年），一艘官船由福建海域往南驶向硇洲岛。官船上安放着振威将军窦振彪的灵柩。据《湛江郊区简志》载，窦振彪，硇洲那甘村人，曾任福建水师提督。他竭力支持林则徐查禁鸦片，抗英海战屡立战功，1850年病故任所。清道光皇帝因念其功，赐谥“武襄”，在硇洲上街建宫保坊。当下还准其遗体运归故里，并赠金鸡等殉葬品一批。

是日窦振彪的灵船行至东海岛东南一带海面，一只金鸡突然跳上棺木，高声啼叫，众人惊愕。内中一位通晓麻衣相术的人测算良久，对窦夫人吴氏说：“金鸡在此鸣叫，窦大人正合安葬于此，这样大人的子孙后代就会兴旺发达。”吴氏见四周一片汪洋，想丈夫戎马一生，人海里出生入死，无论如何都要在陆地上给他找块安稳的地方，便断然反对。但就在这时，电闪雷鸣，狂风大作，大船在海浪中打着秋千，眼看就要翻沉。满船官员个个吓得面无人色，乱成一团。相术先生向窦夫人请求说：“金鸡啼海，龙王震惊。如违天意，我等都要葬身鱼腹。”窦夫人看着翻滚的海和惊惶的众人，情急智生，大步走向窦将军的灵柩，把盖在棺木上的草席一把掀到海里。奇迹出现了：雷声停了，风住了，刚才波涛汹涌的海面慢慢回复了平静。众人从死里逃生的惊恐中醒过神来，迷蒙中猛然发现，草席漂过的地方，已变为一块首尾林木葱茂、中部微微拱起的沙滩，远看像一条浮在水面上的龙。其实，窦振彪墓就建在硇洲那甘村西北。不过“金鸡啼海，席墓排沙”的神奇传说，确是为南屏岛的来历增添了几分神秘的色彩。

南屏岛沙滩十分松软、干净，一脚踩在沙上，软得感觉不到凹陷下去，脚板底就能感受到粒粒沙子的细腻。沙滩的低洼处被海水冲成片片浅滩。时值退潮，岛的深处海水像溪流一般流淌出来，蜿蜒曲折，一些小鱼逆水而上，甚至还可以看到在浅滩海水上“打水漂”的尖头圆身的跳跳鱼。人还没涉水，被惊动的跳跳鱼已经在你面前施展轻功般飞快地掠到了另一边。浅滩边上小蟹甚众，在沙滩上留下大大小小的洞穴，一旦有人靠近，螃蟹大军便急急忙忙地撤退。

岸边浅滩上，木麻黄、红树林等植物呈片状分布。沙滩岸边有好些木麻黄树裸露的屈曲盘旋的根部虬枝，已被海水冲刷得没一点沙泥，俨然一件件木雕“躺”在沙滩上。上岛行走几百米，竟然发现一处海湾长了很多灌木状的红树林，树林绵延近 1 千米。这片红树林大部分枝干貌似已经干枯，海水上涨时带上来很多绿藻植物，这些碧绿的绿藻有的挂在树木枝叶之上，活像翩翩起舞、衣袖飘飘的舞女。红树林的树枝上“结满”了坚固的贝壳，显得更硬朗和挺拔，远远看上去，犹如一片珊瑚林。

退潮涨潮之间，海水在岛上留下深浅不一的积水潭，有的水潭清澈见底，有的则长满海草海苔。再沿岸边多走几步，就能看到木麻黄林，靠近一点，耳边全是海风吹拂树林的“呼呼”声。令人称奇的是，在沙滩上居然看见有一块绿草甸，绿草甸上竟然还有一群黑山羊。“这些都是渔民在这里自由放牧，早上过来放羊吃草，晚上再过来赶回岛上的小窝，人却不在这里过夜。”

南屏岛海域为近海，海水呈墨绿颜色，海面风平浪静。南屏岛岸边插着一排排的蚝桩，人们乘坐的渔船小心翼翼地穿过蚝桩，开到了沙滩边上。由于没有靠岸的码头，人们只能从船上直接跳下浅滩，“扑通”一声，海水沾湿了裤脚，只好赤着脚登上了无人岛——南屏岛。渔民们也会偶尔登岛，但多数限于退潮挖螺的几个小时，涨潮之后又返回陆地。

曾经有登岛的游客说，长期处在喧嚣挤压下的城市人，一踏足南屏岛，就像出了笼的鸟。虽然宽不过五六百米，长也是七八千米的一块地方，可南屏岛就是不含糊，一任海滩白溜溜地延伸过去，也任由木麻黄密密地长。赤足走在洁净的沙滩上，四周只有海浪不知疲倦的声音，间或是风送过来的几声海鸥的鸣叫。走倦了，沙滩上一躺，就触到了大地的“脉搏”，而尘世，已远隔天外。走完这座小岛，大概也要 2 小时，最长的路程却是沙滩。

从岸边翻过数米高的沙堆，避开刺刺的“钢针”植物（据说这种植被能固沙)。岛中央满眼的翠绿树林，岛上有几个养殖场，没人、没狗，炎热的天气里，炫目的阳光下，只看到水里不时漾起的一圈圈水纹。“那是鱼，从海里捞上来的小鱼，就直接放到这里养大。这里除了特大的台风天气时海水会漫过之外，其他时间都是不用担心的。”当地养殖户说。

在岛上行走，必须赤着脚小心翼翼地穿过一条碎贝壳的小路，大约

走600米可到另一边的海滩。走在南屏岛上，总能看得见海浪冲上来的水母，溪流里的跳跳鱼，树底下的松子和海鸟蛋。这种天然的美景在现在烦嚣的都市中是难得一见的。

依着歪斜的树木，躺在南屏岛沙滩上，感受海岛特有的阳光和海风，耳边听着鸟声、风声和浪涛声，这里不是鲁滨孙坚守的孤岛，而是一片风光独好的世外桃源。

11. 仙图岛文化

仙图岛也称仙图角，位于雷州市乌石镇西南端海面，面积约0.5平方千米，是一座极小的岛，现存乌石滩长约100米，宽约200米，岛上还有一座灯塔。

在海岛岸边，布满许多乌黑发亮的圆石头，这些黑色的礁石，千姿百态，有些像谈情说爱的恋人，有些则似乌龟，拖着笨拙的身躯踽踽爬行。海滩上还有3座齐人高的黑石屹立乱石丛中，它们面朝大海，似乎眺望远处的渔船，当地渔民称作“望夫石”。传说，很久以前，这条村子有3个名叫海生、海龙、海仔的渔民一起出海捕捞鱼虾，半夜突然海上狂风大作，风雨交加，雷鸣电闪，海浪涛天。第二天这3个渔民没有归来，于是村民四处寻找，但杳无音信，他们3人的妻子，终日守在海边，望眼欲穿，一日复一日，一年复一年，最终化作了石头，这就是“望夫石”的出处。

著名作家洪三泰的《乌石》曾描写一个地方：“天，蓝得深远至极，太阳炽烈如火。而黑得怕人的石头，就在绿海之滨静静地蹲坐了千万年……”这个地方位于雷州市乌石镇的西南端，它有一个很动听的名字——仙图岛。曾几何时，仙图岛深受游客的青睐。在蓝天白云的衬托下，海边那黑色的石林，为仙图岛增色不少，每年都有不少慕名而来的游客，而经过乌石港的人也绝不会错过一睹那些令人惊奇的黑色巨石，乌石镇也因为这些黑色巨石而闻名遐迩。但由于过去缺少保护管理，导致了很多石头遭到损坏及被铲除。人们在仙图岛的左右两边均围筑虾塘。这里天空是蔚蓝的，海水是湛蓝的，人们认为这样的海景只有在三亚才能看到，其实不然。当年海滩上的巨石鬼斧神工，退潮时露出水面，形成一片美丽的石林。

仙图岛的巨石与雷州半岛大多数石头一样，同属玄武岩，若从岛上采集玄武岩再造仙图岛石林，经若干年风化及海水侵蚀后，石林的外观将别无二致。仙图岛乌石滩是难得的财富，是宝贵的旅游资源。

12. 白母沙岛文化

白母沙岛位于徐闻县东北部 47 千米海面，南北长 5 千米，东西宽 1.2 千米，属于农林渔业用途的海岛，为无人岛。此岛由海沙堆积而成，面积也因为堆积而不断延伸和扩大，距大陆 2 千米，交通不便。附近海域产黄花鱼、大虾、花蟹等。

岛上长着各种植物和藤科，白母沙岛除了被厚厚的海沙覆盖外，海沙内夹杂着各式各样的贝壳。这里的贝壳相比其他岛的贝壳要硬，即使是在靠近海滩的地方，赤脚在沙滩上走也不会有松软的感觉，由于堆满层层叠叠的贝壳，岛上沙滩踩起来也偏硬一些。这里的海滩上的沙子不断遭受海浪冲击，但颗粒却比其他海滩沙子要略大一些。

至于该岛为何堆积厚厚的贝壳层，却不得而知，无从考究，但由于大量贝壳和沙滩的沙子夹杂在一起，远远眺望，整个白母沙岛呈白色一片。加之这个无人岛地势平缓，比海平面略高出一点，蓝天碧海，衬托着白色的海滩，因而历来人们给它冠以“白母沙”之名。

白母沙岛由海沙堆积而成，人们探查发现海面下已经有大量的海沙堆积，于是便搬来木头堆积在一起，久而久之，围绕着木头堆积的海沙越来越多，已经出现海岛的雏形，后有人在上面种上植被，滩涂渐渐形成，植被也越来越茂密，白母沙岛也因此而诞生。

沿着白母沙岛和雷打沙岛的海岸线，排列着 33 台巨大的风力发电机，高大挺拔的风车柱子，宽长的扇叶与周边环境恰到好处地融为一体，扇叶转动的声音和不远处传来的海浪拍岸声更是相得益彰。单单这两座海岛上排列的风力发电机组，也可以解决新寮岛用电紧张的问题，渔民不再为养殖水产用电而担忧，也成为白母沙岛上的一道亮丽风景线。

白母沙岛是农林渔业用途海岛，但也是拥有美到极致的旅游岛资源，可开发利用。

白母沙岛虽然是农林渔业用途，但却拥有美丽的沙滩，各种贝类、螃蟹分布海边，也可开发旅游之类的项目。由于这座无人岛滩涂太长，地势平缓，即使再小的船只也容易搁浅，所以很少有渔民从这里出海，即使到这里时，也必须在离岛岸很远的地方就要下海推船，而且还需要花费大量的时间和力气才能将渔船拖上岸。也由于地势平缓，白母沙虽然紧邻东岸，但极易遭受海浪海风的侵袭。很多停放此岛的渔船屡受损坏，因此极少有渔船停靠这里。虽然该岛地形没有优势，但优良水质闻名遐迩。海洋专家对这里的海水进行化验的结果显示，白母沙周边海域的海水水质十分优良，不但污染少，还含有大量的微生物，海水咸度较其他一些海域水质要高得多，这些特点恰好符合养殖对虾的优良条件，附近新寮岛渔民到这里开发虾塘，养殖对虾和各种螺。甚至周边一些村镇的居民也纷纷到白母沙岛承包虾塘，或将虾苗厂搬迁到这里，形成养殖、虾苗培育和销售一条龙的产业链。现在白母沙与雷打沙及新寮岛基本形成连片产业链。

13. 鸡笼山岛文化

鸡笼山岛，又名佳龙山，是湛江市的一个小岛，位于广东省廉江境内海湾，距湛江市区 8 千米，离大陆约 180 米，岛体呈南北走向，全岛长 280 米，宽 160 米，面积 0.45 平方千米，隶属廉江市管辖。鸡笼山岛地理位置北纬 11°26′，东经 110°22′。鸡笼山岛似家用竹篦编织的鸡笼，当地人俗称为鸡笼山，称岛为山，其山是岛，岛也是一座山，鸡笼山岛名称一直沿用至今。

鸡笼山是广东名山，山不在高，2013 年广东省人民政府在鸡笼山岛立有石碑，并刻有“鸡笼山”红字，属广东无人岛。

岛上有一座明朝古墓葬，是湍流村开山祖劳佑荣之大墓，距今 440 多年。该坟朝着对岸湍流村，成为鸡笼山古迹。岛前还有一处航标灯塔。

鸡笼山岛有一处小渡头，从湍流村乘坐限载 12 人的小渡轮，直抵鸡笼山岛。鸡笼山与远处的两岸群岭互相呼应，山在海中，交织成一幅美丽的山水画帛，置身其中，犹如仙境般，令人心旷神怡。

从明嘉靖二十四年（1545 年）开始编撰的首部《石城县志》的山川篇："鸡笼山，在城南六十里，石门内海汊中，四周皆水，卓然特起，高出海旁诸山数十丈，形圆如笼，为东桥、南桥、两家滩三江的汇流处。"山川篇后半部分记载："东桥江，在城南四十五里，源出化州界，经良垌流至鸡笼山会南桥两家滩二江由石门出海。源出化州笔架嶂，经谢畔山西南流至鸡笼岭会东桥，两家滩二江由石门出海。两家滩（江）在城南五十里。源出铜锣埇，经青阳桥过遂溪桃枝江，东流至鸡笼山会东桥、南桥二江由石门出海。石门在城东八十里，两岸石壁嵯峨，盘旋如城，中有一门朝上，可通舟楫，为东南诸水出海之区，潮汐往来商船所泊。"早在约 500 年前编撰的、惜墨如金的《石城县志》就对鸡笼山及三江汇流鸡笼山记载得如此详细。

登上该岛，极目山顶树丛，栖满白鹤及白鹭等候鸟，穿越布满藤蔓的树林，但见树叶及草地遍布一层白白的鸟粪。山上分布各种热带灌木丛，植被丰厚、密密层层，还有几棵粗大的用 10 人合抱的百年大叶榕，它们的板根宽厚，分叉伸得很长，榕须根从粗大的横枝伸向地下，是热带绿岛才具有的特征，在陆上难觅其景。

鸡笼山岛历史上与湍流村有着悠久的渊源，当地人像守护着一件珍宝一样，保护它的生态，从不随便开发，没有砍伐的现象，鸡笼山的植被因此得以茁壮茂盛。鸡笼山岛对岸还有一条与之同名的鸡笼村，是世界跳水冠军劳丽诗的家乡。

据了解，鸡笼山岛附近分布着 900 多顷的红树林，与鸡笼山岛连成一体，这里的红树林为原生林，并夹杂着芦苇及箭齿草，是别处红树林少见的。该处是红树林国家级保护区。

14. 赤豆寮岛文化

赤豆寮岛位于雷州市企水镇西北部，距离陆地 500 米，面积仅 0.3 平方千米，是一个较小的无人岛。从外貌上看，整个赤豆寮岛的地形构造类似曾煊赫一时的北洋水师驻地刘公岛。站在赤豆寮岛海滩能看到太阳一点点沉落的景象，这在别的地方很少看到，正如诗人白居易诗句“一道残阳铺水中，半江瑟瑟半江红”所描写的场景，令人陶醉。

赤豆寮岛也是附近渔民通往外海的必经之地，在鱼汛期，他们也会上岛在古赤豆村附近搭草寮临时居住，岛因此得名。根据雷州史料和老渔民回忆，清朝末年至民国时期，当地居民还比较稀少，其中大多数人早上出海、夕阳西下才归来。离大海较远些的村庄，村民为帮补生活，也不得不到海上捕鱼谋生。这些渔民早出晚归，要摸黑回到家中很不方便，因而不得不临时在岛旁停靠渔船，并登岛休息，从而在赤豆寮岛上搭建茅寮作为中转站。但由于当碰上大潮来时，海浪会漫过全岛，鲜有人长期居住。

该岛恰似女子的一条细长手臂，从北部湾东北部伸展开来，将大陆和大海隔开，又恰似一道绿色的屏障，在雷州半岛的西南端，天然形成一个温馨的港湾——雷州市企水港，停泊着千百艘船只，或满载而归，或整装待发。客人若要登上赤豆寮岛，船费 1 元或 2 元不等，船上还备有水烟筒，供乘客一边抽烟，一边观赏海景。

岸上有一条水泥铺就的小道，穿越郁郁葱葱的木麻黄防风林，木麻黄的落叶早已在树枝间和林地间铺满厚厚的一层，隔着岛上的细沙，踩在脚下“嘶嘶”作响，林间还分布着很多怪石以及各种人工生火做饭时留下的简易灶坑。穿越其间，感觉就是一个天然氧吧，让你吸取新鲜的空气。在林间还有一座土地庙，内部还有一口淡水井，登岛渔民在此汲水饮用。当地把我国首批公布的无人岛之一的赤豆寮和娘子墩并在一起，俗称“爱情岛”。沿着木麻黄林来到位于“爱情岛”南端的沙滩上，在此远眺，对面便是隔着北部湾的越南，即使坐船也只需 6 个小时光景。海边层层波浪拍打在银白色的沙滩上，形成了一个绵延 5000 米的天然海水浴场，据说这片海滩还在不断增长。由于受到洋流的影响，海水从赤豆寮岛不断向企水港间的港门进入，冲刷作用将港口内大量的泥沙带出，然后泥沙又堆积在港外的“爱情岛”上，整个港口水土流失变得越来越大。而“爱情岛”由于泥沙的堆积，沙滩的面积也日渐扩大，而随着潮起潮落，大量的贝类和海蜇还会遗留在海滩涂上，还有一些鲜活的珊瑚。岛上的南北两侧还有面积庞大的浅滩，浅滩上物种丰富，不少渔民还能从中获利。他们在滩涂上挖到各种各样叫不出名字的海螺和贝类，一般都挖到几十斤。

“爱情岛”海滩一直以来是企水港居民乃至别的地方来的青年男女青睐的好地方，他们非常喜欢到岛上海滩旅游，或谈情说爱，或三五成群在岛上游玩。特别是每年农历八月十五中秋节晚上，月轮高照，不少地方来的青年男女都成双成对地云集到岛上来欢度节日。

关于这个“爱情岛”的来历，据老渔民介绍，远古的时候，曾有两名相亲相爱热恋的青年男女，由于受到双方亲人的强烈反对，于是这对男女便决意一起私奔，登上“爱情岛”定居下来。每天该男子昼出打鱼，日落而归，而女子在家务农，到了日落时分，便前往海滩等待男子归来。由于女子双脚长期浸泡在水中，让归来的男子很心痛，于是每次归来之时，男子便在将渔船拴好后，从浅滩处背起女子，然后沿着长长的海滩，一直背到家中，如此往复，日复一日，年复一年……

赤豆寮岛的美丽传说，让其披上了圣洁的“爱情之岛”的面纱。

15. 仙裙岛文化

仙裙岛（原名仙群岛）位于北部湾畔的遂溪县西南部，是一座南北走向、长约 1200 米、宽 300 米、总面积约 540 亩、呈不规则条形的小海岛。仙裙岛的北侧是西海潮水进出口，南端与江洪埠紧紧相连，构成狭长的港湾，整个港湾的面积达 100 多万平方米。涨潮时，港湾最高潮位可达 5 米多，退潮时水深也有 1 米左右。港湾内波平浪静，是一个避风良港。

仙裙岛有一个美丽的传说：“古时候，一群仙女夜间腾云驾雾飘来到江洪海边要建城池造福这里的渔民，欲动工之际，忽闻土地公扮公鸡啼叫声，仙女误以为是天快亮了，恐触犯天条，便急急忙忙地向天上飞去，仓皇中一位仙女飘落一条裙腰带。后来这条裙带便变成一片长长的白沙滩，不久在沙滩上慢慢地长出了仙人掌、马蹄藤，海里的小动物也爬上来繁殖后代。再后来，岛上种上木麻黄树挡风挡浪，从此仙裙岛也

有了绿洲，变得更加美丽迷人。”

从江洪渔港乘摆渡船登上仙裙岛不足 100 米，岛内绿树成荫，外围是洁白细滑绵延的沙滩，平缓而开阔。即使走进海水数十米，依然浸不到膝盖。仙裙岛优美的自然环境仅处于次原始状态，极少受到现代污染，绿色的木麻黄防风林生长在长长、白茫茫的银滩上，很像一条飘带飘荡在北部湾畔的仙裙岛。岛上长满带刺的仙人掌，有些还开出一朵朵黄色的花朵，一条条马蹄藤横跨沙滩面上，有的藤条 2 米多长。靠近渔港这边的岛木麻黄树林下搭着一座座由旧船板构造的小木屋，旁边堆放着渔民捕鱼用的渔具等。收获的鱼虾等海产，有的还在门前悬挂着一串串鱿鱼干、墨鱼干、马鲛鱼干等，充满着海的情调和渔家韵味及鱼腥味。

仙裙岛的沙滩上小螃蟹成群结队走来走去，若有动静它们马上钻入穴中。岛的对面是斜阳岛（当年乐民起义军退守坚持革命斗争的据点），两岛之间辽阔的海域是著名的天然大渔场，盛产着鱿鱼、墨鱼、大虾、青鳞鱼等海产。

每逢初春盛夏，都有不少外地游客纷纷到岛上安营扎篷过夜。傍晚时分，太阳西落，渐入地平线，金灿火红的彩霞将波浪渲染成明亮的色彩，北部港海面上波光粼粼，金色的海岸线为仙裙岛勾画出柔美的线条。很多游客认为北部湾西海岸是最佳观日出点，在仙裙岛海滩上，游客们兴致勃勃地观看北部湾日落佳景，海中的夕阳已接近海水，渐渐地火球沉落海里，直至消失为止。倘若天气好，还能目睹“火烧云”奇观。此时夜幕罩着美丽的仙裙岛，此刻，人们除了到渔家买些海鲜饱饱品尝一顿外，更是为晚上的海滩夜游浸泡海水、篝火晚会、准备浪漫的梦境般诗意化的夜生活而忙碌着。明亮的月夜下，满天星斗，在被海浪包围的仙裙岛上，除了年轻人放纵的歌声，便是渔人一天劳顿后的打鼾声，还有那远处海上路过的航船轮机声。此时的动与静、天与地、海与岛浑然一体，充满了夏夜之声，构成一组轻松优美的交响乐，为美丽的仙裙岛添上浓重的一笔厚彩。

16. 东参岛文化

东参岛是位于东海岛北边的一个小岛，岛以村名，岛上昔日的墩参村，后易名东参村。现东参村人口有 1600 余人。

1958 年东海大堤建成之前，东参村一直是东海岛至霞山必经之地，当年每天有 10 多艘渡船从溪尾草渡口来往东海岛与霞山之间，相当繁忙。

广州湾时期，东参岛作为法国租借地的一部分划归其统治范围。由于小岛村的特殊地理位置，也成了中共南路地下党的活动据点。农民运动领袖、中共南路特派员黄学增在 1922 年 8 月至 9 月间，到东海岛庵里盐场考察盐业工会和发展盐业公会时，往返途中常会留宿培智学校，东参村村民、盐商黄元常是他的亲密朋友。黄学增向其宣传革命道理，黄元常也慷慨解囊资助黄学增，并解决他赴广州的路费。从此，黄元常在广州湾的盐仓和商店也成为黄学增在广州湾的秘密联络站。

1924 年，东参村已建起广州湾时期湛江最早的新式学校，名叫培智学校。在国内革命斗争年代，陆春保、陈开濂、黄明德等 20 余位湛江地区早期共产党员曾在这所学校任教，传播爱国主义思想，宣传革命的精神。因此，东参村也是爱国主义教育基地。

东参岛上有一座南宋古墓，乾隆年间重修，其内有石鼓、石锣、祭台等。墓葬主人是黄龙起夫妇，为东参村黄氏始祖。其村黄氏有“二代三进士”之荣耀。

在岛的海边，还有一口神奇的古井，其一，独特之处是靠海 10 多米，井水竟然没有受到海水渗透，水质清甜可口；其二，井水位比海平面高出许多；其三，每逢刮大台风，海潮漫过堤岸灌进水井中，待海潮退去，井水又如先前一般甘甜可口。

广州湾时期，过往的大船常上岸补给淡水，往来的人流也为当地带来商机，井旁便逐渐形成小市集，小商品及食品货源不断，商贸繁盛一时。

17. 三墩岛文化

三墩岛概况

三墩岛位于徐闻县讨网村前海，据明代编《徐闻县志》载：“汉徐闻港在讨网村，前临大海，峙三墩。”三墩是指峙立在海上的三座沙石墩。由此三小岛形成三墩港，在二桥、南山村南边海域，距岸800米。三墩渔港，古商港，距徐闻县南10千米处。

头墩地势最高，潮不能淹没，潮退后可以从陆岸步行上墩。二墩与三墩之间，有深水海沟，入港船只必须过此。粤海铁路穿过三墩港北岸二桥、南山村，向东北石堤延伸，与火车轮渡码头相接，从这里渡海到海南岛去。

沿着新筑的海堤，退潮时可以走上头墩看汉代古井，此井四周用石围砌，井面约4至5平方米。井边原有一株刺桐树，原产地在印度、马来西亚等国，它很早就通过“海上丝绸之路”传入中国，成为港口古树。

三墩港长2250米，宽400米，面积0.9平方千米，水深6米，可靠泊300吨级轮船。港的东南面海滩有一大片红树林，风景优美，水产资源甚为丰富，盛产白鲳、对虾、龙虾、鱿鱼等。

三墩岛古称小蓬山，是徐闻县著名的风景名胜，雅号“瀛岛联璧”，意为镶在海上的一串吉祥灵气的碧玉。三墩岛远远望去，就像神话八仙过海时，何仙姑散落在海上的三片荷叶，面积共209亩，古称“蓬莱三仙洲”。若在旭日东升或夕阳西斜时，“三墩”俨然悬浮于碧海蓝天之间，更显得奇景异趣，引人入胜。

头墩岛，俗称万年泉岛。岛上有一眼常年不枯的龙泉古井。2000年前，黄门译使率领几十艘楼船、商船从此地出发，上岛补充足够的淡水后，便开始了千里的海航。

二墩岛，俗称神龟岛，周围有无数惟妙惟肖的石乌龟围护在岛边，形神兼备，奇趣横生。

三墩岛，又称花之岛，在岛的南侧，有着一片形象似莲花朵朵的万年风化石组成的莲花石滩。

雷州府志对徐闻的地理形势记述：“徐闻阻海观涛，三墩前开星镜，尖岭双髻，后拥翠屏，琼海外迎，龙虎近辑，沟壮观也。”明万历三年（1575年）徐闻举人邓邦基《城月池记》载：“吾邑山水故称奇胜，左盘石龙，右踞石虎，三墩宾其南，双磐主其北，群山丛犊，委蛇逶逦，而大海绕其前焉，萃葎汪洋，相距百里许，联如走练，莹若玉壶，芙蓉紫盖鉴湖，白云与之博巧斗奇，真天地间有数山川矣。”

古徐闻县治城址位于三墩岛附近的古讨网村，在今徐闻五里乡西南面的二桥、仕尾、南湾村一带，是面对大海的渔村，二桥、仕尾村在半岛形的海岬上。二桥、仕尾、南湾村一带不仅是讨网港之所在，也是汉代徐闻县治（徐闻城）之所在。据唐《元和郡县志》载：“汉置左右侯官在此囤积货物，备其所求，与之交易有利。”直到清代尚有讨网炮台，有台兵守防。后枕华丰岭，前临琼州海峡，似凹字地形，有陆地伸入海中，三墩岛在前面，正是一个宜于船只靠泊、载运、避风、供给、出海的好地方、好军港，也是郡县治所在。

二桥村后发现有那干沟汉墓、东岗岭汉墓、二桥村汉墓等；二桥村西面，发现有绳纹瓦、筒瓦、陶罐碎片，分布面积约1万平方米。仕尾村发现有“万岁”汉瓦当。南湾村还出土有一枚铜质、鎏金的汉印“臣固私印”，经专家考证，印章主人姓窦名固，官职原是汉代黄门侍郎，后封为显亲侯。这是一枚为当时的军事需要而刻的急就私章。说明在二桥、南湾一带曾驻过汉朝廷的一些大臣高官。这些汉代文物都再次表明，徐闻县五里乡的二桥、仕尾、南湾村是西汉合浦郡和徐闻县治的遗址。

三墩岛的习俗

三墩岛流行崇祀妈祖文化，每年农历三月廿二日，三墩的渔民便开始进行巡游活动。纪念妈祖的巡游队伍便由开路炮手、旌旗队、舞醒狮、抬神轿、挂满绣旗的蹦蹦车组成，神轿上蹲坐着据说妈祖降灵的人，腮帮上穿插着光闪闪的银针。妈祖巡游队伍到来，鞭炮响个不停，

村民抢着上香，烟雾升腾，彩旗、渔船、簇拥的人群交织在民俗盛节的气氛中。妇女挑着一担担红色的箩筐快步跑向妈祖庙，要比别人快，才能抢到头彩。担子上装着大阉鸡，有堆得尖尖的白米饭，这些供品是村民们对妈祖无比崇敬的体现。

岛上的渔民在当天把妈祖诞作为年例，“一方水土养一方人”，神诞到来，所有渔船都要归港，船头漆上红色，吊上一串大鞭炮，有的船头还挂着“彩头”，船中央站着家中的老大，他们迎接着妈祖巡海。“彩头”是给为妈祖开路的狮子准备的，一切为了祈求妈祖的庇佑，能在日常渔耕中平安祥和。

与三墩岛相关的古代诗词

瀛岛联璧

南流一望海中清，波起珠联漾几星。
野树翻天资狱涧，洌泉出水有龙成。
神藏梵宇千江静，鸥啸芦边两岸声。
舟过看花香满袖，惚恍身已到连城。

此诗为清朝徐闻知县孙挹（山西盂县）所作，描写徐闻三墩岛风光，作者将三墩与福建连城名胜仙境比拟，见之于诗中的景象，尽在“舟过看花香满袖”的意境中。

18. 各小岛、礁、沙概况

牛墩岛——位于徐闻县沓磊湾，可作天然屏障，波平浪静，岛上设有气象自动记录站。从新地村岸上到海里牛墩岛大约 12 千米，长着大片珊瑚礁，面积大约 200 公顷。这里的珊瑚呈蜂巢状、大脑纹层状、球状与块状。新地村就是用牛墩岛附近海的珊瑚建房子。

北沙岛——位于徐闻县城东北 48 千米海面，面积 0.8 平方千米，无人居住。

东寮岛——位于雷州市东里镇东北海面，面积 0.62 平方千米，海拔4米，表层为白细沙，无人居住。

宝鸭石礁——位于廉江市廉城镇西南51千米的龙头沙东南海中。呈椭圆形，远眺似鸭浮于水面，故名。石长90米，宽50米，高4米，由含铁质岩石风化而成，呈黄褐色。高潮时淹没，退潮时全露。由于靠近岸边，对航运和渔船妨碍不大。石周围属浅海淤泥地，盛产黄鱼、沙追鱼、鳍鱼。

三杯酒礁——位于吴川市王村港南海上，离岸150米。由三处礁石组成，各距约10米，东西向作一字形排列。恰似三个酒杯摆在港口，故名。石高3.4米，花岗岩构成，高潮淹浸，低潮露现，是船只进港的航线标志。1956年修建港口时，把西面一石打去半截，仍不失“三杯酒”原貌。

鸟屎石礁——位于吴川市王村港东南海面上，离岸700米。石高10米，底大顶尖，形状似塔。面积0.038平方千米，花岗岩构成。低潮时露出水面5米，高潮时露出水面3.5米。周围有大小不等的暗礁。每年秋冬至越年春季，成群的鸬鹚在此栖宿，石上鸟屎堆积，故名。1972年在礁石上安装航标灯塔后，海鸟已他迁。周围海域产龙虾、石斑鱼等。

冲天石礁——位于吴川市东南海中。底大顶尖，形似塔。每当潮退天晴，翘首远眺，海天一色，势若冲天，故名。石基周长25米，高10米。低潮时露出水面1.5米，高潮淹浸。西南面布有许多大小不等的暗礁。周围海域有石斑鱼、龙虾等。

铁船群礁——位于遂溪县遂城镇西南70千米北部湾上。由东礁、南礁、北礁组成，其中南礁面积约0.025平方千米，北礁面积约0.005平方千米。相互间距离100—500米，周围水深2米。因处水道要冲，渔船出入易遭碰触，故名。东礁最高点达5米，今在礁顶立有灯标示航。

烟楼肚石礁——位于湛江市区东南硇洲岛北部海面，龙水岭航道南侧。距烟楼村海岸15海里，湛江港“2号”航标灯1.1海里。以石在烟楼湾前，故名。东西走向，由海底3处礁盘组成。长约200米，宽120米，略呈长方形。礁面水深14米，周围16米，是黄花鱼汛时主要捕捞区。水深流急，暗礁多棱，蚝贝簇拥，易伤渔网。

波河南石礁——又名拔河南石，位于硇洲岛东南部海面，距硇洲灯塔 3.9 海里，距存亮角海岸 2 海里。以石在岛南涛声频鸣而名。传说从前有渔民送妻子到石上打蚝，自己出海捕捞，涨潮后划船到此，已是一片汪洋，不知妻子去向，哭呼："婆啊！"后人因而将此哭声称作石名，为赶海忘潮者戒。退潮时石露出水面部分约 160 米，宽 80 米，高 3 米，涨潮时被水淹浸。水底基部西北—东南走向，长约 800 米，宽160—280 米，呈不等边三角形。周围水深 4—8 米，盛产鲍鱼。1958 年渔业部门在此设养殖场，称"鲍鱼排"。沙外水道离此 1.6 海里，夜航要提防触礁。

出水石——干出礁，位于湛江市区东南部硇洲岛东南海域，距存亮村东南约 5.5 千米，出水部分靠近沙外行水道，水下部分伸进该水道。由大小不一的岩石组成。总长 4.5 千米，宽 1 千米，面积 4.5 平方千米，为硇洲海域最突出的干出礁。礁周围水深 12 米，是硇洲龙虾主要产地，常年产龙虾，一般为 7—8 万斤，丰年高达 10 多万斤。

七连排——礁，位于徐闻县徐城镇东北 41.5 千米海面上，距下洋镇东路门村 2.5 千米。由七堆礁石排成，故名。长 400 米，宽 150 米，面积 0.06 平方千米。礁为黑褐色，平潮距水面 1.1 米。东侧为外罗门水道、高长沙、渔棚沙。四周潮水湍急，行船易触礁。附近海域产黄花鱼、马鲛、鲳鱼、对虾。

大排——干出礁，又名高排，在徐闻县徐城镇东北 43 千米海面上。与陆地最近距离 3 千米。形似竹排，且高大，故名高排，又名大排。长 650 米，宽 250 米，面积 0.16 平方千米。涨潮淹浸，退潮可见，周围潮水湍急。新中国成立后筑航标灯塔一座，高 5 米。礁群中环抱两个形似鱼箩的石堀，分别为高井和低井。四周产鲍鱼、龙虾。

西刀骨——干出礁，位于徐闻县徐城镇东 28 千米海上。由岩石连片组成。长 1340 米，宽 400 米。因礁石分布形似西刀鱼脊骨，故名。涨潮时淹没，退潮时部分露出。附近海域产西刀、马鲛、白鲳、鲍鱼。

群担——干出礁，又名拳担。位于徐闻县徐城镇西 26 千米海面，紧依包西港。长 600 米，宽 300 米。珊瑚礁结构，形似盆地。退潮露出约 1.5 米，涨潮淹浸。附近海域产海参、海马、藻类。

二礁——干出礁，又名二洲。位于徐闻县徐城镇西南 28 千米海面上。距灯楼角 700 米。因在诸礁中排列第二，故名。长 350 米，宽 300

米，面积约 0.1 平方千米。呈黑褐色，退潮露出 1 米左右，涨潮淹浸。南与三礁相距 150 米的水道中，流水湍急，易发生事故。产鲍鱼、海参。

大拦石——干出礁，位于湛江市赤坎区东 11.5 千米龙头镇莫村南部海中。距海岸 200 米。顶部呈带状，因横阻航道，故名。石高 1 米，长 14 米，宽 0.2 米，涨潮时淹浸，退潮时露出水面 0.4 米。

丁散石——暗礁，位于湛江市霞山区东面 13 千米的海面。面积约 600 平方米，由红砾石构成。涨潮时水深 6 米，退潮时水深 0.5 米。礁似锅盖，群众称为锅盖石，南三渔民称为突心石。在地名普查中，因重名，改称丁散石。

禾地石——暗礁，位于湛江市霞山区北面 8 千米海面，坡头区担黎村西部海面，距岸 650 米。因礁顶部较平，状似晒谷场，土语“禾地石”，故名。礁呈正方形，边长 20 米，高 5 米，红砾石构成，石面中间略高，涨潮时水深 7 米，退潮时水深 0.5 米，农历初一、十五偶尔露出水面。近年有 3 艘船只在此触礁。

突心石——礁，位于湛江市霞山区东南面南三岛西南海中，距地聚下村海岸约 1.3 千米。由红砾石构成。面积约 60 平方米。高 2.5 米，涨潮时水深 4—6 米，退潮时露出 0.2—0.4 米。因礁突立在航道中央，当地船工习称为突心石。船只曾多次在此发生触礁事故。

海胆礁——礁石，位于湛江市区东南硇洲岛东部海面，距那晏村海岸 1.2 海里，以盛产海胆得名。本礁包括西部翻船石在内。由大小不一的 10 多处岩石组成，长约 500 米，宽 150 米，呈复合状。退潮时露出水面部分，高 0.5—1 米，周围水深 6—10 米，产海胆、海参、鲍鱼等海珍品。1959 年曾有一艘轮船触礁，沉没于此。

海头公（岬角）——位于湛江市区东南硇洲岛东北潭井村东海面，东距湛江港“0 号”航标灯 1.9 海里，北距斗龙角雾站 0.5 海里。以附近海岸上有“海头公”庙得名。为沿岸磊石带中东伸入海的大石龙。中段有两处低伏，约长 1500 米，宽 80—300 米，略呈梯形。中段涨潮水淹，退潮干出，东段石尾长期淹在水中，最深处7 米，盛产鲍鱼、龙虾和海藻。此处礁长浪恶，影响湛江港航道安全，曾发生海难事故多宗。

烟楼角（岬角）——在硇洲岛东北角，斗龙村北面海岸下，南距海

头公礁石 0.5 海里，西距烟楼湾 0.9 海里。以石在烟楼东边地角得名。礁角由附近磊石带向东北延伸入海中，复转弯西下，形成“石龙”，长约 1000 米，宽 100—300 米，略呈矩形。中段涨潮水淹，退潮露出 2—3 米。产鲍鱼、龙虾、海参等海珍品。东北距龙水岭航道 0.9 海里，雾天黑夜，行船易迷航触礁。沿岸设有雾号站和灯桩、塔火多处。

安宁公石（干出礁）——在湛江市区南部东海岛东南 1 千米海面，距什石村较近，退潮时可见。呈椭圆形，底部面积 50 平方米，高 4 米，顶边长均为 1.5 米，主体系单石，平顶似殿台，故美称“皇帝殿”。渔民经常在此捕捞石斑、青鱼、对虾、蟹、蚝等，捕获颇丰。

牛乸石（干出礁）——在湛江市区南面东海岛南部海面上，高约 2.5 米，底面约 30 平方米，顶部约 10 平方米，红岩石组成。周围水位高 3—4 米，低潮时露出水面 1.6 米，高潮时淹没，形似母牛，故名。礁在航道西侧，影响航行安全。盛产鱼、虾。

波河东石（礁）——在湛江市区东南硇洲岛东南部海面，距存亮村海岸 2.2 海里、波河南石 2.3 海里。以礁在波河南石偏东海面得名。退潮露出水面约 3 米，涨潮时淹没。水底基部向东延伸，长约 2000 米，宽 1000 米，呈长方形。周围水深 10 米，盛产名贵鱼类，为浅海作业重要渔区。西段高而宽，靠近硇洲东航道西侧，航行不慎时易触礁。

波河仔石（干出礁）——在湛江市区东南硇洲岛东南海面，西距存亮村海岸 1.2 海里，南距波河南石 1.7 海里。礁靠近波河东石，相形见小，故名。退潮时南北两处礁顶露出水面 1—2 米，涨潮淹没。底盘部分南北走向，约长 300 米，宽 150 米，略呈三角形。周围水深 6—10 米，产鲍鱼、龙虾等。东与波河东石隔一沟道，水深 12 米，可通航，但雾天黑夜难航行。

波独石（礁）——在湛江市区东南硇洲岛东南海面，距存亮村海岸 1.7 海里，西南距波河南石西部 200 多米，因礁靠近波河南石，退潮时只见一石露出水面，故名。礁体长约 200 米，宽 150 米，略呈圆形。周围水深 7 米，是鲍鱼主要产地。

黄齐石（礁）——在遂溪县遂城镇西南 55 千米北部湾上。略呈圆形，半径约 200 米，面积约 0.13 平方千米，体高 1.6 米。由粉砂质板状石岩组成，黑灰色。礁盘大，洞穴多。为优质鱼类繁殖栖息之所，以盛产黄齐鱼得名。

南地石（干出礁）——在遂溪县遂城镇西50千米南地村西部海面，东距陆地0.5千米。因靠近南地村，故名。礁长约600米，宽约250米，面积约0.15平方千米，南北走向，呈长方形。礁高1.7米，涨潮淹没，低潮干出，由黑灰色散岩石组成，周围水深1.1米。礁盘较大，洞穴较多，盛产石斑鱼。

九沙石（干出礁）——在遂溪县遂城镇西50千米海面，距陆地约0.4千米。此一带盛产九沙鱼，故名。礁长约10米，宽6.5米，面积约65平方米，南北走向，呈长方形，由黑灰色粉质石组成。礁高1.9米，周围水深0.8米，涨潮淹没，退潮露出。

四脚礁（干出礁）——在遂溪县境西南北部湾海面，东端距陆地最近点为1.6千米。原名扦担石，因重名，地名普查时更名为“四脚礁”。由四堆石组成，底部连成一体，形如四脚立于海上，故名。礁长约30米，宽15米，面积450平方米。礁高约1.4米，周围水深0.5米，高潮时淹没，低潮时干出1米。由粉质板石组成，呈黑色，附近产黄齐鱼。

打蚝石（干出礁）——又名排群沙。在遂溪县境西南北部湾上，东距陆地0.5千米。此一带产蚝较多，人们常于此捕蚝，故名。礁长约500米，宽300米，面积约0.11平方千米。西北偏东南走向。礁高3.3米，周围水深0.5米，高潮时浸没，低潮时露出。由粉质板石组成，呈灰色。

三石礁（明礁）——在遂溪县遂城镇西部偏南港门埠海面，离陆地约1.6千米。此一带有四礁相连，以排属第三，故名。礁长约90米，宽30米，南北走向，呈长方体，由青灰岩石组成。礁高9.4米，周围水深1.5米，高潮时露出水面约1米。礁身罅穴较多，盛产石斑、黄齐鱼。

冷淡石（干出礁）——在遂溪县境西南北部湾上。名称由来无考。礁东距陆地最近点为0.7千米。礁长40米，宽15米，高2.3米，东西走向，中间高，两边低，周围水深1.4米，高潮时淹没，低潮时干出1.3米。由粉质板石组成，呈黑色。产石斑鱼。

摸鱼石（干出礁）——在遂溪县境西南北部湾上，东距陆地1.2公

里。由碎岩石组成，洞穴较多，鱼类喜在此栖息，渔民常于此摸鱼，故名。面积约13平方米，礁高1.5米，由黑色碎岩石组成，东西走向。周围水深0.4米，涨潮淹没，退潮露出。

猫石（干出礁）——在遂溪县境西南北部湾上，距陆地0.15千米。因石形如猫，故名。礁长约4米，宽3米，高2.6米，东南偏西北走向，呈椭圆形，由青灰岩石组成。涨潮淹没，退潮全部露出。盛产石斑鱼。

四石礁（干出礁）——在遂溪县遂城镇西部偏南港门埠海面，东距陆地1.5千米。此一带有四个礁石，自南向北依次排列，以属第四礁，故名。长约20米，宽约16米，南北走向，呈椭圆形。礁高2.1米，周围水深2米，高潮淹没，低潮干出0.33米，由黑色板石组成，附近盛产石斑鱼。

大石礁（干出礁）——在遂溪县遂城镇西50千米草潭港海面，东南距陆地0.6千米，因体积大，群众惯称为大石。礁长约16米，宽约11米，南北走向。礁高3.3米，周围水深1.8米，高潮淹没，低潮干出，由黑色粉质板石组成。由于礁处于低潮线上，小船出入易发生事故。

双鼓石（礁）——在徐闻县徐城镇东北43千米海面，距海岸1500米。因有两巨石形似大鼓而得名。礁长850米，宽210米。随着潮水涨落，礁堆或明或暗，船易触礁。新中国成立后，政府在附近大排（干出礁）上建5米高的灯标导航。附近海域产虾、蟹、蚌。

三礁（干出礁）——又名三洲。在徐闻县徐城镇西南28千米海面上。距灯楼角850米。因在诸礁中排列第三，故名。长200米，宽120米。呈褐色，退潮露出1米左右，涨潮淹没。与二礁之间150米水道处流水湍急。产海参、鲍鱼。

马仔礁（干出礁）——又名马仔墩、马仔石。在徐闻县徐城镇南10千米海面上，距三塘角550米。因礁群中有一岩石形似马仔，故名。长110米，宽60米，石质坚硬，呈黑褐色。涨潮时淹没，退潮时隐约露出。礁处于三塘港东侧，有碍船只进出。附近海面产西刀、黄花鱼、鳘鱼、龙虾。

寒门石（干出礁）——在徐闻县徐城镇东38千米海面上。距山狗吼角400米。因位于水道口，雷语俗称“沟门”为“寒门”，故名。长

400 米，宽 40 米，礁黑褐色，南北走向，呈半月形，涨潮时淹没，退潮时露出水面。礁南海面是中浅海渔业主要作业区，盛产黄花、马鲛、九节虾等。

红石（干出礁）——在廉江市廉城镇西南 53 千米英罗港口东侧海面上。距龙头沙渔港码头约 250 米，西与广西乌泥隔港相望。石表呈红褐色，故名。长 110 米，宽 110 米，高 2.5 米，呈方形，由褐色风化岩石组成。高潮时淹没，低潮时露出。因靠近渔港码头，设有航标灯。

上利剑沙（沙）——在吴川市西南部，鉴江入海口。北连沙鱼角，南向南海，长 6.25 千米，均宽 1.75 千米，面积约 11 平方千米。由泥沙冲积层组成。退潮时露出水面 3—4 米，涨潮时可见脊部。北大南尖，形状似剑，故名利剑沙。利剑门把利剑沙隔分东西，东为上，西为下，此在利剑门东，故名。周围海域产鲨鱼、石斑、龙虾等，是海上捕捞的好场所。

下利剑沙（沙）——在湛江市霞山区东面 25.1 千米，南三岛东北大沙林场以东海面。海积而成。涨潮时淹没，水深 3—4 米，退潮时干出约 0.14 平方千米，高出水面约1米。因地处鉴江河口和南三海湾水道东端出口处，风大浪急，严重威胁水上交通。

排沙（沙）——别名青草沙，图上原名鲎沙。在湛江市区南部东海岛上东南码头对开海面，东与硇洲岛津前隔海相望，西距岭头湾沙 400 米，南临大海。面积 13 平方千米，东西长 6.5 千米，南北宽 2 千米，呈带状。涨潮时沙西部仍高出水面 2.5 米左右，东部高出水面 1.8 米左右，由于中间偏低，退潮时成为一片沼泽。由东部下江沙、中间段督沙、西部鲎藤沙排列而成，故称排沙。西部地势较高，11 级台风带来的巨潮不能淹没，渔民可在此避风，亦可在沙顶部挖 30 至 40 厘米深处取淡泉水应急，故又称救命沙。西部鲎藤沙生长植物，故名青草沙。南面附近 30 米宽海域为浅海作业区，盛产各类螃蟹。

羊咩沙（沙）——在雷州市东南雷州湾中部，西南距大陆 6.5 千米。属海岸带一部分。因其形状酷似羊头得名。西高东低，向海倾斜，表面为淡黄色细沙，无植被。长 3000 米，最宽 1350 米，最窄 200 米。面积 1.9 平方千米。大潮时露出水面仅 0.0175 平方千米。沙洲海域，古

为商船进出雷州必经之航道。

门角沙（沙）——又名拦河沙。在徐闻县徐城镇东北 44 千米海面。位于外罗港的门口，白母沙之角尖，故名门角沙。长 1250 米，宽 600 米，面积 0.75 平方千米。由白色细沙堆积而成。由于长期受潮水冲刷，中间形成一条水道，涨潮时可通 20 吨以下船只。产各种螺贝及海鳝。

东跟龙沙（沙）——在徐闻县徐城镇东 47 千米海面，罗斗沙之东。因罗斗沙形似一条卧龙浮在水面，本沙跟在其后，故称东跟龙沙。长 5300 米，宽 600 米，面积约 3 平方千米。东西走向，由白色细沙堆积而成。东西两侧流水湍急，互相对流，流速每秒达 8 米，水质混浊，旋涡多。北侧为广州至海口的唯一水道，水深 10—12 米。在大雾天或黑夜航船有危险。海面盛产黄花、马鲛、西刀鱼，是广东省主要黄花鱼渔场之一。

大环（沙）——在湛江市霞山区东面 15 千米，南三岛东北米粘下村附近海面。是一长带状沙堤。西端距米粘坡村海岸约 500 米，由此向东伸延，将沿海泥滩圈住。其外是南海。沙堤全长 4 千米，大潮时干出 0.046 平方千米，高出水面 4 米；台风暴潮时全部淹没。当地群众对它有三种称呼：大环、低散、低散沙基。大环指外沿长带状沙堤；低散指大环包围的泥滩；低散沙基是沙堤和泥滩的总称。

沙头角外沙（沙）——在湛江市霞山区东南三岛东南面海中，距沙头寮村海岸约 500 米。海积而成，面积 0.45 平方千米。因在沙头角外，故名。沙滩高出水面 0.8—1.1 米，周围水深 10—20 米，高潮淹没，水深 4—5 米；低潮干出水面 0.42 平方千米。海面终年潮急浪大，一般浪高 8—10 米，常有沉船事故在此发生。

海公沙（沙）——在湛江市区南三岛地聚上村南面海域，西北距霞山 9.5 千米。海积而成，粗沙结构。因当地渔民捕获鲸鱼拖回沙滩处理，群众习称鲸鱼为“海公”，故名。高潮全部沙滩被淹没，水深可达 4—5 米；低潮露出 400—500 平方米，高 0.6—0.9 米，周围水深 3—4 米。有碍航行。

角头沙（沙）——在遂溪县遂城镇西南 50 千米北部湾上，是一片三面濒海的半屿沙堆。长 2.5 千米，宽 1.6 千米。面积约 4 平方千米，因地处草潭沿海突出一角，故名。沙堆东面为一片丛林，遮天蔽日，阴森可怕，当地称为“黑山”。每年夏季吹西南风时，渔船常于此停泊避风。据传汉伏波将军马援平南经此，马渴打滚，蹄下出现泉水，顺此挖井汲水解困，后人称为“马蹄井”。此井久已干涸，残迹尚存。1986 年草潭镇北拉村人集体迁居于沙堆东南侧，有 3100 人，沿用旧名，以渔业为生。

拦船沙（沙）——在徐闻县徐城镇东北 48 千米海面，外罗门水道中段东侧边缘，与陆地最近距离 6 千米。因位置险要，常出事故，如拦路之虎，故名拦沙。今改名拦船沙。长 1200 米，宽 300 米，面积 0.36 平方千米。由白色细沙堆积而成，低潮沙面水深 0.2—0.3 米。四周流水湍急，是外罗门水道的危险地段。周围海面产大虾、九节虾、鲳鱼、马鲛。

主要参考文献

[1] 湛江市地方志编纂委员会. 湛江市志 [M]. 北京：中华书局，2004.

[2] 湛江市地方志办公室. 湛江概览（内部资料） [Z]. 1991.

[3] 徐闻县志编纂委员会. 徐闻县志 [M]. 广州：广东人民出版社，2000.

[4] 湛江市经济技术开发区历史文化丛书编委会. 东硇史谭：东海岛硇洲岛史略 [M]. 广州：岭南美术出版社，2014.

[5] 湛江市南三岛志编委会. 南三岛志 [M]. 北京：中央文献出版社，2003.

[6] 湛江市霞山区地方志编纂委员会.湛江市霞山区志 [M]. 广州：广东人民出版社，2012.

[7] 邓碧泉. 湛江民间艺术志 [M]. 广州：广东人民出版社，2006.

[8] 黄振强. 彩色湛江 [M]. 北京：中国文联出版社，2004.

[9] 遂溪县地方志编纂委员会. 遂溪县志 [M]. 北京：中华书局，2003.

[10] 洪三泰，谭元亨，戴胜德. 开海：海上丝绸之路 2000 年 [M]. 广州：广东旅游出版社，2001.

[11] 湛江市地方志办公室. 今日湛江 [M]. 广州：广东人民出版社，1993.

[12] 湛江市人民政府研究室. 湛江乡镇大全（内部资料）[Z]. 1995.

[13] 邓碧泉. 南疆文化走廊 [M]. 郑州：河南人民出版社，1990.

[14] 司徒尚纪. 雷州文化概论 [M]. 广州：广东人民出版社，2014.

[15] 王钦峰. 法国在广州湾 [M]. 解华，等，译，广州：暨南大学出版社，2018.

[16] 陈立新. 湛江海上丝绸之路史 [M]. 香港：南方人民出版社，2009.

[17] 黄战，黄振强.古今名人咏湛江诗词注评 [M]. 北京：作家出版社，2008.

[18] 陈济华. 安南王陈上川 [M]. 香港：中国人民出版社，2012.

[19] 陈济华. 风雨广州湾 [M]. 北京：中国文史出版社，2010.

[20] 梁政海. 南天琐记 [M]. 香港：南方人民出版社，2008.